2021·2022
이재명론

2021·2022
이재명론

초판 인쇄일 | 2021년 7월 25일
초판 발행일 | 2021년 7월 31일

지은이 김윤태 장동훈 외 14명
펴낸이 김강욱
펴낸곳 간디서원
기획위원 박영식 장대송 남수중 **마케팅** 송인석 **표지 캐리커처** 김신
표지 디자인 배차선 **본문 디자인** 최치영 **인쇄 및 제본** 비전프린팅

출판등록 제382-2010-000006호
주소 (06996)서울특별시 동작구 동작대로33길 56(사당동)
전화 02)3477-7008 **팩스** 02)3477-7066
E-mail gandhib@naver.com

ⓒ 김윤태 장동훈 김태형 최영묵 김봉신 최경준 김세준 은민수
양진홍 장대섭 전용복 최경준 박종철 정한범 남승훈 최완석, 2021
ISBN 978-89-97533-41-1 (03340)

· 책값은 뒤표지에 있습니다.
· 이 책 내용의 일부 혹은 전부를 재사용하려면 반드시 간디서원의 동의를 구해야 합니다.
· 잘못된 책은 구입하신 서점에서 교환하실 수 있습니다.

대회전의 전장 20대 대선을 가리키는
각계 전문가 16인의 긴급 진단과 제언!!

2021·2022
이재명론論

간디서원

| 책을 펴내며 |

특정 인물 이야기에 '론(論)' 자를 붙인다는 것은 예사로운 일이 아니다. 역사에 큰 획을 그은 인물이거나 존경받는 위인에게 어울릴 만한 수식이어서다. 그렇다면 이재명 경기도지사(이하 '이재명')에게는 어떠한가?

이 질문에서부터 이 책이 기획되었다. 결론부터 말하자면 이재명에 대한 올바른 평가는 먼 훗날 얘기이기에 아직은 이른 감이 있다. 다만 그의 영근 꿈과 힘겨운 도전의 결실이 국민들의 환호와 기쁨으로 귀결된다면, 훗날 그의 서사를 새롭게 기록해야 할 것이다. 알다시피 이재명의 행보는 단기필마의 거친 항해 그 자체다. 2016년 촛불정국의 사이다 발언에 힘입어 대권주자 반열에 우뚝 선 그에게 쏟아지는 두 갈래의 평은 극명하게 갈린다. 한쪽은 SNS를 중심으로 열광적인 지지 목소리를 뿜어내는 팬심이고, 반대편인 주류언론의 논조는 마치 이재명이 집권이라도 하게 되면 대한민국이 지옥행 열차를 타게 되는 양 신랄한 비판 일색이다. 이 양상은 꽤 오래전부터 진행된 일상이며 이재명의 정치적 부상이 있을 때면 더 극적 상황으로 이어지곤 했다.

이 책 출간 마무리 작업에 한창인 2021년 7월 중순에도 여전히 그러하고, 이재명의 걸음 또한 현재진행형이다. 바로 이 대목이 『2021·2022 이재명론論』을 독자들에게 부치는 지점이다. 언론기사의 높은 장막에 가려져 있는 이재명의 진면모를 충분히 엿볼 수 있는 자료를 전하기 위함이다. 나아가 그를 지지하는 국민들 깊은 마음속에 자리한 시대정신과 맞닿아 있는 곳에 이재명이 어떻게 응답하고 있는지를 살피고자 하였다. 『2021·2022 이재명론論』에는 제법 풍성한 식단이 준비되어 있다. 각계 전문가 16명의 긴급진단과 제언이다. 합리적인 판단에 기초한 이재명에 대한 재평가가 이뤄졌으면 하는 바람과 함께 이재명이라는 인물로 표출되는 우리 시대의 현안과 가치를 공유하려는 문제의식을 담았다. 물론 이것은 전적으로 독자들이 판단할 몫이다. 이 책은 여는글과 3부로 구성되었다. 여는글과 1부에는 이재명의 정치적 부상이 갖는 의미, 정치적 성장과정, 닮은 점이 많은 노무현 전 대통령과의 심리 비교, 주류언론의 이재명 죽이기 프레임, 여론조사를 통해 본 대선 관전포인트, 사이다 행정을 엿볼 수 3년여의 경기도정이 실려 있다. 또 2부에는 대한민국 거대담론이 된 이재명의 기본소득 등의 경제 관련 정책이, 3부에는 외교안보·과학기술·보건의료 정책이 이에 대한 제언과 함께 제시돼 있다.

자연스레 이 책의 시선은 내년 대선으로 쏠린다. 그만큼 우리 사회의 미래상과 국민들의 삶이 걸려 있기 때문이다. 현재 상황으로는 아무도 그 결과를 예측하기 힘들다. 또 2022년 대선까지 남은 7개월여 동안 얼마나 많은 정치적 격변이 일어날지도 모르는 일이다. 분명한 건, 유권자들의 마음에 정치세력이 어떤 메시지를 전하느냐가 관건이라는 사실뿐이다. 이 과정에서 이재명이 국민들의 마음을 잡는다면, 노동자 출신의 그가 써 내려간 정치 역정은 '론'이란 글자를 붙일 만하다는 의견을 덧붙인다. 그가 가리키는 세상이 지금과는 상당히 다른, 시대적 대전환이 분명하기 때문이다. 무리한 일정에도 흔쾌히 옥고를 보태주신 16분의 필자분들께 감사의 마음을 전한다.

| 차례 |

책을 펴내며 ··· 004

여는글 이재명 현상, 어떻게 한국 정치를 바꿀 것인가?
― 새로운 시대정신과 2022년 대통령선거의 과제 ········· 011
· 김윤태(고려대 공공정책대학 사회학 교수)

1부 이재명 현상, 어떻게 볼 것인가?

이재명의 정치 성장과정과 리더십 ······························· 037
· 장동훈(전 한국정책방송원장)

심리분석으로 살펴본 노무현과 이재명 ······················· 056
· 김태형(심리학자, 『대통령 선택의 심리학』 저자)

주류언론의 이재명 죽이기와 언론개혁 ······················· 092
· 최영묵(성공회대 미디어컨텐츠융합자율학부 교수)

여론조사를 통해 본 2022 대선 관전포인트 ················· 124
· 김봉신(리얼미터 수석부장)

공정의 가치로 밀어붙인 3년여의 경기도정 ················· 147
· 최경준(오마이뉴스 선임기자)

2부 4차 산업혁명시대의 양 날개, 성장과 공정

이재명이 쏘아 올린 작은 공, 기본소득
- 대한민국 빅어젠다, 기본소득 논쟁과 과제 ······ 173
  - 김세준(기본소득국민운동본부 상임대표, 『이게 나라다 2022』 저자)

오세훈표 안심소득은 과연 안심할 만한가?
- 기본소득, 부의 소득세, 안심소득 비교 ······ 191
  - 은민수(고려대 공공정책대학 초빙교수)

경기도 공공배달앱 '배달특급'의 놀라운 성공, 세금 낭비일까?
- 이재명의 디지털 SOC 사업과 기술혁신의 공공성 ······ 201
  - 양진홍(인제대 헬스케어IT학과 교수)

주거안정이 청년들의 푸르른 꿈을 응원한다
- 기본주택론과 청년층의 주거안정 대책 ······ 216
  - 장대섭(한국감정평가사사무소 대표)

일자리 정책, 국가재정으로 발 벗고 나설 때다
- 4차 산업혁명시대의 기본일자리 정책 제언 ······ 229
  - 전용복(경성대 국제무역통상학과 교수)

3부 외교안보·과학기술·보건의료 정책방향은?

도시외교가 가세한 한국형 인권외교의 미래상
- 미얀마 인권외교를 통해 본 새로운 외교정책 ··········· 251
  • 최경준(제주대 사회교육과 교수)

개성공단 재개는 평화체제로 가는 상징
- 한반도 평화경제시대와 글로벌 선도국가의 공정외교 ··········· 266
  • 박종철(경상국립대 일반사회교육학과 교수)

선택적 모병제, 청년들에게 공정과 정의를
- 실용 외교안보정책의 주요 현안과 방향 ··········· 281
  • 정한범(미래안보포럼 공동대표)

성장과 공정의 큰 걸음, 그 중심은 과학기술이다
- 4차 산업혁명시대의 과학기술정책 ··········· 294
  • 남승훈(한국표준과학연구원 책임연구원)

돈 없어도 제대로 치료받는 나라를 꿈꾼다
- 네 가지 이슈로 살펴본 보건의료 공정정책 ··········· 305
  • 최완석(한국국제대 물리치료학과 교수)

| 여는글 |

이재명 현상, 어떻게 한국 정치를 바꿀 것인가?

– 새로운 시대정신과 2022년 대통령선거의 과제

• 김윤태[*]

100년 전만 해도 한국에는 국가가 없었고 자유로운 사람도 없었다. 한국은 험난한 현대사의 고비를 거치면서 식민지 강점과 군사독재에 대한 저항을 이끈 수많은 지도자를 탄생시켰다. 그들은 온갖 고난과 역경을 이기고 독립과 민주주의라는 시대정신을 실현했다. 그러면 21세기 한국의 가장 중요한 시대정신은 무엇일까? 오늘날 한국의 정치인들은 어떤 역사적 임무를 부여받고 있는 것일까?

---

[*] 고려대 공공정책대학 사회학 교수. 영국 런던정경대학(LSE)에서 사회학 박사학위를 받았다. 국회 정책위원, 한국사회여론연구소(KSOI) 소장, 독일 베를린자유대학 초빙교수 등을 역임했다. 주요 저서로 『정치사회학』, 『불평등이 문제다』, 『복지국가의 변화와 빈곤정책』, 『한국의 재벌과 발전국가』 등이 있고, 편집한 책으로는 『한국 정치, 어디로 가는가』와 『세계의 정치와 경제』 등이 있다.

나는 2016년 촛불시민혁명 직후 출간한 『불평등이 문제다』라는 책에서 외환위기 이후 한국 사회의 가장 심각한 사회문제가 불평등이라고 주장했다.[1] 실제로 대다수 한국 사람들은 지역 갈등, 이념 갈등, 세대 갈등, 젠더 갈등보다 빈부 갈등이 가장 심각하다고 응답한다. 지난 30년 동안 한국 사회에서 부자와 가난한 사람의 격차, 대기업과 중소기업의 격차, 정규직과 비정규직의 격차, 수도권과 지방의 격차가 지나치게 커졌기 때문이다. 현재 상위 1퍼센트 부자가 전체 소득의 약 13퍼센트, 상위 10퍼센트가 거의 절반을 차지하고 있다. 반면 중산층이 급속하게 무너지고 있으며, 청년들은 비정규직을 전전하고, 최하층과 빈곤 노인도 막다른 벼랑 위에 서 있다. 한국 사회가 극심한 불평등 사회로 변하면서 개인의 역량과 자존감이 약화되고, 사회적 결속과 신뢰도 하락하고, 삶의 만족과 행복감마저 낮아지고 있다.

더욱 심각한 문제는 F. 스콧 피츠제럴드가 『위대한 개츠비』에서 묘사한 대로 가난한 사람이 부자가 되는 게 매우 어려운 일이 되었다는 점이다. 최근 한국 사회에서 더 이상 상향 사회이동이 가능하지 않다고 생각하는 사람들이 늘어나고 있다. 2021년 1월 리서치앤리서치와 세계일보의 여론조사에 따르면, 국민 10명 중 6명 이상은 개천에서 용이 날 수 있게 하는 '계층 사다리'

---

[1] 김윤태, 『불평등이 문제다』, 2017, 휴머니스트.

가 끊어졌다고 답변했다. 문재인 정부 출범 후 소득 불평등이 심화됐다는 의견도 과반이 되었다. 부모의 경제력과 인맥이 자녀의 운명을 좌우하는 사회에서 젊은이들이 미래에 대한 낙관주의와 이상주의적 열정을 가지기는 어렵다. 2010년부터 한국 사회를 '헬조선'이라고 불렀던 젊은이들이 촛불시민혁명에 나섰지만, 이제 다시 거대 양대 정당에 실망하고 분노하고 있다. 그러나 정치인 가운데 증가하는 불평등과 사회적 세습을 해결하는 비전과 전략을 제시하는 사람은 거의 보이지 않는다. 최저임금제, 주 52시간 노동, 중대재해처벌법의 후퇴에서 볼 수 있듯이, 국회에서 빈곤층과 약자를 대변하는 주장은 소수의 목소리가 되었다. 2020년 최장집 교수가 『한국정치연구』에 기고한 논문에서 주장했듯이 많은 학자들은 민주당이 검찰개혁과 언론개혁에만 몰두하면서 보통 사람의 삶에 무관심한 기득권 엘리트처럼 보인다고 비판한다.[2] 민주당의 근본적 가치인 사회정의를 적극적으로 제창하는 정치인은 사라진 것처럼 보인다. 현재 이재명 경기도지사(이하 '이재명')만 유일한 예외처럼 보인다.

왜 '이재명 현상'이 발생했는가?

'변방의 장수'(이재명의 표현) 성남시장 이재명이 어떻게 2017년 대선 전후 전국적 인물이 되었을까? 먼저 이재명의 급속한 정

---

[2] 최장집, 「한국 민주주의를 다시 생각한다」, 『한국정치연구』 29집 2호, 2021, 1-26면.

치적 부상은 불평등에 대한 대중의 불만과 밀접한 관련이 있다. 촛불 시민혁명의 폭발은 국정농단과 부정부패에 대한 분노와 함께 뿌리 깊은 사회경제적 불평등에 대한 거대한 저항의 결과로 볼 수 있다. 그 당시 이재명은 국회의원 경력이 전무한 기초단체장에 불과했다. 하지만 이재명은 2010년 성남시장에 당선된 이후 청년배당, 공공 산후조리 지원, 무상교복 등의 복지정책을 추진하여 강력한 인상을 남겼다. 그가 추진한 지역화폐는 중소도시 소상공인 보호와 경제 활성화를 추구했다. 또 기본소득은 모든 국민에 무조건, 보편적 원칙에 따른 소득 제공을 약속했다. 이재명의 정치적 메시지는 단순히 가난한 사람에 대한 시혜적 복지 대신 사회 구조적 불평등을 혁명적으로 바꾸려는 급진적 목표를 감추지 않았다.

그런데 왜 중산층과 서민을 대변하겠다는 민주당이 약속과 달리 보통 사람들의 고통을 외면하는 것일까? 내가 2020년 좋은나라지식협동조합의 『현안과 정책』에서 지적한 바 있지만, 민주당의 핵심 당원들이 40대·50대 고학력 중산층에 많기 때문에 정치적 이슈에는 민감한 반면 사회경제적 이슈에 무관심하다는 해석이 있다.[3] 불평등을 강조하는 사람을 '구좌파'로 매도하는 학자들은 탈권위주의 문화를 주도하는 '신좌파'의 등장을 강

3　김윤태, 「불평등과 정치: 무엇이 잘못되었나?」, 『현안과 정책』 208호, 2020, 좋은나라지식협동조합.

조하며 중산층이 신주류가 되었다고 주장했다. 그 후 팟캐스트와 유튜브, 온라인 댓글과 투표를 통해 고학력 열성 지지층의 영향력이 급격하게 커졌다. 촛불이 광화문 거리에서 사라지면서 민주당 정치인들은 노동조합과 거리를 두고, 비정규직을 외면하고, 중산층과 부자의 지갑을 걱정하기 시작했다. 민주당 정치인 중 홍영표는 최저임금 동결을 주장했고, 이인영은 강남에 가서 종부세를 감면하겠다고 외쳤고, 심지어 이광재는 뇌물죄로 실형 선고를 받은 이재용을 사면해야 한다고 말했다. 그들은 김용균 어머니가 "중대재해법 정부안, 너무 허술해 기막히고 한심하다."라고 절규할 때 어디에 있었던 것일까? 최근 최문순 강원도지사가 출마선언에서 민주당이 위기에 처한 원인을 "국민들이 부여한 불평등·불공정·빈부격차 해소 임무를 해내지 못해서다."라고 말하고 그 원인을 '당의 귀족화'라고 지적한 것은 의미심장하다. 선거공학에 몰두하는 민주당이 약자의 호소에 등을 돌리며 손익계산 끝에 결국 재벌, 부동산 부자, 범죄자에게 손을 내밀었던 것이다.

진보정당이 노동자와 사회적 약자 등 전통적 지지층을 외면하는 현상은 미국과 유럽 등 다른 나라에서도 발견된다. 1990년대 이후 미국 민주당과 유럽 사회민주당에서도 고학력 고소득 당원 비율이 높아지면서 낙태, 동성애 등 문화적 이슈와 정체성 정치가 부각된 반면, 경제적 진보의 목소리는 거의 사라졌다. 금융 규제를 완화하고 부자의 세금을 감면해주면서 빈곤층을 위한 복지는 축소하고 사회보장 제도의 사유화를 밀어붙였다. 프랑스 경제학자 토마 피케티는 『자본과 이데올로기』에서 고학력 고소득 진보파를 '브라만 좌파'라고 불렀는데, 한국의 '강남 좌파'를 떠올리게 한다.[4] 이들은 말로는 진보를 주장하지만, 행동은 부자 감세를 추진하고 교육을 통한 사회적 지위 세습을 옹호한다.

2007년 금융위기가 미국을 강타할 때 최저임금 인상, 국민건강보험 도입, 주립대학 무상 교육을 주장하며 돌풍을 일으켰던 버니 샌더스의 도전이 있었지만, 고학력 민주당원은 감세를 지지했고 증가하는 빈곤과 불평등을 외면했다. 미국 역사학자 토마스 프랭크는 『민주당의 착각과 오만』에서 예일대학 출신 클린턴과 하버드대학 출신 오바마가 이끈 민주당이 어떻게 저학력 노동자의 이익을 외면하고 전통적 지지층을 배신하는지 날카롭게 분석했다.[5] 결과적으로 2016년 대선에서 가난한 노동자들은 이민을 반대하고 여성을 혐오하는 극우 성향의 도널드 트럼프를 지지했다. 이러한 상황에서 한국에서 약자를 대변하고 진보의 가치를 내세운 이재명의 부상은 매우 주목할 만한 정치적 현상으로 볼 수 있다.

---

4 토마 피케티, 『자본과 이데올로기』, 2020, 글항아리.
5 토마스 프랭크, 『민주당의 착각과 오만: 미국 민주당의 실패에서 배우기』, 2018, 열린책들.

2022년 대선을 앞두고 민주당 후보 가운데 이재명의 정치적 인기가 커지는 현상은 기득권 정치에 대한 대중의 강한 반발과도 관련이 있다. 조국 전 법무부 장관은 트위터에 "모두가 용이 될 수 없으며 그럴 필요도 없다. 더 중요한 것은 용이 되어 날아오르지 않아도 개천에서 붕어·개구리·가재로 살아도 행복한 세상을 만드는 것이다."라는 글을 올린 적이 있다. 하지만 자녀 논문 게재가 취소되고 인턴 경력에 대한 법원의 유죄판결이 내려지면서 역풍에 직면했다. 이 과정에서 위선적인 엘리트에 대한 거부감이 커지고 '금수저 흙수저' 논쟁이 더욱 확산되었다. 민주당이 조국을 옹호하고 청년층의 비판을 외면하는 동안, 20대·30대의 지지를 등에 업은 이준석이 국민의힘 대표 경선에서 돌풍을 일으켰다.

이준석은 "실력 혹은 능력 있는 소수가 세상을 바꾼다."라고 말하는 식으로 '능력주의'를 옹호하여 '88만원 세대'와 '3포 세대'로 불리던 청년들을 현혹시켰다. 능력주의(meritocracy)라는 용어를 처음 만든 영국 사회학자 마이클 영은 『능력주의』에서 능력과 시험성적에 따른 불평등 사회를 신랄하게 비판했지만, 이준석은 적자생존의 사회 진화론의 태도를 취하면서 공정경쟁을 강조하고 청년과 여성 할당제를 비판한다.[6] 사회적 약자를

---

6 마이클 영, 『능력주의』, 2020, 이매진.

교묘하게 무시하고 생존경쟁에서 실패한 사람을 외면한다. 민주당이 공정의 가치를 무시하는 동안 국민의힘에서 괴물이 탄생했다. 결과적으로 거대한 양대 정당이 사실상 아무런 차이가 없는 기득권 엘리트 집단을 대변한다는 실망감과 분노가 커졌다.

아웃사이더 정치인에서 주류 정치인으로

기득권에 저항하는 아웃사이더 정치인이 주류 정치인으로 부상하는 이재명 현상은 정치권의 커다란 이변이다. 민주화 이후 대선 후보의 필수 경력이었던 국회 경험이 전혀 없고 장관 등 중앙 정치에서 중요한 역할을 맡은 적이 없는 정치인이 갑자기 대중적 인기를 얻는 것은 매우 주목할 만한 일이다. 이재명은 복지 정책을 강조하고, 재벌 개혁을 주장하고, 100% 전 국민 재난지원금을 주장해 전국적 주목을 받았다. 이런 점 때문에 일부 학자들은 이재명을 '포퓰리스트 정치인'으로 폄하했다. 그러나 이재명 현상을 단순히 포퓰리즘으로 분류하기는 어렵다. 얀 베르너 뮐러 프린스턴대학 정치학 교수는 『누가 포퓰리스트인가』에서 포퓰리스트는 반엘리트주의자이면서 반다원주의자라고 지적했다.[7] 뮐러는 이 책에서 '정치에 대한 특정한 도덕적 상상을 통해 오로지 자기들만 국민들을 대표한다고 주장하는' 인물을 포퓰리스트라 규정한다. 이탈리아의 베를루스코니, 헝가리의 오르반,

---

7   얀 베르너 뮐러, 『누가 포퓰리스트인가』, 2016. 마티.

미국의 트럼프처럼 포퓰리스트 정치인들은 자신들이 언제나 '진정한 국민'의 대변자이고 상대방은 국민의 적이라고 주장한다는 것이다. 이재명이 서민과 약자를 대변하면서 엘리트를 비판하기도 하지만, 스스로 국민 전체의 수호자를 자처하면서 다원주의 또는 의회주의를 거부하는 것으로는 볼 수 없다.

이재명을 지지하는 사람들이 단순히 사회경제적 약자이거나 민주당의 지지자로만 보는 것도 합리적이지 않다. 이재명의 공약에 열광하는 사람들이 단지 기득권층에 대한 분노와 정치 엘리트에 대한 절망에서 비롯된 것으로 보는 것은 위험하다. 분노와 절망을 정확하게 설명하기는 쉽지 않지만, 이런 논의를 단순히 사회심리학으로 축소하여 분노하고 절망하는 국민을 잠재적인 정신병자나 질투심에 사로잡힌 신경증 환자로 간주하는 것은 기본적인 민주주의의 원칙도 이해하지 못하는 것이다. 역사적으로 어떤 대의 민주주의에도 반드시 포퓰리즘이라는 반작용이 등장했다. 대의민주주의와 포퓰리즘은 다르지만, 어떤 면에서는 그림자처럼 뗄 수 없는 관계라고 볼 수 있다. 기득권층이나 엘리트 정치인이 하지 않는 노력을 시도하거나 집회나 소셜 미디어로 대중의 지지에 직접 호소한다고 해서 '포퓰리스트 정치인'이라는 딱지를 붙일 수는 없다. 보수든 진보든 정치인이라면 누구나 대중과 소통하고 대화하려는 노력을 해야 하기 때문이다. 중요한 점은 대중에게 호소하는 스타일과 민중을 동원하는 형태보다 과연 누가 특정 정치인을 지지하는지 면밀하게 바라볼 필요가 있다.

교통방송(TBS)과 한국사회여론연구소(KSOI)가 올해 6월 11일부터 12일까지 전국 성인 남녀 1,007명을 대상으로 실시해 13일 발표한 조사 결과를 보면 이재명은 40대, 블루칼라, 광주·호남, 민주당 지지층, 진보진영에서 야권 후보를 앞섰다. 반면 60대 이상, 영남, 국민의힘 지지층, 보수진영에서는 지지율이 낮은 편이다. 30대와 서울 경기 지역에서는 백중세다. 주목할 점은 부동산 폭등 이후 20대의 보수진영 지지율이 높아지는 가운데, 20대 여성의 지지율도 하락하고 있다는 사실이다. 중도층의 민주당 이탈 현상도 점점 증가하고 있다. 한국리서치 등 여론조사 기관들의 5월 20일부터 6월 1일까지 여론조사 결과를 보면, 이재명과 윤석열의 지지율 비교에서 남녀 성별 격차는 거의 없지만 연령별·지역별 구분에 따라 지지율은 큰 격차를 보였다. 소득별 계층에 따른 응답을 보면, 모든 계층에서 이재명이 윤석열보다 우세하며, 특별하게 저소득층의 지지율이 더 높은 것은 아니다. 한편 교육 수준에 따른 지지율을 보면, 이재명은 상대적으로 전문대와 대졸 이상에서 높은 데 비해 고졸 이하에서는 낮은 편이다. 또 화이트칼라와 블루칼라의 지지율은 우세하지만, 자영업자와 주부의 지지율은 뒤진다. 4월 재보선 참패 이후 하락한 민주당 지지율이 그대로 이재명 지지율에 반영되듯이 이재명과 윤석열의 지지층 분포를 보면, 전통적인 정당 간 사회적 균열을 대표하는 것처럼 보인다. 하지만 이재명의 정치적 비전과 스타일은 전통적 정치인과 여러 가지 점에서 차별성을 보인다.

시대정신과 이재명의 정치적 소명

민주당은 지난 4월 7일 재보선 참패 이후 포커스그룹인터뷰(FGI) 조사 보고서를 발표했는데, 여기에서 이재명 리더십에 대한 응답자 반응이 잘 나타난다. "민주당은 싫은데, 이재명은 다르다."라는 의견이 많았다. 여러 가지 측면에서 이재명은 기성 정치인과 다른 분명한 차별성을 보여준다. 가장 중요하게 민주당 후보 가운데 국회의원 경험이 없는 유일한 후보라는 점이 다르다. 또한 이재명은 비전, 전략, 스타일 세 가지 차원에서 한국 정치의 새로운 특징을 보여주었다.

먼저 이재명은 다른 어떤 후보보다 가장 적극적으로 공정, 정의, 평등의 가치를 대변한다. 이재명이 내세우는 시대정신은 앞선 민주당 정부의 대통령과도 구별된다. 김대중 정부는 외환위기 극복과 남북 화해의 물결을 이끌었지만 신자유주의 경제정책으로 인해 불평등이 커지는 것을 막지 못했다. 노무현 정부는 권위주의 타파와 균형 발전을 내세웠지만 반칙과 특권 근절로 사회경제적 민주화를 이루기에는 역부족이었다. 촛불시민혁명 직후 등장한 문재인 정부는 평등, 공정, 정의의 가치를 내세웠지만 김의겸 사건, 조국 사태, 추미애 사태, LH 사건과 부동산 가격 폭등으로 빛이 바랬다. 과거의 민주당 정부는 민주주의와 복지국가의 발전이라는 역사적 업적을 남겼지만, 빈곤과 불평등이 증가하면서 사회정의와 평등의 목표는 제대로 구현되지 못했다. 이런 점에서 공정 가치를 구체적으로 제시하고 실천하는 이재명 같은 정치인이 대중의 주목을 받을 수밖에 없다. 역사적으로 링컨의 노예해방, 윌슨의 민주주의를 위한 전쟁, 루스벨트의 사회보장, 애틀리의 복지국가, 브란트의 동방정책이 한 시대를 이끈 것처럼 시대정신을 포착한 정치인만이 지도자가 될 수 있다.

둘째, 『나의 소년공 다이어리』에 적은 것처럼 어린 시절 이재명은 가난한 노동자의 아픔과 산재 피해를 직접 경험한 정치인이다. 나는 1980년대 대학생 시절 서울에서 야학 교사를 하며 소년 노동자의 힘겨운 삶을 안타깝게 지켜본 적이 있다. 그 당시 성남에서 또래 아이들이 교복 입고 학교에 갈 때 작업복을 입고 공장에 가야 했던 소년이 바로 이재명이다. 하지만 이재명은 사법고시에 합격한 후 권력과 돈을 쫓기보다 약자를 대변하는 인권 변호사의 삶을 선택했다. 정치에 뛰어든 후에는 지방자치단체와 광역자치단체의 행정 경험을 토대로 괄목할 만한 복지정책의 성공 사례를 만들었다. 이러한 시도는 이해찬, 김진표, 유시민처럼 서비스산업 선진화, 법인세 인하, 의료 산업화 운운하며 재벌 대기업의 입장을 대변하는 정치인들과 분명하게 구별된다. 기업으로부터 정치자금 불법 수수로 구속되었던 안희정, 김민석, 이광재와도 대비된다. 이러한 차별성은 이재명의 중요한 정치적 자산이다. 또한 다른 그 어떤 대선 후보가 갖고 있지 않은, 소년공·인권변호사·기초단체장을 거쳐 대선후보가 된 스토리텔링(story telling)을 가지고 있다. 대통령제 선거 제도에서 후보의 인생 이야기는 매우 중요한 정치적 기반이 될 수 있다. 특히 고난을 이긴 자수성가를 높이 평가하는 한국의 전통을 고려할 때 이재명의 입지전은 대중적 정치인이 되기 위한 중요한 요소이기도 하다.

셋째, 이재명은 대중적 정치인으로서 순발력이 있고 기민하게 메시지를 제시하여 대중의 관심을 끌었다. 2016년 촛불집회 당시 정치인 중에서 가장 앞서 박근혜 탄핵과 이재용 삼성 부회장의 구속을 주장했다. 2020년 전대미문의 코로나19 바이러스 위기 상황에서 경기도지사로서 강한 인상을 남겼다. 이재명은 다른 어떤 정치인보다 소셜 미디어를 통해 다양한 정책 대안과 현안에 대한 의견을 거침없이 내놓았다. 최근까지 이재명은 민원인과 기자들과도 장벽 없이 직접 만나고 언제든지 소통하는 능력을 보여준다. 이러한 소통 방법은 청와대 기자회견을 회피하는 대통령이나, 대변인을 통해 자신의 견해를 전달하는 다른 후보와는 명백하게 구별된다. 대중에게 직접 호소하는 소통을 포퓰리즘이라고 폄하하는 것은 설득력이 떨어진다. 라디오 시대에 루스벨트가 '노변정담'을 시도하고, 텔레비전 시대에 케네디가 방송 토론에서 승리를 거둔 것처럼 인터넷 시대에 소통 방법이 달라지는 것은 당연하다. 이는 계보도 조직도 없는 이재명이 대중적 정치인으로 성공한 중요한 정치적 기반이다.

그러나 이재명에게는 넘어야 할 많은 장애물이 있다. 지방자치단체에서 광역단체장을 거쳐 대선 후보로 부상한 이재명에게 국가 경영의 경험 부족, 민주당 비주류, 정치적 스타일의 문제가 가장 큰 도전이 될 것이다. 하지만 세상을 바꾸려는 정치인은 자신의 약점을 거꾸로 장점으로 전환할 수 있어야 한다. 먼저 이재명은 기초자치단체와 광역단체의 행정 경험 외에 국가 지도자로서 능력을 갖추었냐는 지적에 직면할 수 있다. 물론 역대 모든 대선 후보 중 경제관리와 외교안보의 경험을 두루 갖춘 경우는 드물었다. 하지만 경제와 안보에 대한 확고한 비전과 전략을 보여주지 않은 후보가 당선된 경우는 거의 없다. 급변하는 동북아 정세와 남북 관계의 돌발적 위험을 관리하기 위해 노련한 전문가의 도움은 필수적이다. 경제는 좀 더 원대한 비전 이외에도 재벌 개혁과 노동시장 정책, 부동산 정책처럼 세밀한 프로그램이 필요한 경우가 많다. 그렇기 때문에 거시, 금융, 무역 등 경제 정책을 추진하는 전문가 그룹의 활용이 반드시 필요하다. 예를 들어, 기본소득 논쟁은 중요한 장기 의제를 던진 것으로 큰 의미가 있으며, 세부적 현안에 대한 논쟁은 유연하게 대응할 필요가 있다. 지금 당장 한국의 사회보험 사각지대 해소, 비정규직 차별, 청년 실업 대책, 노인 기초연금 확대 등 복지 현안의 해결이 더 시급하다는 전문가의 지적에도 귀를 기울여야 한다.

오랫동안 이재명은 민주당에서도 비주류에 속했다. 친노, 친문, 학생운동권 출신과 다른 경로를 거쳐 정계에 입문했으며, 문재인 대통령과 친문 정치인에 맞서 경선에서 경쟁했다. 대선이 시작되기도 전에 경선 연기를 둘러싸고 후보들의 거친 발안이 오가며 당내 갈등이 불거졌다. 향후 민주당 경선 과정에서 민주당 지지층의 분열이 발생할 수 있다. 본선에서도 '미래권력'을 추구하는 후보로서 정책 변화를 추구할 경우 '현재권력'인 대통령과 충돌할 수 있다. 당내 갈등이라는 정치적 위험 가능성을 효과적으로 관리해야 한다. 1968년 미국 대선에서 진보적인 조지 맥거번 후보의 패배에서 볼 수 있듯이 당내 경선의 후유증이 발목을 잡는 경우가 많다. 기민한 정무 감각과 효과적 소통, 합리적 대안 제시를 통해 민주당 지지층의 분열을 막아야 한다. 더 나아가 대선 이후를 내다보며 여당과 야당, 보수와 진보, 기업인과 노동자 등 모든 국민을 통합하는 메시지를 전달해야 한다.

정치적 메시지를 신속하게 전달하는 이재명의 장점이 부메랑이 될 수 있다는 사실도 유념해야 한다. 최근 지역상품권을 비판하는 연구보고서, 남양주시의 특정감사, 베너지와 뒤플로의 저서 『힘든 시대를 위한 좋은 경제학』에 관한 기본소득 논쟁 등에서 볼 수 있듯이 사소한 일이 큰 파장을 만들 수 있다. 지지자를 열광하게 만드는 신속함과 과감함은 한편으로 성급함과 독단으로 비칠 수 있다. 이런 점에서 최근 이재명의 모든 소셜 미디어 메시지를 참모와 협의하기로 내린 판단은 현명한 결정이다. 심야에 혼자 소셜 미디어에 글을 올리는 행위에 대해 사람들은 신중한 처신으로 보지 않는다. 대중과 친밀하고 솔직하게 소통하는 노력은 장점이지만, 즉흥적이고 성급하게 보이지 않도록 해야 한다. 차후에도 이재명은 개인과 가족의 과거사로 인한 인신공격과 중상비방에 직면할 수 있다. 이재명의 열성 지지층은 공인으로서의 이재명과 사생활을 구분하며 변함없는 지지를 보내지만, 대선 후보의 성격도 승리의 중요한 요소이다. 경선과 본선에서 후보의 인품이나 성격 그리고 도덕성에 대한 격한 비난이 발생하더라도 매우 겸손하고 신중하게 대응해야 한다.

2022년 대선, 무엇을 할 것인가?

일반적으로 정치학자와 선거 전문가들은 대통령 선거의 가장 중요한 요소로 구도, 인물, 정책을 지적한다. 국회의원 선거는 '회고투표'인데 비해 대통령 선거는 '전망투표'라는 등식도 널리 받아들여졌다. 하지만 이런 상식이 최근 변화했다. 민주당은 박근혜 탄핵 이후 높은 기대 속에서 2020년 총선에서 '전망투표'

의 혜택을 누렸지만, 2022년 대선에서는 부동산 가격 폭등으로 인해 오히려 '회고투표'와 '정권심판론'에 직면했다. 2021년 4월 재보선 이후 민주당 지지율은 하락 추세이다. 이러한 선거 구도는 민주당 대선 후보에게 커다란 악재이다. 이런 점에서 이재명은 대선에서 '미래의제'를 주도해 선거 구도를 바꾸어야 한다. 적극적으로 '전망투표'로 선거 구도를 바꾸지 않으면 2007년 대선에서 민주당이 참패한 것처럼 정권심판론이 지배할 수 있다. 미국 언어학자 조지 레이코프가 『프레임 전쟁』에서 주장한 대로 단기적 전략이 아니라 진보적 가치와 이상을 표현하는 장기적 전략을 제시해야 한다.[8] 이를 위해 세 가지 주요 과제를 제안한다.

먼저, 민주당의 지지층을 결집하는 동시에 외연을 확대할 수 있는 전략을 중시해야 한다. 최근 여론조사 결과에서 볼 수 있듯이, 조국 사태와 부동산 폭등 이후 민주당 지지층이 분열되고 있다. 특히 20대·30대의 민주당 이탈 현상이 증가하고 있다. 또한 이낙연의 지지율이 낮아져도 이재명에 대한 지지로 흡수되지 않고 있다. 역대 대선에서 중도, 충청, 50대가 중요한 캐스팅 보트의 역할을 수행했지만 이번 대선에는 이변이 발생할 수 있다. 이런 점을 고려하여 민주당의 지지층을 결집시키고, 그들이 적극

---

[8] 조지 레이코프, 『프레임 전쟁』, 2007, 창비.

적으로 여론을 주도하고 정치적 기반을 확대하기 위한 효과적인 선거 전략을 제시해야 한다. 중도층의 지지율 확대 전략도 중요하다. 왜냐하면 경선 후 본선에서 중도 성향 유권자의 향배가 대선 결과에 결정적 영향을 미칠 수 있기 때문이다. 중도층을 보수와 진보의 기계적 중간으로 보아서는 안 된다. 일반적으로 안보와 남북 관계에서는 보수적 경향이 크지만, 대체로 경제와 사회 정책에서는 진보적 성향을 보이며 개별 정책에 따른 유동성이 크다는 점을 고려해야 한다. 예를 들어 중도층은 남북 관계의 상호주의를 강조하는 편이지만, 핵 개발과 흡수통일 방식의 극우적 주장보다는 남북대화와 평화공존을 지지하는 경향이 강하다. 또한 극빈층과 실업자를 돕는 공공부조와 실업수당 인상에는 소극적이지만, 모든 사람의 삶에 영향을 주는 교육과 보건 분야의 복지 예산 확대를 지지하는 경향이 크다. 복지 확대를 위한 재정 확보의 방법으로는 감세와 증세의 이분법보다 부유층 증세 이후 점진적 보편 증세를 지지하는 편이다. 이처럼 복잡한 중도층의 이중적 경향을 고려한 세밀한 정책이 중요하다.

둘째, 대선에 앞서 시대정신을 포착한 거대한 비전과 전략을 분명하게 제시해야 한다. 국가 운영에는 다양한 분야의 전략이 필요하지만 특히 경제, 복지, 외교, 안보전략이 매우 중요하다. 또한 사회통합, 사회적 대화, 사회적 대타협, 균형발전, 남녀평등, 교육, 과학기술, 문화, 사회적 가치, 다양성, 인권, 환경도 필수적이다. 그런데 이 많은 국가적 과제를 대통령 혼자서 결정할 수는 없다. 미래 전략의 청사진을 효과적으로 제시하는 싱크탱크 또는 브레인 그룹을 체계적으로 구성해야 한다. 인터넷에 올라오는 댓글은 참고할 수 있지만 전문가의 조언이 없다면 제대로 된 정책을 만들 수 없다. 선거를 앞두고 급조한 자문교수단의 공약은 완벽할 수 없다. 다양한 정책이 이미 만들어졌고 정치인은 취사선택만 하면 된다는 생각은 실제 상황에서는 불가능한 일이다. 왜냐하면 어떤 정책도 완벽하지 않으며 급변하는 상황에 따라 변화해야 하기 때문이다. 지속적으로 정책을 검증하고 수정하는 분야별 최고의 전문가로 구성된 싱크탱크가 없다면 선거에서 승리해도 개혁에서 성공하기 어렵다. 정당, 대학, 시민사회의 유능한 전문가를 널리 모아 철저하게 검증된 집권플랜과 함께 정권 인수 기구를 준비해야 한다. 실제로 미국 대선에서는 선거위원회(campaign team)와 인수위원회(transition team)를 동시에 구성한다. 레이건 대통령 당선 후 백악관 집무실 책상에 놓였던 헤리티지 재단의 〈리더십을 위한 과제〉와 오바마 대통령에게 영향을 준 브루킹스 연구소의 〈해밀턴 프로젝트〉에서 볼 수 있듯이 일관성이 있고 체계적인 청사진이 매우 중요하다.

마지막으로 집권 후 실행할 세부적 액션플랜을 미리 준비해야 한다. 대선 직후 인수위 주요 과제 또는 집권 후 1년 내 실행한 대안 정책을 일찍 준비할수록 좋다. 집권 후 2년이 넘도록 비전과 전략 운운한다면 아무런 희망이 없다. 집권하자마자 6개월 또는 1년 내 추진할 정책 목표, 프로그램, 실행 방법, 예산, 일정표가 포함된 액션플랜이 명확하게 제시되어야 한다. 이재명의 브랜드 정책이 된 기본소득 이외에도 재벌 개혁, 노동시장, 부동산 정책, 교육 개혁, 조세 정의, 기술 혁신 등 중요한 정책 대안이 시급하게 필요하다. 지속적 경제성장과 혁신뿐 아니라 지나친 불평등 요소를 획기적으로 줄이고 기후 위기에 적극적으로 대응하는 방안이 제시되어야 한다.

노벨 경제학상을 수상한 조지프 스티글리츠가 『불평등의 대가』에서 불평등의 심화로 인해 장기적으로 생산성과 효율성이 감소하고 경제성장이 둔화되는 값비싼 대가를 치르고 있다고 언급한 그의 의견은 우리에게도 중요한 시사점을 준다.[9] 민주당 후보는 대선에서 성장만 강조하는 분배를 무시하는(또는 생색만 내는) 보수 후보와 달리, 성장과 분배가 상호 대립하는 것이 아니라 상호 보완적 기능을 수행한다고 강조해야 한다. 궁극적으로 하위 계층과 중위 계층의 소득이 늘면 모든 계층이, 심지어 상위 계층도 혜택을 얻을 수 있기 때문이다. 민주당의 액션플랜에는 경제성장을 위해서는 부유층 세금 증세도 필요하고, 교육과 직업 훈련·환경친화적 기술·연구개발 등에 더 과감한 정부 투자

---

9 조지프 스티글리츠, 『불평등의 대가』, 2013, 열린책들.

가 필요하다는 철학이 구체화되어야 한다. 이를 통해 경제적, 사회적, 생태학적 지속가능성이라는 장기적 국가 목표를 추구하는 정치적 리더십을 발휘해야 한다. 대선 후보는 선거에서 자신의 액션플랜을 국민에게 제시하여 압도적 지지를 얻어야만 집권하자마자 신속하게 국회의 입법과 예산 편성을 추진하는 정치적 동력을 얻을 수 있다.

지금 민주당은 새로운 기로에 서 있다. 촛불시민혁명으로 회복한 민주주의를 발전시킬지 혹은 후퇴시킬지 여부는 공정, 평등, 사회정의의 가치 실현에 달려 있다. 모든 사람이 평등하게 태어났다는 신념이 지키지 못한다면 국가라는 정치 공동체는 유지될 수 없다. 민주주의란 결국 평등을 의미하기 때문이다. 일부 사람들이 오해하는 것처럼 정치인은 단순히 경제성장을 지원하는 사람이 아니라, 경제성장의 성과를 어떻게 모든 국민에게 골고루 분배할 것인지 분명하게 말하는 사람이다. 나아가 국가지도자는 지금 당장 먹고살 것만이 아니라 교육 훈련, 연구개발, 기후 행동 등 미래 세대를 위한 장기적 전략을 제시하는 사람이다. 세상 사람들은 정치인들의 말은 기억하지 못하지만 그들이 이 땅에서 이루어놓은 공적은 영원히 기억할 것이기 때문이다.

"정치는 비전을 제시해야 한다."라는 존 F. 케네디 미국 대통령의 말은 지금도 큰 울림이 있다. 최근 코로나19 위기, 경제

위기, 기후 위기의 악조건에서 고통을 받고 있는 국민들에게 지도자는 새로운 희망을 주어야 한다. 위기의 시대에 모든 국민의 고통과 불안도 헤아려야 하고, 시대정신을 꿰뚫어 보는 원대한 목표와 전략을 제시해야 하며, 효과적인 정책을 통해 한 걸음씩 앞으로 나아가는 열정과 인내를 가져야 한다. 이를 위해서는 지도자의 탁월한 식견과 열렬한 지지자의 도움이 필요하지만, 국민의 삶을 개선하는 정책을 만드는 유능한 전문가의 도움을 청해야 한다. 지난날 외환위기와 대학 등록금 자율화, 공기업 매각, 비정규직 차별 합법화, 법인세와 소득세 경감, 신용카드 대란, 실손 의료보험에 이어 최근 재벌 세제 특혜, 은산 분리 완화, 부동산 폭등에서 볼 수 있듯이 정책의 실패는 사회적 약자에게 엄청난 고통을 주고 민주주의를 약화시킨다. 강경식, 강봉균, 진념, 이헌재, 김진표, 장하성, 김수현, 김상조와 같은 정책 결정자를 임명한 사람이 바로 역대 대통령이라는 사실을 잊어서는 안 된다.

오늘도 정치인 가운데 경제 대통령을 외치는 사람이 많다. 디지털 시대의 대통령을 운운하는 경우도 있다. 물론 기업과 기술은 중요하지만 그것이 곧 민주주의를 결정하는 것은 아니다. 오히려 기업과 기술의 변화를 방치한다면 민주주의는 위험에 처할 수 있다. 소수의 재벌 대기업과 플랫폼 비즈니스 억만장자들이 사회를 지배한다면 사회정의 가치는 시들어버릴 것이다. 대통령 개인, 특정 세력, 소수의 엘리트 집단이 지배하는 나라는 결국 독재로 변할 것이다. 우리 자신이 곧 민주적 국가의 주인이라는 사실을 잊지 않아야 한다. 미국에서 가장 성공적인 민주당 대통령이었던 프랭클린 D. 루스벨트의 말처럼 "민주주의의 궁극적 지배자는 대통령도, 국회의원도, 정부 공무원도 아니며, 바로 이 나라의 유권자들."이다. 이것은 민주주의의 역사에서 얻을 수 있는 중요한 교훈이다. 또한 정치에 대한 나의 믿음과 기대이기도 하다.

이재명의 정치 성장과정과 리더십
• 장동훈(전 한국정책방송원장)

심리분석으로 살펴본 노무현과 이재명
• 김태형(심리학자, 『대통령 선택의 심리학』 저자)

주류언론의 이재명 죽이기와 언론개혁
• 최영묵(성공회대 미디어컨텐츠융합자율학부 교수)

여론조사를 통해 본 2022 대선 관전포인트
• 김봉신(리얼미터 수석부장)

공정의 가치로 밀어붙인 3년여의 경기도정
• 최경준(오마이뉴스 선임기자)

1부

이재명 현상,
어떻게 볼 것인가?

이재명의 정치 성장과정과 리더십

• 장동훈*

내 굽은 팔은 소년공 생활에 종지부를 찍고자 공부에 매달리게 했고, 법을 공부해 노동자를 위한 인권변호사의 길을 걷게 했습니다. 비록 내 팔은 굽었지만 또 다른 굽은 팔을 만들지 않도록 하고 싶었습니다. 나의 왼팔은 지금도 말을 걸어옵니다. 굽은 세상을 펼 때까지 절대 포기하지 말라고 말입니다.

— 『나의 소년공 다이어리』, 82면.

아버지는 청소부였다. 어머니는 공중변소 앞에 서서 사용자들에게 동전을 받았다. 소년은 학교 대신 공장에 다니며 돈을 벌

---

* 전 한국정책방송원장. MBC 기자, SBS 베이징 특파원 및 뉴스통신진흥원 이사를 역임했다.

어야 했다. 어린 소년공은 작업 중 프레스에 눌려 한쪽 팔이 굽어진 장애자가 되었다. 하지만 소년은 가혹한 운명에 휘둘리지만은 않았다. 낮엔 공장에 나가고 밤에 공부를 했다. 하루 두 시간 이상 잠을 자지 않았다고 한다. 그렇게 해서 3개월 만에 중학교 과정을, 1년 만에 고등학교 과정을 검정고시로 통과했다. 장학금을 받고 대학에도 들어갔다. 그리고는 사법고시에도 합격했다. 이재명 경기도지사(이하 '이재명') 얘기다. 아득한 옛이야기 같은 감동적인 미담이다. 그런데 이 같은 입지전적 스토리가 그의 드라마틱한 정치성장 과정을 거치며 격동의 시대를 관통하는 사회적 대서사로 전화하고 있다.

더 큰 힘을 얻기 위해 선출직 공직에 도전

변호사가 된 이재명의 첫 선택은 노동자 등의 인권을 보호하는 시민운동이었다. 치열하게 분투했지만 현실의 두터운 벽을 실감한 그는 새로운 결심을 하게 된다. 더 큰 힘을 얻기 위한 선출직 공직에의 도전, 즉 정치 입문이었다. 하지만 정치의 벽은 높았다. 2006년 지방자치 기초단체장 선거와 2008년 국회의원 선거에서 연속으로 고배를 마신다. 그러다 2010년 세 번째 만에 마침내 성남시장에 당선되고, 2014년엔 재선에 성공한다. 전대미문의 최순실 게이트로 점화된 2016년의 대한민국이 활화산 같은 촛불정국으로 치달을 때, 그는 사자후를 토하며 뛰어들었다. 그의 '핵사이다' 발언에 시민들은 환호했고 또 전율했다. 화려한 중앙무대 신고식이었다. 그 여세를 몰아 이재명은 2017년에 대권 도전을 선언한다.

변방의 이름 없는 장수쯤으로 여겨지던 기초단체장 신분인 그의 대권 도전은 그 자체로 신선한 충격이었다. 촛불시민의 함성이 가득한 가운데 치러진 더불어민주당 대통령 후보 경선 열기는 매우 뜨거웠다. 거기서 그는 문재인(57%), 안희정(21.5%)에 이어 3위(21.2%)를 차지했다. 치열한 접전을 벌인 안희정 후보와의 차이는 불과 0.3% 포인트였다. 비록 3위에 머물렀지만 그의 득표율 21.3%는 놀라운 수치였다. 무명 신인 이재명 돌풍의 전주(前奏)였다.

2018년의 이재명은 한층 더 업그레이드된다. 금배지 하나 없고 당내 기반도 거의 없었지만 그는 국민들의 높은 지지를 무기 삼아 친문세력의 견제를 뚫고 당당히 경기도지사 내부경선을 통과한다. 본선에서도 56.4% 득표로 45.5%의 남경필 전 지사를 여유 있게 제친다. 더욱 더 큰 힘을 가진 경기도지사가 된 것이다. 더 많은 일을 하려면 힘이 있어야겠다는 생각에 정치 일선에 뛰어든 그는 '정말 일 잘하는 행정가 이재명'으로 거듭났다. 그리고 여야 통틀어 가장 유력한 차기 대권주자가 되었다. 2020년 이후부터 대한민국에는 이른바 '이재명 대세론'을 새기고 있는 중이다.

이재명의 정치적 성장과정은 우리 정치사에서 유례를 찾기 힘들다. 언뜻 노무현과 닮아 보이기도 하지만 실제론 차이가 있다. 노무현과 달리 이재명은 국회의원을 해본 적이 없다. 당원이긴 했지만 정당을 제대로 겪어보지도 못했다. 그런 만큼 정당정치의 유산도 없고 채무도 없다. 그래서일까. 그는 특정 정파나 진영에 얽매이지 않으며 필기단마로 전장을 누비는 장수로 성장했다.

이재명 리더십도 매우 독특하다. 기표(記標)가 세워지면 좌고우면하지 않는다. 곧바로 돌진이다. 직설적인 언변과 거침없는 행동이 뒤따른다. 뭇매를 맞아도 결코 움츠리거나 칼날을 내리는 법이 없다. 대중들은 이런 모습에 주목하다 이내 환호한다. 이들은 점차 무리를 지어 그의 고독한 행진에 합류한다. 특히 기득권 주류 정치권에 환멸을 느낀 시민들은 칼날 같은 예기로 기꺼이 이재명을 엄호한다. 경제용어를 빌리자면 이들은 열광하는 팬(Raving Fans)이 되어 전략적 팬덤을 자처한다. 이들의 오직 하나의 니즈는 바로 이재명의 개혁의지와 과단한 추진력이다.

목표가 분명하면 정면으로 돌파한다

학교 다니는 또래 아이들을 바라보며 절망했던 소년공을 오늘의 대권주자로 이끈 힘은 무엇일까? 정치 이단아가 써 내려가는 반전의 성장 동력은 무엇이며 또 그 리더십은 어디에서 비롯된 것일까? 촛불집회가 한창이던 2016년 말, 이재명은 혜성처럼 중앙무대에 등장했다. 박근혜 탄핵을 촉구한 청계천 연설이 그 시작이었다.

> 대한민국은 민주공화국입니다. 국민이 나라의 주인이며 모든 권력은 국민으로부터 나옵니다. 대통령은 국민으로부터 권한을 위임받은 머슴일 뿐이지 여왕이나 지배자가 아닙니다. 박근혜는 자신에게 부여된 신성한 통치권을 근본도 알 수 없는 저자거리 아녀자에게 통째로 던져 버렸습니다. 그는 더 이상 이 나라의 대통령이 아닙니다. 박근혜는 지금 당장 옷을 벗고 집으로 돌아가십시오. 하야하십시오!
> ─ 박근혜 하야 촉구 촛불집회, 이재명 성남시장 연설. 2016.10.29.

당시 문재인을 비롯한 유력 정치인들은 발언 수위를 놓고 눈치만 살피고 있었다. 하지만 이재명은 달랐다. 그는 박근혜의 하야를 촉구했다. 집회 참가자들은 폭발적인 환호로 화답했다. 이때부터 '사이다' 애칭이 그에게 붙었고 그의 존재감은 전국적으로 확대되었다. '한다면 한다'. '결심이 서면 좌고우면하지 않고 정면 돌파한다'. '가장 필요한 때에 가장 필요한 방식으로 행동한다'. 이재명 리더십의 요체다. 이를 통해 그는 지지자를 꾸준히 확보해 나갔다. 이 과정에서 그의 팬덤은 그를 비토하거나 탄압하는 상대를 막는 든든한 친위대가 되어 주었다. 친문 세력이 장악한 민주당에서 이재명이 '대세론'을 굳히는 과정이 바로 그러하다. 또한 그의 실천적 리더십은 경기도 '사이다 행정' 3년을 통해 확실하게 입증되었다.

2020년 8월 코로나19 2차 대유행이 시작될 때였다. 중앙정부는 바로 대응하지 못하고 머뭇거렸다. 그 상황에서 이재명은 "코로나19로 쓰나미급 대충격의 새로운 국면이 시작될 것."이라 경고하며 경기도 차원의 전방위적 대비태세에 돌입했다. 코로나 정국의 주도자로 등극하는 순간이었다. 그는 광역자치단체 중에서 가장 먼저 긴급재난지원금 지급을 전격 단행했다. 그의 과단한 정책 실행은 대한민국 전체에 영향을 미쳤다. 여권 내부와 중앙정부의 반발에도 불구하고 특유의 뚝심으로 밀어붙인 결과였다.

경기도의 가장 성공한 정책으로 손꼽히는 백운계곡 등 경기도내 계곡정비 사업도 이재명 리더십이 아니면 불가능했다. 25개 시·군 234개 하천 및 계곡의 불법시설들이 전부 철거되었다. 자연경관을 훼손하고 오염시키는 주범들이 사라졌다. 시민들은 바가지요금이 사라진 청정계곡을 되찾으며 탄성을 질렀다. 그런데 여기에 놀라운 사실이 있다. 극소수 몇 군데를 빼곤 거의 대부분 불법시설들이 상인들의 자진 철거에 의해 없어졌다는 점이다. 처음엔 완강하게 반발하던 상인들이 이재명의 끊임없는 설득과 대안 제시에 마음을 돌린 것이다. 누구나 할 수 있는 일처럼 보이지만 지금껏 누구도 할 수 없는 일이었다. 이재명 리더십의 숨은 비결을 엿볼 수 있는 대목이다. 이밖에도 공공건설 원가 공개, 불법 대부업과의 전쟁, 수술실 CC-TV 설치 의무화, 장기공공임대주택 건설 등 '사이다 행정'이 계속 이어졌다. 이 정책들 중 어느 것 하나 반발과 저항을 피할 수 없었지만 모두 일사천리로 시행되었다. 그런데 이 정책들은 하나같이 족집게로 집어낸 듯 빈곤층 등 사회적 약자의 가장 아픈 부분만을 다뤘다. 여기엔 태생적으로 사회적 약자와 공감할 수밖에 없는 이재명만의 디테일이 작용했음은 물론이다.

한국매니페스토실천본부 주관 광역 시도지사 공약이행평가에서 경기도가 이재명 지사 취임 이후 3년 연속으로 전국 1위에 올랐다. 이재명은 '자기가 한 말은 반드시 실천한다.'는 신뢰를 얻었다. 뛰어난 행정가로서의 명성도 얻게 되었다. 그가 행정가로서 인정을 받게 된 가장 큰 이유는 부정부패를 꿈도 꾸지 못하게 공직사회를 장악했기 때문이다. 이재명은 공직자도 이기심에 따라 움직이기 때문에 끊임없이 관리하고 감독해야 하며 적절한 보상으로 자발적인 참여를 유도해야 한다는 의견을 내놓는다.

권력 담당자를 교체하는 것만으로 기득권 구조를 깨뜨리고 공정한 사회로 새 출발하는 일이 실현되지 않는다. 국민 개개인의 변화를 향한 혁명적 에너지가 한데 모여야 정상적인 권력으로 교체가 가능하다. 그런 혁명적인 에너지가 뒤를 든든히 받쳐줄 때,

비로소 권력은 오로지 국민을 위해서 행사될 수 있다. 여소야대 국회에서 개혁적인 입법을 제대로 하지 못하는 현실이 이를 잘 말해준다. ─ 『이재명, 대한민국 혁명하라』, 35~36면.

항상 시대의 어젠다를 선점하는 정치 이단아

세상이 크게 바뀌고 있다. 4차 산업혁명시대가 다가오고 있는 것이다. 산업구조가 바뀜에 따라 노동시장 또한 대대적인 변화를 겪게 될 것이다. 남녀·세대 간 역할도 크게 달라질 것이다. 어쩌면 기존의 좌우 이념 구분이 무의미해지면서 정치지형 자체가 뒤집어질지도 모른다. 누구도 가보지 않은 길을 가야만 한다. 생존을 위해 새로운 상상력이 요구되는 시기다. 특히 한 나라의 미래를 책임져야 하는 정치지도자에겐 반드시 갖춰야 할 덕목이자 능력이다.

이재명은 누구도 생각지 못했던 화두를 우리 시대에 벼락처럼 던지곤 한다. 기본소득론이 대표적이다. 국민 모두에게 경제 기본권 보장 차원에서 최소생계비를 지급하자는 주장이다. 이 주장에 대해 보수세력은 '좌파 포퓰리즘'이라며 대대적인 공세를 펼치며 이재명을 노골적으로 저격한다. 여권의 유력 인사들도 이러저러한 시비를 걸고 있다. 현재까지는 이재명이 사면초가에 몰려 있는 듯 보인다.

우파 진영에서 나를 분배주의자로 보고 좌파 진영에서는 성장론자 또는 우파에 포획되었다고 표현한다. 좌파 진영에서는 기본소득이 전통적 복지를 없애는 거나 대체하는 거 아니냐고 공격하고, 우파 진영에선 새로운 분배방식을 과격하게 도입하는 게 아니냐고 한다. 내가 원래 기본소득을 도입하기 전에 먼저 했던 게 지역화폐다. 매출의 양극화를 완화하기 위해 구상한 거고, 이걸 보편적 소득지원 정책하고 결합한 거다.

- 매일경제 인터뷰기사. 2021.04.26.

하지만 이재명의 기본소득론은 점차 우리 사회의 거대담론으로 자리 잡고 있다. 야당인 보수정당의 대권 주자들이 '안심소득' 등 유사 정책을 들고 나오는 것 자체가 그 방증이다. 여권도 마찬가지다. 이낙연의 '신복지' 정책이나 정세균의 '돌봄사회' 정책도 이재명이 선점한 기본소득론에 대응하는 자구책에 불과하다. 다가오는 대통령선거가 '기본소득'을 주요 쟁점으로 치러질 공산이 크다. 기본소득은 국가 또는 지방자치체가 모든 구성원 개개인에게 아무 조건 없이 정기적으로 지급하는 소득이다. 부자이건 가난한 자이건, 노동을 하고 있건 안 하고 있건 아무런 구별 없이 대한민국 국민이라면 누구에게나 똑같은 액수의 최소생계비를 지급하자는 얘기다. 가난한 자에 대한 자선이나 지원이 아니라 기본소득을 지극히 당연한 기본권으로 정하자는 것이다. 인간의 생명과 생존은 최고 상위의 기본권이고, 모든 기타 권리의 전제가 되기 때문이다. 소비를 진작시켜 내수시장을 성장시키자는 면에서 기본소득은 경제정책이기도 하다. 국민 누구에게나 최소생계를 보장한다는 점에선 획기적이고 전면적인 복지정책으로 접근할 수도 있다. 4차 산업혁명시대를 맞아 사회 생태계 전반을 변혁시킨다는 점에선 혁신적인 발상의 전환이다.

이재명의 기본소득론은 이렇듯 복합적이고 심층적인 이념체계라고도 할 수 있다. 이와 관련해 장석준 전환사회연구소 기획위원은 "이념이란 말에 덧씌워진 부정적인 이미지들을 걷어내고 이를 한국 사회를 특정 방향으로 이끌려는 일관된 비전이라 이해한다면, 이재명이야말로 현재 한국 정치에서 이념이 가장 뚜렷한 인물이라 할 수 있다."라고 설명했다. 촛불정국 이후 이재명은 항상 시대적 어젠다를 선점하며 행동해 왔다. 시대를 읽고 미래를 설계할 수 있는 능력, 이것이 바로 비약적인 정치성장과 리더십의 근원이 아닐까?

그의 공감능력이 특별하고 디테일한 이유

이재명의 능력 중 가장 특별하고 뛰어난 것이 대중과의 공감능력이다. 이것은 누가 가르쳐준다고 얻어지는 것이 아니다. 공감이란 것은 대중과의 동질성에서 비롯된다. 권력 엘리트나 상류계층 출신이 진정성을 갖고 대중과 공감하기 어려운 것은 이 때문이다. 기껏 그들이 내보일 수 있는 미덕이란 노블리스 오블리주(Noblesse Oblige)에 불과하다. 소년공으로 가혹한 성장기를 거친 이재명에게 대중과의 공감은 이미 체화되어 있다. 대중을 이해하려 애쓰는 공감 능력과 본래부터 그들 속에 존재하는 동질감은 결코 같을 수가 없다. 그래서 그의 공감 능력은 매우 디테일하다. 특히 누구도 살피지 않는 곳에서 빛을 낸다.

5월 초 이재명이 '고졸 취업지원 기반마련을 위한 업무협약' 간담회에 참석해서 한 발언이 한동안 논란이 되었다. '대학 안 가면 해외여행비 1,000만 원 지급'이란 제목으로 언론에 크게 보도되면서부터다. 비난과 비아냥거림이 주요언론을 가득 메웠다. 얼마 후 이 발언은 왜곡된 채로 희화화되며 해프닝으로 넘어갔다. 이재명도 별다른 대응은 안 했지만, 이 해프닝으로 대중과의 공감 능력에서 이재명과 다른 정치인들의 본질적인 차이가 무엇인지가 확연히 드러났다.

> 학력으로 인한 임금차별이 심각하다. 이 문제 때문에 모두가 대학을 가야 한다. 국가역량과 재정낭비다. 독일의 경제 핵심은 숙련노동에 대한 존중 또는 충분한 보상으로 보인다. 한국에는 대학 가면 장학금을 주는데, 대학 안 간 사람은 지원 안 해주는 것에 문제의식을 느끼고 있다. 나 또한 4년간 대학을 다녔지만 4년 동안 대학 다니는 것과 4년 동안 해외일주 다니는 것, 둘 중 어느 쪽이 그 사람의 인생과 역량에 도움이 될지 모르겠다. 다

만 각자가 원하는 생의 경험을 하는 쪽이 더 좋은 교육이라 생각한다. 그런 의미에서 대학 안 가는 청년에게 세계일주 비용 1,000만 원 지원하는 게 훨씬 나을 것 같은데 어떻게 생각하시는가?
－고졸취업지원 업무 협약식 인사말, 2021.05.04.

이 발언의 포인트는 세계일주 비용으로 1,000만 원을 주자는 내용이 아니다. 일리 있는 방안일 수도 있고 더 좋은 다른 방법이 있을 수도 있다. 중요한 것은 아무도 쳐다보지 않았던 이 청년 그룹에게 주목하고 그들의 상실감에 깊은 공감을 표현했다는 점이다. 이 발언이 보도된 후 지방 제조업에 종사하는 한 청년이 '대학 안 가면 천만 원?'에 가슴이 울컥했다고 한 언론에 기고했다. 그들에게 1,000만 원이든 100만 원이든 액수와 수단이 중요한 게 아니다. 자신들을 바라보고 공감해 주었다는 사실 자체가 감격스러운 것이다. 지금껏 사회적으로 대학생의 장학금이나 반액등록금만이 얘기가 되었을뿐 그들은 투명인간 취급을 받거나 때론 '루저'로 내몰렸기 때문이다. 바로 여기서 다른 정치인들이 흉내 낼 수 없는, 이재명의 태생적 공감 능력을 살필 수 있다.

SNS 시대에 최적화된 유력 대권후보

지난날 방송과 신문, 즉 매스미디어는 한국 정치에 절대적인 영향력을 행사했다. 대통령 당선을 좌지우지할 만큼 그 힘이 막강했다. 과거 김영삼이 대통령에 당선되고 제일 먼저 찾은 곳이 조선일보 사주 집이었다. 조선일보 사주는 당시 '밤의 대통령'으로 불릴 정도였다. 정치인에 대한 정보와 평가는 오로지 국회와 중앙부서 기자실에서만 생성되었다. 정치지망생이나 변방의 장수는 대중에게 자신을 알릴 방법이 전무했다. 기존 정치세력들은 정보를 독점하고 장악함으로써 그들만의 리그를 유지했다. 당연히 매스미디어와의 결탁은 쉽게 이뤄졌다. 민의에 상관없는 프레임을 만들어 국민을 현혹하기도 했다.

그런데 판이 뒤집어졌다. 2010년대에 접어들면서 SNS 시대가 도래한 것이다. 누구나 언제 어디서나 원하는 정보를 즉시 받아볼 수 있고 쉽게 전달할 수 있게 되었다. 전 세계가 실시간으로 정보를 공유하는 시대가 되었다. 초소통시대를 연 SNS는 종래의 메시지 전달시스템을 혁파해버렸다. 한국의 정치환경도 밑바닥부터 바꿔놓았다. 매스미디어로부터 정보를 일방적으로 수용만 하던 대중들이 이제는 SNS를 통해 자신들의 의견을 적극 개진하고 정치인과 직접 소통하게 되었다. 일반 시민과 정치인이 공동으로 정치활동을 해나가는 직접민주제도의 새로운 정치지형이 만들어지고 있다. 이 같은 새로운 미디어 환경에 누구보다 빨리 적응하고 적극 활용한 정치인이 이재명이다. 그는 신문방송보다 트위터, 유튜브, 페이스북, 카톡, 블로그를 통해 직접 시민들과 소통하는 일상을 지켜 왔다. 이런 이유로 그는 남보다 한발 앞서 이슈를 선점하는 순발력이 뛰어난 정치인으로 거듭났다. SNS상에서 시의적절하게 전달되는 그의 메시지는 많은 사람들에 의해 빠른 속도로 전파되어 수많은 지지자들을 결집시킨다. 그리고 이들 지지자들이 생산하고 공유하는 다양한 정보가 다시 그에게 피드백된다. 그러면 이재명은 국민여론을 정확히 파악한 뒤 생각과 정책을 업그레이드한다. 유력한 대권주자 이재명의 루틴한 경로다.

> 나는 하루에도 수십만 명과 대화를 나눈다. 대화창구도 다양하다. 카카오톡, 밴드, 유튜브, 페이스북, 트위터, 인터넷카페 게시판, 블로그, 댓글 등 수많은 채널을 통해 각계각층의 사람들과 친구를 맺고 정보공유를 한다. 이 과정에서 나는 집단지성의 놀라운 힘을 피부로 느낀다. 지난 16년의 촛불집회 때 국민들을 한마음으로 뭉치게 한 힘도 SNS가 가진 정보공유의 힘이었고 나에게 집단지성의 놀라운 저력을 확인시켜 준 한해였다.
>
> — 『이재명은 합니다』, 144면.

정치는 말의 싸움이다. 이재명의 언어 구사력이 탁월하다고 정평이 나 있다. 그의 멘트는 마치 광고 카피를 연상하리만치 단순명쾌하면서도 무척 인상적이다. 그는 다른 정치인과 달리 여러 해석이 가능한 모호한 표현이나 중의적 언어를 쓰지 않는다. 일상적인 언어로 직설적이면서 촌철살인의 유머가 넘친다. 대부분 삶의 체험에서 우러난 것이라 현실적이고 힘이 있다. 이재명은 'SNS 대통령'이라는 별칭을 들을 정도로 온라인상에서 많은 지지자를 확보하고 있다. 지난 2017년 대선 때 이미 '손가혁(손가락 혁명군)'이라는 온라인상의 지지 그룹이 조직되어 오프라인에서도 이재명 후보의 선거운동을 열성적으로 펼친 바 있다. 지금은 SNS상의 이재명 지지자가 여타 대선 후보보다 월등히 많은 200만 명을 돌파한 것으로 보인다.

여야를 막론하고 기득권 세력에게 있어 이재명은 이단자다. 그들만의 리그를 겁 없이 침범해온 오랑캐다. 과거 노무현에게 그랬듯이 메이저 언론은 이재명에게 무차별 공세를 퍼붓고 있다. 노무현은 언론과의 전쟁을 선포할 만큼 처절했는데, 이재명은 여유만만해 보인다. SNS라는 자신만의 매체를 갖고 있기에 메이저 언론과의 싸움도 두려워하지 않는다. 이미 자신만의 언론을 확보했기에 메이저 언론의 왜곡보도나 오보에 대해서 소송으로 응징해 나간다. 법률가 출신다운 과단한 행동이다. 어쩌면 SNS 시대의 개막과 함께 정치를 시작한 이재명은 행운아다. 그는 SNS 시대에 최적화된 정치지도자인 까닭이다.

소년공 삶에서 체화된 생존력과 투쟁력

흔히 이재명을 싸움닭에 비유한다. 권력과 기득권층에 맞서 탄압과 음해를 받으면서도 굴하지 않고 끝장을 보고야 마는 그에게서 특정한 모습이 연상되기 때문이다. 온몸이 피투성이가 되면서도 상대가 도망갈 때까지 쪼아대는 싸움닭이 바로 그것이다.

그가 인권노동 변호사로 활동하던 시절 때 일이다. 성남시립병원 설립추진과 관련해 자신과 시민들이 연대해서 만든 병원 설립 조례가 당시 새누리당이 다수를 차지하던 시의회에서 단 47초 만에 날치기로 부결되었다. 이때 이재명은 격렬하게 항의하다 변호사 신분으로 특수공무집행방해죄로 처벌을 받게 되었다. 박근혜 정부 시절 때에도 비슷한 광경이 연출됐다. 당시 이재명 성남시장은 정부의 지방재정개편안에 반발해 광화문광장에서 11일간 단식투쟁을 벌였다. 무상교육, 청년수당, 공공산후조리원이라는 성남시 3대 무상복지정책 실현을 위한 재원을 가로막는 중앙정부에 정면으로 대든 것이다. 더구나 당시 박근혜 정권은 이재명 시장을 눈엣가시로 여겨 사사건건 방해공작을 벌이는 와중이었다. 일개 시장으로서 중앙정부에 맞서기는 결코 쉽지 않은 일이다. 이때부터 권력에 맞서 과감하게 싸우는 그의 면모가 전국적으로 널리 알려지게 되었다.

지난 경기도지사 선거 당시 '형수 욕설'과 '여배우 스캔들 주장'이 세간을 떠들썩하게 했다. 진위여부를 떠나 이런 류의 얘기가 불거지는 사실 자체만으로도 정치인은 치명상을 피할 수 없다. 상대 후보 진영은 물론 많은 이들이 이재명의 몰락을 머릿속에 그리고 있었을 것이다. 하지만 이재명은 놀라운 맷집으로 버텨냈다. 도저히 건널 수 없으리라 보였던 깊은 강을 건너 기어코 경기도지사에 당선되었다. 그리고 묵묵히 대처해 나갔다. 그의 정치생명이 걸린 소송으로 비화된 친형 정신병원 강제입원 관련 소송에서 2년여 만에 대법원 무죄판결을 받아냈다. 이 과정을 통해 이재명의 맷집은 더 단단해졌다. 어떤 네거티브 공세도 이겨낼 수 있다는 자신감을 보인다.

> 어딘가를 가려면 강도 건너야 되고 산도 넘어야 되고 물도 건너 뛰어야 되는데, 한번 건너뛰어 넘으면 그 다음부터는 어려운 일이 아니다. 나에 대한 평가에는 그런 게 다 감안돼 있다. 이미 그거 몰라서 그런 게 아니고.　　－매일경제 인터뷰기사, 2021.04.26.

이재명 특유의 생존력과 투쟁력은 태생적인 것으로 보인다. 소년공으로서 극한의 삶을 살며 체화된 것이다. 어쩌면 자신의 처지를 비관해 두 번이나 스스로 목숨을 끊으려 했을 때 어린 소년 이재명은 삶의 고통과 절망을 달관했을지 모른다.

> 돌이켜 보면 두 번의 자살 시도 실패가 내 인생의 터닝 포인트가 되었다. 그때부터 나는 세상에 대한 두려움도 사라졌고 어떤 일이 닥치건 대수롭지 않게 웃어 넘겼다. 그리고 긍정과 희망이 나의 생존 무기가 되었다. 긍정하지 않으면 살 수 없고 희망이 없으면 단 한순간도 버틸 수가 없었다.　　－「이재명은 합니다」, 26면.

다가오는 대선 과정에서 상대 진영의 파상적인 네거티브 공세는 예견된 일이다. 그런데 어떤 비난이나 음해도 대수롭지 않게 웃어넘기는 이에게 대적할 수 있는 적군은 없다. 자신의 생존 무기가 되어 버린 이재명의 긍정과 희망이 또 다른 네거티브 공세와 어떻게 싸워나갈지 사뭇 궁금해진다.

새 시대의 개막을 기다리며

정치지형이 급변하고 있다. 진보진영 586세대의 '내로남불'에 청년들이 등을 돌렸다. 세대교체의 바람이 거세다. 부동산 정책 실패 등 문재인 정부의 실정과 무능에 상당수 국민들이 분노하고 있다. 민심의 방향이 정권교체로 향하고 있는 것도 보인다. 최근 극우 성향의 38세 청년이 제1야당의 대표가 되었다. 얼마 전까지 현 정권의 검찰총장이었던 사람이 곧바로 야권의 유력 대권주자로 부상했다. 현재로선 이재명의 위기상황인 게 분명하다. 하지만 우리 국민은 현명하다. 또 냉정하다. 지금은 정치혼란과 신기루에 가로막혀 잘 보이지 않지만 국민의 진심이 세대교체나 정권교체에 가 있다고 여겨지지는 않는다. 현란한 '쇼타임'이 끝나고 신기루가 사라지면 곧 국민의 진심이 드러날 것이다. 국민은 무엇보다 우리 미래를 확실하게 이끌어갈 비전을 원한다. 또 이를 실천할 강력한 지도자를 원한다.

이재명은 지금껏 특정 이념이나 어느 정파에 얽매인 적 없다. 국민적 지지를 스스로 쌓아 올렸고 그 힘으로 경쟁자들과 겨루며

성장해 왔다. 그랬기에 이재명은 자유롭다. 또 '이재명답게' 행동하게 한다. 이재명이 '이재명다움'을 잃어버리는 순간 이재명의 존재 가치는 사라진다. 지금까지 그래왔듯이 자신의 기치를 높이 쳐들고 정면 돌파해 나가야 한다. 그리하여 소년공의 꿈에서 승화된 자신의 비전이 국민에게 받아들여진다면, 이것이야말로 그가 오랫동안 꿈꿔 왔던 새 시대의 개막이 아닐까.

심리분석으로 살펴본 노무현과 이재명

• 김태형[*]

한국정치사에서 가장 드라마틱한 서사와 선연한 상흔을 남긴 노무현 전 대통령(이하 '노무현'). 그의 행적과 결기는 아이로니컬하게도 비극적 서거 이후에 뒤늦게 불타오르듯 재조명되었다. '노무현 정신'으로 표현되는 그의 유훈은 민주-진보진영의 금과옥조가 되었다. 또 그가 퇴임 후 머물렀던 봉화마을은 민주성지로 급부상했다. 해마다 유력 정치인들이 찾는 필수코스가 되었을 뿐 아니라, 5월이 되면 그를 잊지 못하는 수많은 시민들의 행렬로 인해 봉화마을은 매년 인산인해의 풍경을 연출하곤 한다.

---

[*] 심리학자. 심리연구소 '함께' 소장. 고려대 대학원에서 임상심리학을 공부했다. 저서로는 『풍요중독사회』, 『혐오시대 헤쳐가기』, 『대통령 선택의 심리학』, 『불안증폭 사회』, 『사이코패스와 나르시시스트』 등이 있다.

그런 의미에서 노무현의 정치력은 여전히 살아 있는 실체라 할 수 있다. 때문에 노무현과 노무현 정신의 계승자임을 천명하는 유력 대권자들의 행보는 지극히 자연스런 정치 행위가 되었다. 노무현의 적자 혹은 제2의 노무현을 자처하는 것은 당연하게도 노무현 후광 효과를 보려는 행위다. 하지만 현재 시점에서 볼 때 제2의 노무현이라고 불릴 수 있는 사람은 살아 생전 노무현과 가까웠던 정치인 중에서는 찾기 힘들다. 오히려 험난한 정치역정을 걷고 있는 이재명 지사에게서 제2의 노무현 면모를 엿보게 된다.

필자는 몇 년 전 노무현[1]과 이재명 경기도지사(이하 '이재명')[2]의 심리를 심층 분석한 책을 출간한 바 있다. 여기서는 두 사람을 몇 가지 기준에 근거한 비교를 통해 "과연 이재명이 제2의 노무현이 될 수 있는가?"라는 질문에 대한 답을 찾아보고자 한다.

정치인들의 사적 욕망과 공적 욕망

사람들은 정치인에게 높은 수준의 도덕적 잣대를 들이댄다. 사익이 아닌 공익을 추구하는 인물이 되어야 한다고 요구한다. 권한을 국민에게서 위임을 받은 국민의 머슴이기에 정치인은 사익을 버리고 공익을 추구해야 한다. 하지만 당위일 뿐이고 현실은 정

---

1 『노무현과 오바마가 꿈꾼 세상』, 김태형, 2017, 인간사랑.
2 『대통령 선택의 심리학』, 김태형, 2017, 원더박스.

반대다. 공익을 추구하는 깨끗한 정치인을 좀처럼 발견하기 어렵기 때문이다. 정치인의 절대다수가 공익을 추구하는 사람들이었다면 대한민국의 현재 모습은 사뭇 달랐을 것이다. 정치판이 지금처럼 혼탁하고 한심하지도 않을 것이고 우리 사회가 지금처럼 엉망진창이지도 않을 것이다. 사욕을 채우기 위해서 정치를 한다고 고백하는 사람은 단 한 명도 없다. 정치인이 진정으로 공익을 추구하려면 극소수 기득권층이 아닌 절대다수 국민의 이익을 대변해야 한다. 이 기준으로 보면 극소수 기득권층의 이익을 대변하고 있는 수구보수 인물들은 기본적으로 사익추구형 정치인이라고 할 수 있다. 그렇다면 진보개혁 성향의 인물들은 모두 공익추구형 정치인이라고 할 수 있을까? 당연히 그렇지가 않다.

너그럽게 이해하면, 사적 욕망에 비해 공적 욕망이 우세한 인물들도 공익추구형 정치인에 포함시킬 수 있다. 하지만 이들은 사적 욕망이 공적 욕망의 추구를 방해할 위험에서 자유로울 수 없다. 사적 욕망과 공적 욕망이 정면으로 충돌했을 때 사적 욕망에 굴복할 공산이 크기 때문이다. 이런 점에서 진정한 공익추구형 정치인이란 사적 욕망을 공적 욕망으로 상승·발전[3]시키는 데 성공한 사람이라고 말할 수 있다. 사적 욕망은 개인적 욕망이다. 돈에 대한 욕망, 출세와 성공 욕망, 인정과 존중 욕망(명예욕) 등

---

3   나는 이것이 프로이트가 말했던 '승화'의 진정한 의미이고, 본질이라고 생각한다.

이 포함된다. 반면 공적 욕망은 집단주의적 혹은 공동체적 욕망이다. 불의한 사회를 개혁하려는 욕망, 정의사회 구현이나 이상사회 건설에 초점을 맞춘 욕망 등을 들 수 있다.

사익추구형 정치인 중에서 가장 위험한 인물은?

사실 공익추구형 정치인의 길은 쉽지 않다. 자기 자신을 위한 개인주의적 욕망에 지배당하지 않고 항상 공익을 우선시할 수 있어야 하기 때문이다. 따라서 돈에 대한 욕망이나 명예욕이 강한 사람이 정치인이 되면 필연적으로 사익추구형 정치인이 될 수밖에 없다. 사익추구형 정치인은 사적 욕망을 뚜렷이 의식하고 있는 정치인과 그렇지 못한 정치인으로 구분된다. 이명박 전 대통령처럼 자신의 사적 욕망을 뚜렷이 의식하고 있는 전자의 정치인은 "나는 국민들을 멋지게 속여넘겨 크게 한몫 잡는 대통령이 되겠다."라는 일념으로 대권에 도전하고 대통령직을 수행한다. 반면 자신의 사적 욕망을 잘 의식하지 못하는 후자의 정치인은 착각에 빠진다. 실제로는 자신의 사적 욕망을 실현하기 위해 정치를 하면서도 의식적으로는 자신이 국민을 위해 정치를 하고 있다고 믿는 것이다.

이 두 부류의 사익추구형 정치인 중에서 누가 더 위험할까? 후자다. 즉 자신의 사적 욕망을 잘 의식하지 못하는 사익추구형 인물이 가장 위험한 정치인이라고 할 수 있다. 안타깝게도 이런 류의 정치인들이 매우 많은 게 우리나라 정치의 현주소다. 실제로는 국민을 괴롭히고 해치면서도 자신이 국민을 위해서 정치를 하고 있다고 믿고 있는, 어처구니없는 아이러니. 어떨 때는 광신도가 되어 자신의 잘못을 전혀 깨닫지도 못하고 또 조절하지도 못하고 있는 게 우리나라 정치 현실의 민낯이기도 하다.

자신이 공익을 추구한다고 믿는 정치인, 즉 자신의 사적 욕망을 잘 의식하지 못하는 사익추구형 정치인은 수구보수 진영보다는 진보개혁 진영에 더 많다. 수구보수 진영의 정치인은 대부분 자신이 극소수 기득권층의 이익이나 사익을 추구하고 있음을 잘 알고 있다. 따라서 적어도 사적 욕망과 공적 욕망의 괴리로 인한 정신적 고통은 겪지 않는다. 반면 진보개혁을 표방하는 정치인은 그런 정신적 고통 혹은 죄책감을 피하기 어렵다. 공익을 표방하지만 실제로는 사익을 추구하는 이런 정치인들은 대개 강력한 권위나 기득권에는 도전하지 않는 비겁함, 성공과 출세 지향성, 기회주의 성향, 안전한 길을 선호하는 정치인생, 옹졸함이나 고집 등의 부정적인 특성을 갖고 있다.

명실상부한 공익추구형 정치인이 되려면 이기적인 사적 욕망을 깨끗이 포기하거나 그것을 공적 욕망으로 상승·발전시켜야 한다. 사적 욕망이 불건전한 것이 아닌 경우, 사적 욕망을 버리기보다는 공적 욕망으로 상승·발전시키는 게 더 좋다. 예를 들면 독재권력에 의해 억울하게 돌아가신 아버지의 원수를 갚겠다는 사적 욕망이 있다면 그것을 버리기보다는 자신의 아버지만이 아니라 국민을 위해 독재권력을 타도하겠다는 공적 욕망으로 승화시켜야 한다는 것이다. 사적 욕망이 공적 욕망으로 상승·발전되지 못하면 공적 욕망 실현에 전심전력하기 어렵다. 반면 사적 욕망이 공적 욕망에 통합되고 융합되어 승화될 경우 모든 심리적 에너지가 공적 욕망을 실현하는 데 집중될 수 있다. 그렇기 때문에 사적 욕망을 공적 욕망으로 상승·발전시키는 데 성공한 정치인만이 진정한 공익추구형 정치인이 될 수 있는 것이다.

늦깎이 노무현의 간절한 꿈

노무현은 마흔 중반 이후에야 민주화운동과 정치 일선에 뛰어들었다. 그는 중학교 재학 시절에 이승만 정권의 3·15 부정선거를 목격하고 백지동맹을 주도할 정도로 일찍부터 정의감이나 정치의식이 뛰어난 인물이었다. 그런데도 노무현은 왜 불의한 사회를 계속 외면하다가 늦깎이로 민주화운동에 뛰어들게 된 것일까?

그의 고향 봉하마을에서는 일제강점기 시절에 일본인 지주 밑에서 마름을 살았던 친일파들이 지주가 되었다. 그들은 가난하고 힘없는 소작인들을 괴롭히고 그들의 땅을 빼앗으려고 툭하면 송사를 벌이곤 했다. 마을 사람들은 친일파들이 무서워 그 분쟁에 끼어들지 못했다. 그런데 당시 소작인들과는 이해관계가 없는 자작농이었던 노무현 아버지는 토지분배 송사에 참여해 소작인들을 위한 증언을 했다. 그 덕분에 소작인들이 승소하곤 했다. 매우 정의로운 일을 했지만 후과는 혹독했다. 노무현 아버지는 친일파의 자식들과 그들이 고용한 동네 불량배들한테 심한 폭행을 당했다. 게다가 송사에서 이긴 소작인들이 노무현의 아버지를 따돌리고 지주들과 화해를 해버렸다. 옳은 일을 한 대가가 바로 마을에서 따돌림을 당하는 외톨이 신세였던 것이다. 어릴 적 이 광경을 지켜봤던 노무현의 심정은 어땠을까? 비록 어느 정도 마음에 상처가 남기는 했겠지만 아버지의 행동을 부정적으로 받아들이지는 않았다. 오히려 아버지의 정의로운 모습을 마음속 깊이 간직함으로써 훗날 힘없는 약자 편에 섰던 가치관의 자양분이 된 것으로 보인다.

그런데 노무현의 어머니는 달랐다. 아버지를 계속 구박했을 뿐 아니라 자식들에게 아버지처럼 살지 말라는 훈계를 반복했다. 어머니는 노무현이 어렸을 때부터 "세상일에 관심 끄고 네 밥그릇이나 챙겨라.", "불의에 맞서지 말고 얌전히 살라." 등의 훈육을 했다. 그것은 노무현의 발목에 채워진 무거운 족쇄가 되었고, 세상일에 애써 눈을 감고 살아가는 평범한 변호사의 삶으로 이어졌다. 그랬던 노무현의 삶에 엄청난 변화가 생긴 것은 80년대 부산에서 벌어진 시국사건 때문이었다. 검거된 대학생들을 변호하는 과정에서 그는 큰 충격을 받게 된다. 노무현은 처참하게 고문당한 대학생들의 모습을 보면서 피 묻은 적삼 바람으로 집안에 들어선 아버지를 떠올렸다. 그런데 그가 더 큰 충격을 받았던 것은 대학생들의 어머니들이 자신의 어머니와 똑같은 말을 하면서 자식들을 비난하는 모습이었다.

민주화운동에 뛰어들기 이전까지의 노무현의 사적 욕망은 정의로운 일을 했다가 마을 사람들한테 따돌림을 당하고 어머니한테서 구박을 받았던 아버지처럼은 살지 않겠다는 것이었다. 쉽게 말하자면 불의에는 눈을 감고 그저 돈이나 벌면서 살겠다는 것이었다. 물론 마음 한구석에는 억울한 아버지를 구원하고 복권시키려는 강렬한 사적 욕망도 숨어 있었다. 이 욕망은 아버지처럼은 살지 않겠다는 또 다른 사적 욕망과 충돌하고 있었다. 노무현은 시국사건을 변론하면서 자신의 비극적인 가족사가 단지 자신의 가족만의 문제가 아니라 모두의 문제임을 실감하게 된다. 이 사건을 거치면서 그의 사적 욕망은 공적 욕망으로 상승·발전한다. 즉 어머니의 패배주의적인 훈육을 거부하고 아버지를 복권하려는 사적 욕망이 전면에 나서게 되었다. 또 그것이 정의가 승리하는 사회를 건설하려는 공적 욕망으로 상승·발전했다. 그가 민주화운동에 뛰어들고 정치에 입문하며 대통령이 된 것은 모두 이 공적 욕망을 실현하기 위한 노력의 일환이었다. 이는 제16대 대통령 선거의 출사표에서 뚜렷하게 드러나 있다.

조선 건국 이래로 600년 동안 우리는 권력에 맞서서 권력을 한 번도 바꿔보지 못했습니다. 비록 그것이 정의라고 할지라도, 비록 그것이 진리라 할지라도, 권력이 싫어했던 말을 했던 사람은 또는 진리를 내세워서 권력에 저항했던 사람들은 전부 죽임을 당했습니다. … 눈 감고 귀를 막고 비굴한 삶을 사는 사람만이 목숨을 부지하면서 밥이나 먹고 살 수 있었던 우리 600년의 역사.

제 어머니가 제게 남겨주었던 가훈은 "야 이놈아, 모난 돌이 정 맞는다. 계란으로 바위치기다. 바람 부는 대로 물결치는 대로 눈치 보며 살아라!"였습니다. 80년대 시위하다가 감옥 간 정의롭고 혈기 넘치는 우리의 젊은 아이들에게 그 어머니들이 간곡히, 간곡히 타일렀던 그들의 가훈 역시 "야 이놈아, 계란으로 바위치기다. 그만둬라! 너는 뒤로 빠져라!" 이 비겁한 교훈을 가르쳐야 했던 우리의 600년 역사! 이 역사를 청산해야 합니다. 권력에 맞서서 당당하게 권력을 한번 쟁취하는 우리의 역사가 이루어져야만이 이제야 비로소 우리 젊은이들이 떳떳하게 정의를 말할 수 있고, 떳떳하게 불의에 맞설 수 있는 새로운 역사를 만들어낼 수 있습니다!

매 맞지 않으려는 욕망을 누구도 매 맞지 않는 사회 건설의 욕망으로

소년 노동자였던 이재명에게 있어 삶이란 학대당하는 것이었다. 구체적으로 말하자면 매 맞는 것이었다. 그는 나락을 한 되 가져오라는 과제를 수행하지 못하거나 육성회비를 내지 못해 매를 맞아야 했다. 찢어지게 가난했기에 그는 초등학교 시절 계속 매를 맞아야만 했던 것이다. 초등학교 졸업 후 공장에 다닐 때에도 그의 삶은 달라지지 않았다.

> 성남으로 와서 공장을 다녔는데 공장을 가니까 또 때리는 거예요. … 졸업을 하고 76년부터 공장을 갔는데 그때가 군사정권 시대 아닙니까? … 공장 관리인들이 다 군복을 입고 있었어요. 군복을 입고, 출근하는 꼬맹이들, 다 우리 나이 또래들이 일했으니까 그 꼬맹이들을 줄 세워놓고 속칭 빠따를 치는 거예요. 철들라고. 퇴근할 때 되면 또 줄 세워놓고 빠따를 쳐서 집에 보내고.[4]

어린 시절 이재명의 사적 욕망은 단순했다. 매를 맞지 않는 것이었다. 그는 초등학교 시절에는 매를 맞지 않기 위해 초등학교 선생을 꿈꿨고, 소년 노동자 시절에는 관리자를 꿈꿨다. 매를 맞지 않을 수 있을 정도로 신분상승을 하거나 출세를 하는 것이 가장 중요한 사적 욕망이었던 것이다. 이러한 그의 사적 욕망은 검정고시를 통해 대학에 진학하면서 공적 욕망으로 승화하는 계기를 맞게 된다.

---

[4] 이재명, 『오직 민주주의, 꼬리를 잡아 몸통을 흔든다』, 2014, 리북, 34면.

고백컨대 나는 광주민주화운동을 '광주사태', 즉 불순한 세력에 의한 폭동이라 알고 있던 소년 노동자였다. 그랬던 내가 대학생이 되어서야 진상을 깨달았다. 그리고 또 뒤늦게 깨우친 사실이 있다. 나와 가족, 공장 동료와 이웃들의 참혹한 삶이 결코 개인의 무능과 무책임, 게으름으로 인한 것만이 아니라는 것을! 그 뒤로 나의 작은 전쟁, 기득권과 불의를 향한 투쟁은 시작되었다. 나는 기득권자들과 싸우며 구속되고 수배대상이 되는 등 차별과 고통 속에서 성장했다.[5]

평범한 노동자가 자신의 비참한 삶이 자기만의 문제가 아니라 노동계급 모두의 문제임을 깨닫게 되는 것을 흔히 계급의식이 생겼다고 말하곤 한다. 이런 점에서 이재명은 대학생이 되면서 계급의식에 눈을 떴다고 말할 수 있을 것이다. 대학생이 되기 전까지의 이재명의 삶은 인간 이하의 버러지 취급을 당하면서 매를 맞아야만 했던 비참함 그 자체였다. 그의 가족 나아가 동료와 이웃들의 삶 역시 마찬가지였다. 이재명은 자기 혼자만이라도 일단 매 맞는 신세에서 벗어나기를 욕망했다. 그러다 절대다수 국민의 삶을 비참하게 만드는 것이 개개인의 문제가 아닌 사회 문제임을 깨달으면서 생각이 바뀌었다. 매 맞지 않으면서 살겠다는 사적 욕망을 그 누구도 매 맞지 않는 사회를 건설하려는 공적 욕

---

5   이재명, 『이재명, 대한민국 혁명하라』, 2017, 메디치미디어, 180면.

망으로 발전시킨 것이다.

국민 앞에서 자기 자신을 위해 정치를 한다고 당당하게 말할 수 있는 정치인은 딱 둘이다. 하나는 극도로 뻔뻔한 인간말종이고 다른 하나는 진정한 공익추구형 정치인이다. 공익추구형 정치인은 자기 자신을 위한 정치를 하겠다고 당당하게 외칠 수 있다. 자신의 욕망이 곧 공적 욕망이기 때문이다. 그런 면에서 이재명은 "자신의 행복을 위해 싸웠을 뿐이다."라고 당당하게 말할 수 있는 몇 안 되는 공익추구형 정치인이라 할 수 있다.

> 저의 모든 판단과 행동과 정책은 제 삶의 경험과 가족, 이웃의 현실에서 나옵니다. 약자의 희생으로 호의호식할 수 없었고, 빼앗기지 않고 누구나 공정한 환경에서 함께 잘 사는 것이 저의 행복이기 때문에 저는 저의 행복을 위해 싸웠을 뿐입니다.[6]

공익추구형 정치인의 특징

공익추구형 정치인은 몇 가지 뚜렷한 특징을 보인다. 첫째, 권력을 잡기 위해 뭔가를 하려고 하는 것이 아니라 뭔가를 하기 위해서 권력을 필요로 한다. 어떤 정치인이 평소에는 별다른 일을 하지 않다가 대권에 도전하면서 갑자기 화려한 청사진을 내

---

6 헤럴드경제, 2017.01.23.

세운다면 사익추구형 정치인일 가능성이 높다. 반면 대권에 도전하는 것과 무관하게 평소에 꾸준히 뭔가를 하고 싶어 하는 모습을 보였다면 공익추구형 정치인일 가능성이 높다. 통속적으로 말하자면, 공익추구형 정치인은 뭔가를 하기 위해서 대권을 원하지만 사익추구형 정치인은 대권을 위해서만 뭔가를 한다. 김대중 전 대통령은 대통령에 당선되기 훨씬 전부터 연방제 통일 방안을 주장했다. 그런 주장 때문에 빨갱이로 색깔 공격을 당했음에도 그는 자신의 주장을 꺾지 않았다. 노무현은 대권 도전과는 무관했던 시절부터 지역주의를 깨기 위한 무모한 도전을 감행했다. 번번이 고배를 마셨지만 그의 도전은 멈추지 않았다. 극우 보수언론의 횡포에 맞서겠다며 조선일보에 소송을 걸며 단기필마의 전투도 마다하지 않았다. 이재명은 대권과는 한참 거리가 있었던 성남시장 때부터 기본소득을 주장했다. 또 그것을 성남시에서 부분적으로 실행하는 과단성을 보였다. 그는 평소에 "나는 권력이 필요한 게 아니라 일을 할 수 있는 권한이 필요한 사람이다." 혹은 "자리나 지위가 아니라 일할 수 있는 기회가 필요한 사람이다."[7]라고 말해 왔다. 그리 길지 않은 그의 정치 역정을 들여다보면 대권과는 상관없이 항상 뭔가를 하기 위해 아득바득하는 모습을 어렵지 않게 발견할 수 있다.

---

7 이재명, 『오직 민주주의, 꼬리를 잡아 몸통을 흔든다』, 2014, 리북, 141면.

둘째, 개인적 손해를 두려워하지 않는다. 공익추구형 정치인은 국민을 위해 정치를 하는 사람이기 때문에 개인적 손해를 두려워하지 않는다. 개인차가 있기는 하겠지만, 진정한 공익추구형 정치인은 감옥에 갇히는 것이나 죽는 것조차 두려워하지 않는다. 민주화운동에 뛰어든 이후부터 노무현은 최루탄도 구속도 두려워하지 않았다. 그는 정치에 입문한 뒤에도, 김영삼한테 무슨 정치를 그렇게 하느냐는 편잔을 들을 정도로 손해 볼 짓을 골라서 하는 이단아였다. 이재명은 사법연수원 역사상 처음으로 '노동법학회'를 만들고 무변촌 법률봉사활동을 기획했다. 또한 사법개혁을 요구하는 성명서를 작성해 동료들의 서명을 받아 공개적으로 발표했다. 당시로서는 대단히 무모한 일이었다. 고시 합격생의 지위까지 잃을 수 있는 위험천만한 일이고 손해 볼 짓이었던 것이다. 사법연수원 과정에서 우수한 성적을 받았기에 판검사를 골라 임관할 수 있었지만, 군사독재정권의 하수인이 될 수 없다며 이를 외면했다. 어머니에게는 '성적이 나빠서'라는 거짓말까지 하면서 그는 가난한 인권변호사의 길을 선택했다. 90년대부터 인권변호사이자 시민운동가로 활동했던 이재명은 소각장 반대운동, 저유소 저지활동, 시정감시 등의 시민운동을 왕성하게 전개했다. 이 과정에서 변호사 신분임에도 두 번이나 구속을 당하게 된다. 개인적 손해를 결코 두려워하지 않았던 인물임을 보여준다.

셋째, 대중은 물론이고 반대자들도 피하지 않는다. 대중을 기피하지 않는 것은 공익을 추구하는 정치인, 다시 말해 떳떳한 삶을 살고 있다고 자부하고 있는 인물의 특징이다. 노무현은 자신을 반대하는 시위대를 만나도 그들을 조금도 피하려 하지 않고 대화를 시도했다. 이재명 역시 대중을 피하지 않는다. 그는 대중을 피하지 않는 것을 넘어서서 사람들을 직접 만나 대화하고 설득하면서 문제를 해결하는 독특한 정치방식을 보인다. 성남시장 시절, 시의회를 장악하고 있던 한나라당이 사사건건 반대하자 이재명은 시민들을 직접 설득하여 시민들의 힘으로 한나라당의 반대를 돌파했다. 경기도지사 때에도 마찬가지다. 일부 상인들이 계곡 불법시설물 철거에 반대하자 그들을 직접 만나 설득했다. 코로나19 확산에 따른 병상 부족 사태가 벌어지자 경기대 기숙사를 직접 방문해 끈질긴 설득작업을 벌인 그의 행보는 미담으로 기록되기에 충분해 보인다. 사익추구형 정치인은 평범한 사람들이나 대중을 두려워하고 꺼려 한다. 그들은 선거철이 되어야만 시장에 가서 오뎅을 사먹는다. 하지만 공익추구형 정치인은 언제라도 사람들을 만나려고 하며 기회가 될 때마다 실제로 만난다.

넷째, 절대다수의 일반 국민에 대한 강한 연대감을 가지고 있다. 공익추구형 정치인은 다수 국민을 위한 정치를 하는 사람이다. 따라서 평범한 다수 국민에 대해 마음속으로부터 강한 연대감을 품고 있다. 노무현은 억울하게 당하며 살았던 아버지를 동정하고 안쓰러워하면서 자랐고 진보운동에 뛰어든 후에는 가난하고 힘없는 사람들에 대한 강렬한 연대감을 갖게 되었다. 그는 자신이 목격하고 체험했던 노동자가 두 부류였다고 언급한 바 있다. 하나는 모였다 하면 화투를 치고 입만 열었다 하면 욕을 하는 부류였다. 그들은 어떻게 하면 공사장의 모터나 철근, 자재 같은 걸 빼내다가 팔아먹을까 궁리만을 하는 변변찮은 부류[8]이다. 다른 하나는 87년 노동자대투쟁의 주역이다. 옛 기억 속의 변변찮은 노동자와는 전혀 다른, 당당하고 의젓한 부류인 것이다. 이를 통해 알 수 있겠지만, 노무현은 노동자에 대해 강한 연대감을 가지고 있기는 했지만 지식인 혹은 엘리트로서 노동자를 바라보고 그들을 위해 싸우려고 했던 정치인이었다. 반면 이재명은 노동자에 대한 연대감을 뛰어넘어 일체감을 갖고 있는 매우 독특한 정치인이다. 한 마디로 그는 노동자의 정체성을 가지고 있는, 한국 역사상 최초의 노동계급 출신 대권주자인 것이다.

2017년 1월 23일. 이재명은 경기도 성남시 중원구 상대원동에 자리 잡고 있는 오리엔트 공장에서 대선출마 선언을 했다. 자신이 소년 노동자로서의 삶을 시작한 곳에서 대선 출마를 선언한 것이다. 이재명은 2016년 12월 3일의 박근혜 탄핵 6차 촛불집회에서 다음과 같이 외쳤다.

---

[8] 김태형, 『노무현과 오바마가 꿈꾼 세상』, 2017, 인간사랑, 109면.

여러분, 재벌 체제를 해체하고 노동자들이 뿌린 만큼 거두는 공정한 사회를 만드는 것은 그들의 양보가 아니라 우리의 투쟁을 통해서만 가능합니다. 우리는 너무 오랫동안 참아왔습니다. 우리는 더 참으면 안 됩니다. 일하는 사람이 존중받는 그런 나라를 만듭시다. … 우리가 노동자임을 잊지 맙시다. 우리는 노동자임을 당당하게 주장해야 합니다. 노동자라고 말하면 '빨갱이'라는 말을 들을까 봐 두려워합니다. … 노동을 하는 사람들은 위대한 사람들이고, 그에 합당한 대우를 받을 권리가 있습니다.

투쟁현장에서의 대중연설은 연설자 감정이 격앙되어 속마음이 자주 드러나기 마련이다. 즉흥연설이라면 더더욱 그렇다. 그런데 위의 연설을 보면 흥미롭게도 이재명은 자신을 아예 노동자라는 범주에 포함시켜 일관되게 '우리'라는 주어를 사용하고 있다. 거의 모든 정치인들은 자신을 군중과 구분하면서 '여러분'이라고 지칭하거나 노동자에 대해 언급할 경우에도 '노동자' 혹은 '우리 노동자'라고 표현한다. 하지만 이재명은 "우리는 너무 오랫동안 참아왔습니다.", "우리가 노동자임을 잊지 맙시다."라고 외치고 있다. 본인이 의식을 하고 있든 그렇지 않든 간에 노동자로서의 정체성을 여실히 여실히 엿볼 수 있는 대목이다. 대통령으로서의 노무현 공과에 대한 평가와는 별개로 그가 공익추구형 정치인이라는 사실만큼은 달라지지 않는다. 이재명 역시 마찬가지일 것이다.

나는 절박하다, 고로 싸운다

정치인의 전투력은 기본적으로 개인의 지적 수준, 유전적 특징, 심리적 특성 등에 의해 결정되는 게 아니다. 사회변혁에 대한 절박성 혹은 간절함에 의해 결정된다. 사익추구형 정치인의 병적인 욕망도 이권을 거머쥐기 위해 발휘되는 전투력에는 제법 영향을 미칠 수 있다. 하지만 사회변혁에 대한 절박성에 기초한 진정한 전투력은 사적 욕망을 공적 욕망으로 상승·발전시키는 데 성공한 공익추구형 정치인만이 가질 수 있다. 노무현과 이재명이 전투력이 강한 것은 그들이 사회변혁을 절박하게 원하는 공익추구형 정치인이어서다.

노무현과 이재명 모두 공익추구형 정치인으로서 사회변혁을 절박하게 원하지만, 절박성만을 기준으로 평가하자면 이재명의 전투력이 더 우위에 있다 할 수 있다. 문재인[9] 대통령이 등 떠밀려 정치를 한 경우라면, 노무현은 불타는 사명감 때문에 정치를 한 사람이다. 반면 이재명은 자신이 원해서 정치를 하는 사람이다. 노무현에게 정치가 '해야만 하는 것(Must)'이었다면 이재명에게 정치란 '하고 싶은 것(Want)'이라고 할 수 있다. 2002년의 한 인터뷰에서 노무현은 대통령 후보로 출마한 것에 대해 "지금 처

---

9   문재인 대통령에 대한 심리분석에 관심이 있는 독자들은 『대통령 선택의 심리학』 문재인 편을 참고하라.

음 시작한다면 아마 안 할 겁니다."라고 말했다. 또 '일생에서 가장 잘한 선택과 잘못한 선택'을 하나씩만 이야기해달라는 질문에 제일 나쁜 선택은 정치를 선택한 것이고 제일 잘한 것은 모르겠다고 대답했다. 노무현은 대통령직은 물론 정치 자체를 대단히 힘겨워했다. 그는 정치를 하면서 한편으로는 보람을 느끼기도 했지만 다른 한편으로는 매우 힘들어했다. 그는 국민들에게 욕을 먹는 것, 심지어는 정치적 반대세력에게 욕을 먹는 것조차 견디기가 정말 힘들다고 호소했다. 그가 정치를 선택한 것이 자신의 삶에서 제일 잘못한 선택이었다고 말하고 욕먹는 것을 견디기 힘들어했던 것은 본인이 진정으로 원해서가 아니라 사명감 때문에 정치를 했기 때문이다.

그렇다면 이재명은 어떨까? 2014년의 한 인터뷰에서 이재명은 "정치인으로서 지금 행복하신가요?"라는 질문을 받자 주저 없이 "엄청 행복해요."라고 대답했다.[10] 그는 정치를 하면서 욕을 먹는 것조차 그다지 두렵지 않다고 말한다.

이재명: (정치가) 재미도 있고 보람도 있습니다. … 물론 여기저기서 화살 쏘고, 돌 던지고, 침 뱉고, 꼬집고 하니까 그런 건 조금 힘들긴 합니다.(웃음) … (하지만 그것은) 모기가 무는 거하고

---

10 이재명, 『오직 민주주의, 꼬리를 잡아 몸통을 흔들다』, 2014, 리북, 102면.

같은 거예요. 농촌에서 사실 모기 달려들잖아요. 그거 고통스러워요?

사회자 : 그냥 가렵죠 뭐.

이재명 : 삶의 일부죠. … 삶의 일부고 받아들이는 거죠. 얼마나 얄밉겠어요. 그런 사람들 입장에서는 제가 정말 미울 겁니다. 또 제가 고분고분하지도 않잖아요. … 그런데 물려도 재미있는데 뭐 어떻게 할 거예요.(웃음)[11]

"나의 행복을 위해 정치를 한다.", "물려도 재미있다(욕먹어도 보람이 있다)."라고 말하면서 웃을 수 있는 정치인은 자신이 진정으로 원해서 정치를 하고 있는 사람뿐이다. 국민과 일체화된 정치인은 절대다수 국민의 행복을 위해 정치를 하는 것이 곧 자신의 행복이 된다. 그 과정에서 맞는 매를 그다지 두려워하지 않을 뿐만 아니라 오히려 보람과 행복을 느낀다. "하고 싶은 일을 못하고 욕을 안 먹기보다는 하고 싶은 일을 하고 욕먹기를 선택하겠다", "(나는) 자리나 지위가 아니라 일할 수 있는 기회가 필요한 사람이다."[12] 이재명의 거침없는 발언들은 옳은 일이라 판단하면 욕을 먹어도 개의치 않는 성정과 연결된다. 그는 역부족인 싸움도 피하지 않으며 어지간해서는 지치지도 않는다. 이런 면모는

---

11 이재명, 『오직 민주주의, 꼬리를 잡아 몸통을 흔들다』, 2014, 리북, 103~104면.
12 이재명, 『오직 민주주의, 꼬리를 잡아 몸통을 흔들다』, 2014, 리북, 141면.

분명 이재명만이 갖는 강력한 강점이다. 앞으로도 그가 계속 이런 정치인으로서 살아갈지는 알 수 없지만, 현 시점에서 볼 때 그는 진정으로 정치를 하고 싶어서 정치를 하는, 한국의 정치판에서 쉽게 찾아보기 힘든 정치인이다. 즉 노무현을 능가하는 강력한 전투력을 보유한 정치인으로 보아도 무방할 것 같다.

두 사람은 가시밭길을 헤치고 나가는 투사형 정치인

정치인의 전투력은 크게 개인적 전투력과 지도자로서의 전투력으로 구분할 수 있다. 개인적으로 논쟁이나 투쟁을 잘하는 것이 개인적 전투력이라 할 수 있다. 반면 전략전술을 세우고 사람들을 설득하고 조직하며 그들을 지휘하여 목표를 달성해나가는 능력은 지도자로서의 전투력이다. 삼국지에 비유하자면 관우, 장비, 조자룡처럼 무공이 뛰어난 장수는 개인적 전투력이 뛰어난 사람들이다. 반면 제갈공명, 주유, 사마의처럼 지략이 뛰어난 사람은 지도자로서의 전투력이 출중하다고 말할 수 있을 것이다. 정치인 특히 대권을 노릴 정도의 정치인이라면 이 두 가지 전투력이 모두 우수해야 한다.

노무현과 이재명은 모두 개인적 전투력이 매우 뛰어난 인물이다. 정치인의 개인적 전투력에는 풍부한 지식과 경험, 뛰어난 논리력과 언어구사 능력, 토론과 논쟁 능력, 비난이나 탄압을 두려워하지 않는 용감성, 강인한 의지력 등이 영향을 미친다. 노무현은 타고난 싸움꾼으로서 탁월한 승부사라는 평을 받을 정도로 개인적 전투력이 발군이었다. 그가 초선의원이 된 직후인 1988년 말에 열린 5공 청문회를 통해 깜짝 스타가 될 수 있었던 것은 그의 출중한 전투력이 뒷받침되었기 때문이다. 그는 전직 대통령과 재벌 총수 등이 포함된, 난다 긴다 하는 쟁쟁한 증인들을 날카로운 논리로 제압하는 모습을 속시원히 보여주었다. 이에 국민들은 열광했다. 노무현은 타의 추종을 불허할 정도로 토론이나 논쟁 능력이 뛰어났다. 또한 대단히 용감하고 의지력이 강한 정치인이었다. 거대 보수언론의 악의적인 왜곡보도에 대항해 최초로 소송을 제기한 용감무쌍한 정치인이기도 했다. 지역주의를 타파하겠다며 낙선을 거듭하면서도 도전을 멈추지 않았던 인물이었다. 그가 어려운 고비를 맞을 때마다 뒤로 물러서지 않고 정면승부를 마다하지 않았던 것은 자신의 전투력에 대한 자신감도 상당히 작용했다고 볼 수 있다.

이재명 역시 노무현 못지않은 승부사다. 그의 별명 중 하나가 바로 싸움닭이다. 박근혜 정부 시절인 2016년에 성남시장이었던 이재명은 지방자치에 역행하는 정부의 지방재정개편안에 항의하기 위해 광화문에 천막을 치고는 그곳에서 집무를 보며 무기한 단식농성을 벌였다. 필자도 그때 처음으로 이재명이라는 정치인에 대해 알게 되었고 꽤 놀랐었다. 과거 김영삼은 초선 국회의원이었던 노무현이 조선일보와의 전쟁을 불사하겠다며 소송을 걸자 "노 의원 그 사람은 무슨 정치를 그렇게 하지?"라고 나무랐다. 아마 김영삼이 다시 광화문에서 단식농성을 하는 이재명을 보았다면 "이재명 그 사람은 무슨 정치를 그따위로 하지?"라고 욕을 했을지도 모를 일이다.

이미 많은 사람들이 인정하고 있듯이 이재명은 토론이나 논쟁 실력이 뛰어날 뿐만 아니라 용감성이나 의지력도 우수하다. 그는 2006년 성남시장 선거에 도전했다가 패배했고, 2008년 총선 후보 당내 경선에 도전했다가 또 패배했다. 또 2008년 4월 총선에서는 한나라당의 텃밭이었던 분당구에 국회의원 후보로 출마해 또다시 패배했다. 지역감정의 벽에 부딪혀 부산지역에서 연거푸 낙선했음에도 끈질기게 도전을 거듭했던 노무현처럼 이재명은 패배를 거듭하면서도 계속 도전했다. 결국 그는 2010년에 성남시장에 당선되었다. 그리고 2014년에는 재선에 성공한다. 모든 정치인들이 조선일보의 눈밖에 날까 봐 눈치를 보던 시절, 노무현은 조선일보와의 전쟁을 선포했다. 박근혜 정권을 반대하는 범국민적인 촛불항쟁이 시작되었음에도 뒷감당이 두려워 대부분의 정치인들이 말조심을 하고 있을 때, 이재명은 촛불집회에 참여하여 과감하게 박근혜 탄핵을 주장했다. 노무현과 이재명은 진흙탕길을 피하고 안전한 길로만 가려는 정치인, 과감한 도전이나 모험을 피하고 이길 수 있는 싸움만 하려고 하는 정치인과는 거리가 멀다. 두 사람은 진흙탕길로 가는 것을 마다하지 않을 뿐만 아니라 대오의 선두에 서서 가시밭길을 헤치고 나가는 전투력이 뛰어난 투사형 정치인이다.

집단지성의 힘은 굳게 믿는 반면 기득권층에 대해서는 비타협적 태도
노무현은 개인적 전투력이 대단히 뛰어난 정치인이지만 그를 지도자로서의 전투력이 우수한 인물이라 말하기는 어렵다. 아마도 이 점이 그가 대통령이 되고 나서 크게 고전해야만 했던 원인 중의 하나였을 것이다. 사실 지도자로서의 전투력은 대통령직을 수행하게 되면서부터 제대로 평가되고 검증될 수 있다. 그런 면에서 이재명의 경우에는 상당한 시간이 흐른 후에야 올바른 평가와 검증이 가능할 것이다. 여기에서는 지도자로서의 전투력에 영향을 미치는 요인 중의 하나인 '인간심리에 대한 이해'에만 국한해 노무현과 이재명을 비교해보기로 한다.

'인간심리를 얼마나 정확하게 알고 있는가 그리고 사람들의 심리를 빨리 간파할 수 있는가'는 지도자로서의 전투력에 상당한 영향을 미친다. 노무현은 대체로 선량한 사람들 사이에서 자라나고 생활한 사람이었다. 그러다 보니 그는 사람들을 기본적으로 좋게 대하고 그들을 논리적으로 설득하면 자신을 이해해주고 지지해줄 거라고 믿었다. 그는 대통령 임기 초기에 검사들과의 대화를 시도하다가 새파란 검사들한테서 인격적 모독에 가까운 공격을 받았다. 노무현은 또 민주적인 시스템만 만들어놓으면 설사

정권이 바뀐다고 해도 기존의 성과가 유지될 것이라고 믿었다. 그러다 이명박 정권이 들어선 후에 그는 크게 상심하고 좌절했다. 물론 그가 인간심리에 대해 문외한이라고 말할 수는 없다. 하지만 그는 자신이 주로 접촉했던 선량한 사람들의 심리는 잘 알았지만 자본가와 수구정치인을 비롯한 기득권층 사람들의 심리에 대해서는 상대적으로 무지했다. 반면에 이재명은 적어도 인간심리에 대한 이해에서만큼은 노무현과 다른 면모를 보인다.

이재명은 무엇보다 절대다수 국민들, 민중들의 심리를 아주 잘 알고 있다. 그 자신이 노동자로서 그들 속에서 성장했고 그들과 부대끼면서 살아 왔기 때문이다. 이재명이 문제가 생길 때마다 국민들에게 직접 호소하거나 사람들을 만나서 대화하고 설득하면서 문제를 해결하는 독특한 정치행보를 해온 것은 평범한 일반인들의 심리를 잘 알고 있다는 자신감이 뒷받침되지 않았다면 불가능했을 것이다. 이재명은 자본가나 수구정치인 같은 기득권층 사람들의 심리도 잘 알고 있다. 그는 어린 시절 성남 상대원 공단의 공장들을 전전하면서 사장이 석 달치 월급을 떼먹고 야반도주하는 일을 경험하기도 했고 수차례 산재사고를 당하기도 했다. 그는 한 인터뷰에서 산재를 당했을 때를 떠올리며 "다치고 쉬면 원래 휴업수당 70% 줘야 되는데 월급을 아예 안 준다니까 할 수 없이 한 손으로 일하러 다녔다구요. 월급 받으려고. 이유 없이 구타당하고 그러던 제 삶에 방향전환의 계기가 된 것이 광주항쟁이었습니다."¹³라고 말하기도 했다. 이재명은 매 맞는 삶, 속임을 당하고 착취를 당하는 고통스러운 삶을 통해 탐욕스러운 자본가들 나아가 기득권층의 심리를 온몸으로 체험한 인물이다. 그가 개그맨 출신 김미화 씨와의 대담과정에서 한 다음과 같은 말은 이를 잘 보여준다.

> 우리 김미화 선생님 같은 경우는 합리적인 사고를 가지고 합리적으로 세상을 살려고 하는 분입니다. 그런데 그렇게 사는 게 불리한 사람들이 있습니다. 불합리한 세상에 불합리한 삶을 살아야 이익이 되는 사람들이 있어요. 그 사람들은 이 합리적인 사람들이 불편해요. 그리고 합리적인 사회가 매우 숨 막히는 거예요.¹⁴

그는 "믿을 것은 민주주의에 대한 신념과 국민들의 힘뿐이다."라고 말한다. 다수 국민과 집단지성의 힘은 굳게 믿는 반면 기득권층에 대해서는 비타협적 태도를 보인다. 이는 그가 절대다수 민중의 심리만이 아니라 극소수 기득권층의 심리를 꿰뚫고 있는 것과 관련이 있다. 그렇기 때문에 그는 SNS에 "내가 노무현 대통령을 보면서 타산지석으로 배운 게 있다. 노무현 대통령은 너무나

13　이재명, 『오직 민주주의, 꼬리를 잡아 몸통을 흔들다』, 2014, 리북, 64면.
14　이재명, 『오직 민주주의, 꼬리를 잡아 몸통을 흔들다』, 2014, 리북, 52면.

착해서 상대방도 나처럼 인간이겠거니 하며 믿었다. 하지만 그들은 인간이 아니다. 지금의 한국 사회의 혼란은 어설픈 관용과 용서가 부른 참극이다."라는 날카로운 말을 남길 수 있었던 것이다. 성남시장이나 경기도지사 시절에 이재명은 공무원들을 잘 이끌면서 여러 개혁과제를 성공적으로 추진했는데, 이것에도 단지 행정적 수완만이 아니라 인간심리에 대한 정확한 이해가 큰 도움을 줬을 것이다. 적어도 이재명은 기득권층의 선의에 기대어 일을 추진하다가 실패하거나 혹은 어설프게 상대방을 믿다가 뒤통수를 맞지는 않을 것 같다. 이것은 그가 지도자로서의 전투력에서 노무현을 능가할 수 있는 잠재력을 가지고 있음을 시사해준다.

많은 이들을 감동시키고 환호하게 만드는 '솔직성'

정신건강과 관련된 솔직성[15]의 문제를 제외한다면, 솔직성은 크게 도덕적 특성으로서의 솔직성과 심리적 특성으로서의 솔직성으로 구분할 수 있다. 도덕적 특성으로서의 솔직성이란 간단히 말하자면 거짓과 위선을 싫어하고 자신의 잘잘못까지도 정직하고 과감하게 드러내는 것이다. 도덕적인 사람은 그렇지 않은 사람보다 더 솔직하다. 그것은 남들한테 손가락질 당할 만한 더러운 속마음이 없어서이다. 반면 마음이 지저분한 사람은 그것을 감추어야만 하기 때문에 솔직할 수가 없다. 도덕적 특성으로서의

---

15 일반적으로 정신건강이 우수한 사람일수록 방어적이지 않기 때문에 솔직하다.

솔직성은 절대다수 국민을 위해 싸우는 공익추구형 정치인에게 보이는 특징이기도 하다. 공익추구형 정치인은 속마음을 숨길 필요가 없고 자신의 체면이나 명예에 연연하지 않는다. 또 공익을 우선시하므로 과오를 용감하게 인정하고 고칠 수 있다. 노무현과 이재명 모두 공익추구형 정치인이므로 도덕적 특성으로서의 솔직성을 많이 갖고 있다.

두 사람은 모두 도덕적 특성으로서의 솔직성만이 아니라 심리적 특성으로서의 솔직성도 가지고 있다. 심리적 특성으로서의 솔직성은 자신의 생각, 욕망, 감정 등의 속마음을 있는 그대로 표현하는 특성을 의미한다. 국회청문회 같은 곳에서 "잘 기억나지 않는다."라는 식으로 거짓말을 일삼는 정치인 중에서도 일상생활에서는 솔직성이 두드러지는 이들이 있다. 이것은 도덕적 특성으로서의 솔직성과 심리적 특성으로서의 솔직성이 똑같지 않다는 것을 보여준다. 반면 노무현과 이재명은 자신의 생각, 욕망, 감정 등을 가감 없이 있는 그대로 드러내고 머리를 굴리지 않고 즉각적으로 표현하는 정치인이다. 두 사람이 모두 직설적인 화법을 구사하는 것은 이런 심리적 특성으로서의 솔직성과 큰 관련이 있다.

정치인 홍준표도 직설적인 화법으로 유명한데, 이것은 그가 도덕적 특성으로서의 솔직성은 결여하고 있지만 심리적 특성으로서의 솔직성은 가지고 있음을 의미한다. 즉 사익추구형 정치인인 홍준표는 도덕적 특성으로서의 솔직성과는 거리가 멀지만 심리적 특성으로서의 솔직성만큼은 뛰어나다는 것이다. 그는 자전적 에세이에서 대학 시절을 회상하며 친한 친구가 어떤 여성을 성폭행하려고 '돼지발정제'를 구할 때 자신이 도움을 주었던 일화를 솔직하게 공개했다. 홍준표는 정치적 유불리 때문에 거짓을 말해야 할 때에는 당연히 거짓말을 하겠지만 일상적으로는 자신의 생각과 감정 등을 아주 솔직하게 드러낸다. 하지만 그는 속마음이 아름답지 않은 사람인지라 그의 솔직성은 대체로 많은 이들을 경악하고 분노하게 만들곤 한다. 반면에 공익추구형 정치인인 노무현과 이재명의 솔직성은 대체로 많은 이들을 감동시키고 환호하게 만드는 중요한 정치적 자산이다.

솔직성은 인간적 매력의 핵심

어떻게 보면 노무현은 지나치게 솔직했기에 대통령이 될 수 있었고 동시에 지나치게 솔직했기에 욕을 바가지로 먹어야만 했다고 말할 수 있다. 이재명 역시 솔직성 덕분에 대권주자로 발돋움할 수 있었고 지나친 솔직함 때문에 욕을 많이 먹고 있다. 그렇다면 심리적 특성으로서의 솔직성은 정치인 특히 대권주자에게 유리할까 불리할까? 필자는 공익추구형 정치인의 경우에는 유리하다고 생각한다. 솔직한 사람은 시원시원한 직설적 화법을 구사할 뿐만 아니라 자신의 속마음을 있는 그대로 드러내기 때문에 인간 냄새를 물씬 풍긴다. 사람들은 어떤 정치인이 단지 옳은 말을 한다고 해서 그를 사랑하고 지지하는 것이 아니다. 뛰어난 인공지능을 탑재한 공익추구형 로봇 정치인이 있다고 해보자. 그 로봇 정치인이 절대다수 국민의 이익을 대변하고 있고 최고 수준의 논리력과 언어구사력을 가지고 있다고 해서 과연 사람들이 그 로봇 정치인을 사랑하고 지지할 수 있을까? 그것은 불가능하다. 왜냐하면 사람들은 로봇에 대해서 감정정서적 유대를 만들 수 없기 때문이다.

강력한 감정정서적 유대는 오직 사람과 사람 간의 관계에서만 형성될 수 있다. 사람들이 어떤 정치인을 사랑하고 지지하며 지도자로서 존경하고 따르려면 반드시 그 정치인에 대해 감정정서적으로 공감하고 유대를 형성할 수 있어야 한다. 이런 점에서 솔직한 정치인은 그렇지 않은 정치인보다 유리하다. 물론 솔직한 정치인은 그렇지 않은 정치인에 비해 실수를 더 많이 할 수 있다. 그러나 그런 실수조차 사람들에게는 그 정치인이 자신들과 똑같은 살아 있는 인간임을 확인시켜주고 감정정서적 유대를 더 공고하게 만들어주는 계기로 작용할 수 있다. 미국 대통령이었던 트럼프도 홍준표 못지않게 솔직한 정치인인데, 속마음이 깨끗하지 않아서 그의 솔직성은 많은 이들을 화나게 만들곤 한다. 하지만 그가 대통령이 될 수 있었던 것에 솔직성이 크게 공헌했음을 부인할 수는 없을 것이다. 즉 상당수의 미국인들은 솔직한 트럼프를 지켜보면서 "저 인간, 문제 많지. 하지만 적어도 솔직하긴 하잖아? 매력이 있다니까. 위선자인 힐러리보다는 낫지."라고 느끼면서 그에게 감정정서적 유대를 형성했고 표를 던졌던 것이다.

일반적으로 솔직한 정치인은 솔직성 덕분에 열렬한 지지세력을 확보하는 동시에 강력한 반대세력을 만들어낸다. 그러나 공익추구형 정치인은 절대다수 국민을 대변하므로 그의 솔직성은 절대다수의 열렬한 지지를 확보하는 데 도움이 된다. 이런 점에서 심리적 특성으로서의 솔직성을 가진 공익추구형 정치인은 대중에게 더 많이 노출되면 될수록 지지세력이 확장된다고 말할 수 있다. 즉 뛰어난 확장성을 가지고 있는 인물이라는 것이다. 대권주자로서는 거의 거론되지 않았던 노무현은 대선 경선과정에서 대중들에게 노출되며 돌풍을 일으켰다. 이재명 역시 일개 기초단체장에 불과했지만 촛불항쟁 과정에서 대중들에게 노출되면서 일약 대권주자로 발돋움했다. 이는 우연이 아니다. 필연이었다.

이재명은 제2의 노무현이 될 수 있을까?

이재명은 과연 제2의 노무현이 될 수 있을까? 노무현과 이재명은 대단히 유사한 정치인이다. 두 사람은 비주류 출신이고 공익추구형 정치인이며 뛰어난 전투력과 솔직성을 가지고 있다.

그러나 '제2의 노무현'이라는 호칭은 단지 노무현과 닮은 것이 아니라 노무현의 한계를 뛰어넘어 그의 간절한 염원을 실현하는 데 성공한 사람에게 부여될 수 있다. 따라서 이재명이 진정으로 제2의 노무현이 되려면 단지 대권을 거머쥐는 것만이 아니라 대통령이 된 후 한국 사회를 노무현이 꿈꿨던 세상으로 만드는 데 성공해야 한다.

이재명은 과연 이런 벅찬 과제를 달성할 수 있을까? 기득권층에게 고졸 출신의 비주류 대통령 노무현은 그야말로 악몽이었다. 아마 그들은 노동자 출신인 이재명이 대통령이 되는 것을 지옥문이 열리는 세상의 종말쯤으로 간주할 것이다. 이재명이 대권주자로 확정되면 기득권층은 총단결해 격렬한 반대와 거센 저항으로 그의 앞길을 막을 것이다. 또한 그가 대통령이 된 이후에도 기득권층의 태도는 달라지지 않을 것이다. 이런 조건에서 이재명은 대권을 거머쥐고 성공한 대통령이 될 수 있을까?

만일 이재명이 대통령이 될 수 있다면 그는 노무현보다는 훨씬 더 유리한 세계사적 흐름 속에서 개혁을 추진할 수 있을 것이다. 노무현이 대통령이 되었을 때의 국제정세는 그에게 대단히 불리했다. 구소련을 중심으로 하는 동구 사회주의 진영이 몰락한 이후 세계 유일 초강대국으로 부상한 미국은 인류에게 미국 중심의 신자유주의적 세계질서를 강요했다. 당시에는 이런 세계적 흐름에 반대하기가 대단히 힘들었고 그로 인해 개혁을 추진하려고 했던 노무현은 큰 어려움을 겪을 수밖에 없었다. 그는 2009년 3월 20일에 작성한 글에서 '무엇이 발목을 잡았을까?'라는 자기 반성적 질문을 던지고는 그 원인 중의 하나로 '신자유주의의 세계적 조류'를 지목했다. 참여정부가 신자유주의에 굴복했던 것이 대세 때문이라고 진단한 것이다.

> 보수주의의 주장이 득세하고 정책이 바뀐다. 세상의 의제가 보수주의 의제를 중심으로 돌아간다. 진보 진영도 보수주의 의제와 정책을 수용한다.[16]

이처럼 노무현은 신자유주의에 굴복했던 것을 뼈아프게 회고하고 있는데, 이것은 그가 대통령이 되었을 때의 국제정세가 매우 나빴음을 의미한다. 21세기 초까지만 해도 미국의 위세는 하늘을 찌를 것 같았고 신자유주의의 거센 물결이 약화될 것이라는 희망을 품을 수 없었다. 그러나 이후 미국이 내리막길을 걷게 되면서 미국 중심의 일극화 세계질서는 다극화 세계질서로 바뀌기 시작했다. 오늘날 그런 추세는 더욱 가속화되고 있다. 한때 세계 인류가 신앙처럼 떠받들었던 신자유주의 이데올로기 그리고 신자유주의적 자본주의 체제 역시 수명을 다해가고 있다. 이것은 이재명이

---

16 노무현이 남긴 글 중에서, 2009. 03. 20.

개혁을 추진하는 데 유리한 세계사적 흐름이고 국제적 환경이다.

이재명이 성공한 대통령이 되려면 조직적 뒷받침이 거의 없이 대통령에 도전하고 그런 조건에서 대통령직을 수행했던 노무현의 약점을 극복할 수 있어야 한다. 노무현은 대통령이 되기 위해 긴 시간에 걸쳐 자신의 정치적, 조직적 기반을 착실하게 다지고 그것에 기초해 대권을 잡은 사람이 아니다. 그 스스로가 기회주의자로 간주했던 이인제가 대통령이 되는 것을 막기 위해서, 다시 말해 당시의 민주당에 괜찮은 대권주자가 없었기 때문에 갑자기 대통령이라는 총대를 맸을 뿐이다. 그렇기 때문에 노무현은 좀 심하게 표현하자면, 조직적 지지기반 없이 홀로 청와대에 유배되는 처지에 놓이게 되었다. 한국을 지배하고 있던 기득권층과 그들을 대변하는 엘리트들에게 포위된 상태에서 대통령 혼자서 그들의 반대를 물리치며 할 수 있는 일은 거의 없다. 노무현은 대통령이 할 수 있는 일이 별로 없다고 호소하며 다음과 같이 절규했다.

> 대통령의 권능이 우리가 생각하는 것보다 훨씬 작습니다. (사회를 바꾸고 싶다면) 그 사회에 정치세력을 만들어야 합니다. 가치를 지지하는 시민들의 흐름을 만들어야 합니다.[17]

---

17 2007년 11월, 〈시사IN〉, 32면, 2009.06.06.

노무현이 탄핵 위기에 몰렸을 때 국민들은 침묵하지 않았다. 범국민적 항쟁으로 탄핵세력을 응징했고 그를 지키려 했다. 그런데 한국의 기득권층은 국민들이 거리에 나설 때에나 국민을 두려워할 뿐 평상시에는 국민을 조금도 두려워하지 않는다. 다시 말해 국민들이 촛불을 들고 거리에 나서야만 겨우 정치에 영향을 미칠 수 있을 뿐 평상시에는 거의 정치에 영향을 미치지 못한다. 정치인들이 선거철이나 민중항쟁이 폭발했을 때에는 열심히 국민들의 눈치를 보지만 평상시에는 국민들을 우습게 여기는 것은 이 때문이다. 진보개혁적인 대통령이 탄생한다 할지라도 국민들이 일상적으로 조직되어 정치에 영향을 미칠 수 있는 구조 없이는 개혁을 할 수 없다. 또한 사회도 진보의 길로 나아갈 수 없다. 북유럽의 진보정당들이 복지국가를 견인할 수 있었던 것은 조직율이 70~80%를 넘는 노동조합이라는 든든한 정치적 기반이 있어서였다. 따라서 이재명이 대통령에 당선된다 하더라도 그가 성공한 대통령이 되려면 촛불항쟁 시기만이 아니라 평상시에도 그의 개혁을 뒷받침할 수 있는 광범위한 지지기반이 조직되어야 한다. 그 조직력이 정치에 직간접적으로 영향을 미칠 수 있는 장치가 마련되어야만 할 것이다.

현재로서는 이재명이 대권을 거머쥐게 될지 알 수 없고, 그가 성공한 대통령이 될 수 있을지도 미지수다. 하지만 만일 그가 대통령이 되는 과정에서 그리고 그 이후에까지 자신의 개혁추진을 뒷받침할 수 있는 조직화에 성공한다면 능히 성공한 대통령이 될 수 있을 것이다. 즉 노무현이 꿈꿨던 세상을 만들어나가는 '제2의 노무현'이 될 수 있을 것이다. 그는 현 시점에서 볼 때 노무현과 가장 유사한 정치인이고 제2의 노무현이 될 수 있는 잠재력을 갖고 있는 유일한 정치인이기 때문이다.

주류언론의 이재명 죽이기와 언론개혁

• 최영묵*

이재명 경기도지사(이하 '이재명')는 '갑툭튀 정치인'이 아니다. 예능프로에 출연해 빼어난 입담으로 전국적인 유명세를 탄 경우처럼 갑자기 정치판에 툭 튀어나온 인물이 아니라는 얘기다. 그렇다고 엘리트 코스를 통해 유력 정치인이 된 경우는 더더욱 아니다. 이재명은 한국의 기성 정치인과는 판이하게 다른 정치 역정을 걷고 있는 인물이다. 금수저는커녕 흑수저 중에서도 최악의 환경에서 출발했고 지연이나 학연 혹은 어떤 사회적 연줄도 없었다. 그럼에도 그는 인권변호사가 되었고 두 차례나 성남시장에

---

* 성공회대학교 미디어컨텐츠융합자율학부 교수. 한양대 신문방송학과에서 박사학위를 받았다. 방송개혁위원회 전문위원, KBS 이사를 역임했고 리영희재단·더불어숲 재단 이사를 맡고 있다. 저서로 『시민미디어론』, 『비판과 정명: 리영희의 언론사상』, 『신영복 평전: 더불어숲으로 가는 길』, 『생각하고 저항하는 이를 위하여』(엮음) 등이 있다.

선출됐다. 또 촛불정국 속에서 혜성처럼 등장해 전국적인 정치인으로 발돋움했고, 2018년 경기도지사가 된 이후에는 대한민국의 정책담론을 주도하며 가장 영향력이 큰 차기 대권주자로 자리매김했다. 그는 현재 유력한 여권의 대선후보이며 야권의 집중적인 공세에 맞서고 있는 인물이다.

주목할 만한 일은 이재명이 늘 조중동을 위시한 주류언론의 공격을 받고 있다는 사실이다. 또 놀라운 사실은 이재명이 주류언론의 십자포화에도 엄청난 맷집을 과시하며 잘 버티고 있는 점이다. 이재명은 언론의 공격을 피하지 않고 정면대결을 불사한다. 이런 면모는 정치인 중에서는 노무현 전 대통령 이후 처음인 듯하다. 성남시장 시절부터 이재명은 청년수당이나 단기적 부채청산 등 시의적절한 정책을 창의적으로 추진하면서 시민에게 효능감을 주는 정치인으로 인정받았다. 이 같은 행보는 경기지사가 된 이후 더욱 도드라지고 있는 점을 감안한다면, 그가 여권의 유력한 차기 대선후보가 된 것이 당연해 보인다. 그런데 문재인 정부에서 검찰총장까지 지낸 윤석열 전 검찰총장(이하 '윤석열')이 야권 대권후보로 떠오른 것은 다소 의외다. 이재명은 노동청소년 출신으로 검정고시를 거쳐 어렵게 대학에 간 후 고학으로 고시에 합격한 '개천 용'이다. 반면 윤석열은 부친이 대학 교수였으며, 서울대 법대 졸업 후 아홉 번 도전 끝에 사법시험에 합격하여 끝내 검찰총장까지 지낸 '기득권의 아이콘'에 가깝다.

주류언론은 '이재명 낙선운동본부'인가

윤석열 선거대책본부가 조중동을 비롯한 주류언론이라는 우스갯소리가 있다. 최근까지 주류언론은 검찰개혁 정책에 사사건건 시비를 걸면서 검찰개혁에 반대하는 윤석열을 '정의의 투사'로 만드는 데 몰두해 왔다. 대표적 사례 하나는 2020년 11월 말 윤석열의 총장 직무가 정지되었을 때의 기사들이다. 그때 주요언론들은 그가 집에서 진돗개를 끌고 산책하는 장면을 대대적으로 보도했었다. 윤석열 일거수일투족에 대한 '영웅 만들기' 식의 기사는 지금도 여전하다. 서울대 연구소 방문, 경제공부, 광주 방문을 통한 시국 대응, 김대중 도서관 방문 등등에 이르기까지 '윤 또 열공' 운운하며 감동스토리 만들기에 여념이 없다. 이에 화답하듯 윤석열은 조선일보, 동아일보 출신 기자들을 대변인으로 임명한다.

반면 이재명에게는 주류언론이 사실상 '낙선운동본부'나 마찬가지다. 네거티브 프레임으로 사사건건 트집을 잡아 숨쉴틈 없이 몰아붙이기 때문이다. 대선국면에서 주류언론은 이재명을 흠집 내기 위해 두 가지 '작전'을 펼칠 가능성이 있다. 첫째는 '메신저 이재명'의 흠결 찾기에 주력해 이를 집중적으로 보도하고 확산시키는 것이다. 둘째는 다른 여권후보를 노골적으로 밀면서 여권 내부를 이전투구의 장으로 만든 후 그 주범으로 이재명을 지목하는 방식이다. 분명한 것은 이 방식이 아니어도 대선에서의 여야 대립이 격화될수록 주류언론의 각종 허위·왜곡·조작보도는 더욱 기승을 부릴 거라는 사실이다. 물론 그 타깃은 이재명이 될 공산이 크다.

이 글은 수구언론이 장악하고 있는 국내의 여론시장 실상을 '이재명 죽이기' 프레임 분석으로 살펴보고자 한다. 이재명의 삶의 역정과 언론과의 관계를 점검하면서 주류언론의 '이재명 죽이기' 사례를 소개한다. 거기에 우리 사회가 추진해야 할 언론개혁 과제를 덧붙인다.

무계파 정치인의 힘난한 정치역정

이재명은 정치적으로 이단처럼 보인다. 계파도 불분명하고 어떤 공식적 입문절차를 거쳐 정치를 시작하지도 않았기 때문이다. 급진적 성향의 인물이지만 그가 좌파인지 우파인지 구분하기도 어려울 때도 있다. 여러 자료를 살펴보면 이재명의 정치적 스승, 계승관계, 방향성을 짐작할 수 있다. 그는 80년 5월 광주에서 큰 영향을 받았고 정치인으로는 고 노무현 대통령과 룰라 브라질 전 대통령에게 영향을 받은 것으로 보인다. 5.18 당시 이재명은 공장에서 일하는 소년 노동자였다. 그는 북한군과 폭도의 난동으로 많은 사람이 죽었다는 당시 언론보도와 주변 사람들의 이야기를 듣고 폭도를 적극 비난하는 사람 중 하나였다. 대학에 가서야 광주의 진실을 알게 되었고 당시 자신의 광주에 가했던 2차 가해에 대해 안타까워했다. 하지만 지금은 광주가 자신을 키운 정치의 어머니라고 말한다. 민주주의를 위해 분연히 일어섰던 광주시민의 용기가 대한민국을 사람 사는 나라로 바꾸는 원동력이 되었다는 믿음 때문이다. "5월 정신은 87년 6월로, 다시 촛불혁명으로 이어졌습니다."(이재명 페이스북, 2021.05.18.) 이 말에서 알 수 있듯이 그는 광주의 진실을 알게 된 후 세상의 불공정을 바로잡고 억울한 사람이 없는 대동 세상을 만들겠다는 소명의식을 갖게 되었다고 한다.

2020년 노무현 대통령 서거일에 봉하에 다녀온 뒤 그는 페이스북에 "세상에 내 편 하나 없는 짙은 외로움이 밀려올 때 그 어떤 비난과 압박에도 꼿꼿하던 당신의 모습을 생각합니다. 복잡하고 어려운 갈림길에 섰을 때 당신이라면 어떤 판단 어떤 결정을 내렸을까 끊임없이 자문합니다."(페이스북, 2020.05.23.)라고 썼다. 올 1월 7일에는 노무현 대통령의 유작 『진보의 미래』(2019)를 읽다가 '관료에 포획되었다.'라는 말에 주목하면서 '균형재정' 신화에 갇혀 있는 현 정부 관료들을 떠올린다는 의미심장한 말을 남겼다. 이어 서거 12주기에도 노무현 대통령의 꿈을 실현하기 위해 헌신하겠다는 포부를 밝혔다.

> 그토록 바라고 바라셨던 균형발전과 국민통합의 꿈, 반칙과 특권 없이도 승리할 수 있는 공정한 세상, 열심히 일하면 땀 흘린 만큼 잘 사는 세상, 적어도 먹고 사는 문제로 삶을 포기하는 일

없는 세상, 사람이 사람으로 대접받는 세상. 당신께서 떠나신 후 새로 태어난 수많은 노무현들 중 하나로서, 우리 모두의 과거이자 미래인 당신의 꿈을 현실로 만들기 위해 온 힘 다해 노력하겠습니다.
― 이재명 페이스북, 2021.05.23.

브라질의 룰라 전대통령도 노동자 출신이다. 이재명은 다큐멘터리 〈위기의 민주주의-룰라에서 탄핵까지〉를 본 후 페이스북에 몸서리친다고 적었다. 재벌, 검찰, 사법, 언론으로 이어지는 기득권 카르텔이 민주주의를 파괴하고 극우 정권을 세우는 과정을 지켜본 반응이었다. 정권은 주기적으로 바뀌지만 기득권은 영원하기 때문에 그 구조를 바꾸지 못하는 한 세상은 달라지지 않는다는 '관전평'인 셈이다. 알다시피 "부자에게 돈을 쓰는 건 투자라고 하면서 가난한 사람에게 돈을 쓰는 건 왜 비용이라고 하는가?"라는 룰라의 말은 전 세계에 널리 회자된 바 있다. 이재명은 지난 6월 2일에는 경향신문에 실린 고려대 이우진 교수의 칼럼 '안심소득과 기본소득 오해와 진실'에서 기본소득을 비판하는 논리를 보고 다음과 같이 말했다.

조세감면 현금지원 금융지원 등으로 대기업 퍼 주는 건 경제정책이고 소상공인 매출 지원하는 지역화폐 기본소득은 현금복지인가요?
― 페이스북, 2021.06.02.

고난의 삶과 가족의 그림자

그의 자전 에세이집 『이재명은 합니다』(2017)에서 밝히고 있는 그의 역정을 따라가 보자. 그는 1964년 경북 안동 산골에서 태어났다. 집안 사정으로 초등학교 졸업 후 성남시 상대원동에 있는 '동마고무' 공장에 취업하여 소년공으로 일한다. 이후 야구 글러브 제조공장에서 일하다 프레스에 왼쪽 팔뚝이 찍히는 재해를 입어 군대도 못 갔다. 열일곱 살, 장애인이 된 처지와 암울한 현실을 비관하여 두 차례 자살을 시도한다. 다시 살기로 작정하고 공부하여 중·고등학교 검정고시에 합격한 후 1982년 중앙대 법대에 입학한다. 1986년 졸업과 동시에 사법고시에 합격했고 이후 변호사가 되어 성남지역 시민운동가로 활동하며 부정부패 추방에 노력한다. 2006년 열린우리당에 입당한 후 2010년 성남시장이 되었다. 주민복지 개선에 매진하여 2014년 재선에 성공했고 마침내 2018년에는 경기도지사에 선출되었다.

정치인 이재명이 인구에 회자되기 시작한 것은 2016년 최순실게이트 때였다. 늘 광화문 촛불시위 현장을 지키며 시민과 함께 하면서 대권주자 반열에 오른다. 이어 2017년 1월 23일, 어린 시절 일했던 성남시 상대원동 시계 공장에서 "적폐 청산 공정국가 건설이라는 제 꿈이 곧 국민 여러분의 꿈이다."라며 대권 도전을 공식 선언한다. 민주당 제19대 대선후보 경선에 참여하여 돌풍을 일으키며 3위를 차지했고, 2018년 6.13 지방선거에 경기도지사 후보로 나서 여유 있게 당선되었다. 경기도지사 취임 이후에도 행보는 거침이 없었다. 청소·경비노동자 휴게시설 정비, 건설노동자 임금체불 예방, 비정규직 공정수당 도입, 플랫폼 노동자 산재 지원, 취약 노동자 단체 조직화, 노동안전지킴이 확대 등 노동존중사회 구현을 도정의 핵심 목표로 삼아 매진했다. 닥터헬기 도입, 배달의민족(배민)을 대체할 수 있는 경기도 공공배달앱(배달특급) 개발도 이어졌다. 이어 코로나19 국면에서 경기도내 신천지 유관시설 현황 공개, 과천교회 진입을 통한 명단 확보, 신천지 시설 폐쇄, 계곡정비, 수술실 CCTV 설치 등으로 해결사의 이미지를 확고하게 다졌다.

이재명 정치역정에 큰 어려움을 안긴 일들은 형수욕설 파문, 친형 강제입원사건, 혜경궁홍씨 사건 등 대부분 가족과 관련이 있다. 선거 시기만 되면 터져 나와 그의 정치생명을 위협했다. 가족과 관련한 애통한 마음이 없을 리 없다. 그는 계기만 있으면 가족사 애환을 페이스북에 올린다.

> 정신질환을 악용한 추한 정치와 자식 간 골육상쟁을 고통 속에서 지켜보다 한을 안으신 채 먼 길 떠나신 어머니, 죄송합니다. 치료도 못 받은 채 정쟁의 희생물이 되어 세상을 떠나신 형님, 까막눈이라는 모욕에 주눅 들어 검경수사에 시달리던 형제자매들께도 죄송합니다. 정치 때문에 안 겪어도 될 고통을 겪는 사

랑하는 아내와 아이들에게도 참으로 미안합니다.

- 페이스북, 2020.10.24.

공부 좀 해보겠다는 제 기를 그토록 꺾었던 아버지이지만 사실은 학비 때문에 대학을 중퇴한 청년이기도 했습니다. 그래서 더 모질게 하셨겠지요. 저의 10대는 그런 아버지를 원망하며 필사적으로 좌충우돌하던 날들이었습니다. 돌아보면 제가 극복해야 할 대상은 가난이 아니라 아버지였는지도 모릅니다.

- 페이스북, 2021.05.08.

저보다 먼저 세상을 떠난 우리 여동생은 참으로 착한 노동자였습니다. 열심히 선거운동을 했던 여동생은 자기가 직장을 바꾸면 동네 사람들이 성남시장 당선된 오빠 덕 봤다는 의심을 받는다며 그만두겠다고 벼르던 요구르트 배달 일을 수년간 계속했습니다. 제가 시장에 재선된 뒤에야 청소미화원으로 전직하더니 얼마 안 돼 새벽에 건물 화장실 청소를 하던 중 뇌출혈로 세상을 떠나고 말았습니다. 제사 명절 핑계로 모여 적당히 얼굴 보고 이해하며 용서받고 사랑 나눌 기회조차 갖지 못하니 안타깝습니다…애증의 우리 셋째형님께도 그렇습니다.

- 페이스북, 2021.02.12.

그는 유독 가족에게 모질었던 것 같다. 특히 성남시장이 된 이후 가족들이 자기와 관련된 어떤 일에도 연루되지 않도록 철저하게 경계했던 것으로 보인다. 공직자가 가족 관리를 잘하는 것은 대단히 중요한 덕목이고, 가족관리가 공직자의 성패를 좌우하는 결정적 요인 중 하나인 것도 분명하다. 가혹한 가족관리는 이재명이 수구언론의 집요한 공격을 받으면서도 버틸 수 있었던 이유 중 하나일 것이다.

미디어 속의 이재명과 1인 미디어 이재명

이재명이 언론에 처음 등장한 것은 중앙대 법대를 졸업하던 해인 1986년 사법고시에 합격했을 때다. 당시 경인일보에 '지역서 억울한 사람 도울 터…불우극복 사법고시 합격한 이재명씨'라는 기사가 실렸다.

> "위암으로 투병생활을 하고 있는 아버님께 마지막으로 효도를 해드린 것 같습니다." 가정형편이 어려워 중고등학교를 검정고시로 마치고 올해 28회 사법고시에 당당히 합격한 이재명 씨. 어릴 때부터 공장에 다니며 집안을 도와야 했던 이씨지만 어려웠던 그 시절이 지금의 영광을 안게 한 밑거름이 되었다고 말한다… 이씨는 대학교를 졸업한 올해의 첫 도전에 영광을 안았다. "노력만큼 대가는 꼭 돌아온다."라는 평범한 진리를 생활신조로 삼고 있다는 이씨는 "앞으로 성남에서 변호사사무실을 열어 억울한 사람들을 위해 일하겠다."라고 포부를 밝힌다. － 경인일보, 1986.11.04.

이재명은 2016년 12월 19일 "지금으로부터 30년 전. 정치는 내게 목적이 아니라 수단일 뿐. 처음 뜻 잊지 않겠습니다."라며 위 기사를 자신의 인스타그램에 올렸다. 억울한 사람들을 위해 일하겠다는 초심을 다시 확인하고 부단한 노력을 통해 세상을 바꾸겠다는 정치인으로서의 포부를 재확인한 것이다. 성남시장 재임 시절 이재명은 시정운영과 청년수당과 같은 독자적 복지정책으로 널리 알려졌고 언론사를 비롯한 여러 기관에서 좋은 평가를 받았다. 주요 언론사로부터 많은 상을 받기도 했다. 2013년에는 동아일보 대한민국 경영대상, 한국경제매거진 대한민국 소통경영상, 중앙일보 한국을 빛낸 창조경영대상을 수상했다. 또 그해 TV조선에서 한국의 영향력 있는 CEO로 선정되기도 했다. 2014년에도 TV조선 경영대상 지역혁신 경영대상, 한국경제신문 대한민국 미래창조 경영대상(성남시), 시사저널의 가장 영향력 있는 차세대 리더 100인, 동아일보의 한국의 최고경영인상 등을 수상했다.

2017년 1월 대권도전 선언 이후에는 여러 방송매체에 적극 출연했다. 2017년 2월 16일에는 JTBC 〈썰전〉 '차기대선주자 릴레이 썰전' 편에 출연하여 자신의 인생과 정치적 소망에 대해 진솔하게 이야기를 들려주었다. 그해 9월에는 MBN의 시사 토크 〈판도라〉에 출연하여 '경기지사출마설'에 대한 MC의 질문에 "이미 마음은 정했다."라고 발언했다. 2017년 7월에는 SBS 예능프로그램 〈동상이몽2〉에 출연하여 대중 인지도를 높였다. 〈동상이몽2〉는 부부가 일상을 공유하며 몰랐던 부분을 서로 이해해가는 과정을 보여주는 프로그램이다. 이재명 부부는 '너는 내 운명'이라는 타이틀로 고정출연했다. 그는 방송출연 이후 사람들이 더 친밀하게 다가왔다고 말했다. 그는 또 논쟁을 벌이기도 한다. 2018년 1월 29일 MBC의 〈도올스톱〉에 남경필 전 경기지사와 게스트로 함께 출연하여 문재인 정부의 적폐청산과 평창동계올림픽 등을 놓고 난상토론을 벌였다. 거기서 그는 "적폐청산은 제도나 문화를 바꾸는 게 아니라 범죄청산이다. 공정사회를 만드는 것은 대통령의 의무다."라고 말하기도 했다. 이재명은 순발력이 있고 말솜씨도 뛰어나기 때문에 방송을 통한 이미지 구축과 유권자 설득에도 상당히 능하다.

대선주자가 된 이후 주류언론[1]의 태도는 돌변했다. 그럼에도 그의 말과 행동은 여전히 거침이 없었다. 왜곡되거나 잘못된 보도에 대해서는 즉각 해명하거나 반박한다. 가능하면 관련된 사람들을 직접 만나 이야기를 나눈다. 페이스북, 유튜브 등 인터넷 미디어도 적극 활용한다. 그의 유튜브채널의 2021년 6월 현재 구

---

[1] 한때 한국언론을 보수적인 조중동(조선, 중앙, 동아)과 진보적인 한경오(한겨레, 경향, 오마이뉴스)로 나누기도 했다. '윤석열 검란'을 거치면서 조중동과 종편, 한경오, 지상파3사(KBS MBC SBS) 할 것 없이 비슷한 목소리를 내고 있다. '조국사태'란 말 자체가 주류언론이 검찰개혁이라는 본질을 호도하기 위해 만든 악의적 프레임이다. 이 글에서 말하는 주류언론이란 조중동, 한경오, 지상파방송, 종편을 모두 포괄하는 개념이다.

독자수는 20만 명에 육박하며 660여 개의 동영상이 올라와 있다. 그는 또 거의 매일 페이스북에 주요 이슈에 대한 의견이나 언론보도와 관련된 글을 올린다. 6월 현재 34만 2천여 명이 팔로우하고 있으며 주요한 포스트에 대해서는 수천 건 이상의 '좋아요'와 엄청난 댓글이 붙는다.

언론보도로 촉발된 이재명의 부정적 이슈들

박근혜 정권이 이재명식 청년수당 등의 진보정책을 핍박하자 이후 주류언론의 이재명 관련 보도 태도가 바뀐다. 특히 조중동은 촛불혁명 이후 그에게 사사건건 시비를 걸기 시작했다. 실제로 그는 19대 대선국면에서 다크호스였다. 민주당 내에서 3위에 그쳤지만 2위와 거의 격차가 없었다. 이후 그는 유력한 차기 대선 주자로 자리 잡는다. 이 무렵부터 주류언론은 이재명에 대한 네거티브 방식의 보도를 양산하기 시작한다. 언론보도로 촉발된 이재명 관련 주요 이슈를 살펴보자.

검사사칭 사건

KBS는 2002년 5월 18일 〈추적60분〉에서 '특혜의혹 분당 파크뷰, 어떤 일이 있었나' 코너를 통해 분당 백궁·정자 지구 용도변경에 공무원들이 불법 개입했다는 의혹을 다뤘다. 건축 용도변경 특혜, 용적률 허용 기준 초과 특혜, 사전 분양 등 DJ 정부 정권 실세 로비 및 비자금 조성 의혹을 제기했다. 이

프로그램에 당시 성남에서 시민 모임에 참여하고 있던 이재명 변호사가 등장한다. 방송 이후 담당PD가 구속되었고, 이재명은 검사사칭 혐의로 기소되어 150만 원의 벌금형을 받는다. 검사사칭과 관련된 공직선거법 위반 혐의는 2018년 6.13 지방선거 TV토론회 직후 당시 바른미래당 김영환 후보가 이재명 발언을 문제 삼은 게 발단이 됐다. 김영환 후보는 TV토론회에서 이재명이 당선을 목적으로 허위사실을 공표했다고 고발했다. 이에 검찰이 검사사칭으로 이미 처벌을 받은 사건임에도 "누명을 썼다."라고 발언한 것은 허위사실 공표라고 보고 기소하는 일이 벌어졌다. 이재명은 그 사건 관련 검찰 조사에서 "검사 이름을 알려주거나 검사사칭을 부추긴 일이 없다. 내 권유로 검사사칭을 하게 됐다는 것은 거짓말이다."라며 "질문내용을 적거나 말해준 일이 없다. C피디가 통화녹음 도중에 내용도 모르던 것을 내가 간단하게 써 준다 해서 그에 따른 질문이 가능하냐?"라고 항변했다. 이후 선거 TV토론회에서 이재명이 구속 여부와 벌금 액수까지 밝히면서 검사를 사칭한 적이 없다고 말한 사실이 확인되었고 결국 무혐의 판결을 받았다.

－KBS 〈추적60분〉, 2002.05.18.

친형 강제입원 사건

이재명이 제19대 대통령 후보 경선에 참여하기로 결정한 이후에 집중 부각된 사건이다. 2017년 1월 3일 TV조선은 이재명의 친형 정신병원 강제입원설 등을 보도했다. 이에 이재명은 즉각 형사 고소, 정정 보도 요청, 손해배상 청구 등의 법적 조치를 취하겠다고 반발했다. 당시 바른미래당은 2018년 6월 10일 방송토론 등에서 형을 정신병원에 강제 입원시키려 한 사실과 배우 김모 씨와의 관계를 부인했던 점을 들어 공직선거법상 허위사실공표죄로 이재명을 고발했다. 2018년 12월 11일 수원지검은 친형 강제입원 건과 관련하여 직권남용과 권리행사 방해 혐의로 기소했다. 2019년 4월 25일 검찰이 징역 1년 6월을 구형했지만, 5월 16일 수원지법은 무죄를 선고했다. 당시 수원지법은 형 재선 씨의 정신질환 치료가 필요했던 상황으로 보고, 이재명이 당시 시장의 권한으로 진단·치료를 위해 절차를 진행한 것으로 판단했다. 하지만 수원고법은 2020년 9월 6일 이 사건에 대해 당선무효형에 해당하는 벌금 300만 원을 선고했다. 대법원의 판단은 고등법원과 달랐다. 2020년 10월 16일, 대법원는 허위사실공표죄가 성립하기 위해서는 "적극적인 허위사실의 공표가 있어야 한다."라며 7대 5의 다수의견으로 원심에 대해 무죄 취지로 파기 환송했다. 대법원 판결이 끝나자마자 조선일보는 "이 지사의 발언내용은 거짓이었으나, 당시 발언 상황을 고려했을 때 '즉흥적·소극적 거짓말'에 해당하기 때문에 적극적인 허위사실공표행위로 볼 수 없다는 것이었다."라고 보도했다. 이에 이재명은 당일 페이스북을 통해 "판결내용은 '강제입원절차진행 관여 사실을 말하지 않았지만, 공표의무 없는 이 사실을 말하지 않은 것은 허위사실공표(거짓말)가 될 수 없다.'는 것입니다."라고 밝히며 조선일보의 내용은 판결 내용과 상반되는 조작된 가짜뉴스라고 반박했다.

- TV조선, 2017.01.03 & 조선일보, 2020.07.16.

총각사칭과 여배우 스캔들

6.13 전국동시지방선거를 사흘 앞두고 KBS 뉴스에서 김부선 씨 인터뷰를 내보냈다. 김씨는 2007년, 2013년에 이어 2016년 1월에도 비슷한 주장('성남 가짜총각' 운운)을 하고 번복한 일이 있었다. 당시 이재명은 김씨의 글을 반박하는 장문의 글을 페이스북에 올렸고 이에 김씨가 사과한 바 있다. 하지만 이 보도는 투표일이 임박하여 반론 자체가 무의미한 상황에서 발생한 치명적 네거티브 공세였다. 이재명은 이 보도가 언론의 중립성을 훼손하는 것이라고 비판했고, 이런 상황에서도 무난히 경기도지사에 당선되었다. 소송전도 이어졌다. 김씨 인터뷰가 나가기 전인 6월 7일 바른미래당은 이재명 후보를 공직선거법상 허위사실공표혐의로 고발하였고, 이재명도 6월 26일 김영환 전 경기도지사 후보와 김부선을 공직선거법상 허위사실공표혐의로 고발하며 맞불을 놓았다. 이후 두 건 모두 증거불충분을 이유로 기소되지는 않았다.

- KBS뉴스, 2018.06.10.

방송국 인터뷰 중단 논란

통상 선거가 끝나면 각 방송국은 주요 당선자 사무실 현장과 연결하여 인터뷰를 내보낸다. 승리 소감과 패자에 대한 위로, 향후 소망 등을 듣기 위해서다. 이재명은 6.13선거 과정에서 투표 직전까지 네거티브 공세에 시달린 상황이라서 민감한 문제에 관해서는 이야기하지 않기로 하고 인터뷰에 응했다고 한다. 그런데 JTBC와의 생방송 인터뷰에서 "저에게 부여된 역할 또 제가 (도지사로서) 책임져야 될 부분들에 대해서 확고하게 책임지도록 노력하겠다."라는 당선소감에 대해 앵커가 갑자기 김부선 건을 언급하며 '책임질 부분'이 있다면 책임을 지겠다고 했는데 구체적으로 어떤 뜻이냐고 물었다. 이에 이재명은 "나는 '책임질 부분이 있으면'이라고 가정해서 말한 적이 없다."라며 불쾌감을 드러냈다. 인터뷰 후 이재명이 대변인에게 "엉뚱한 이야기를 자꾸 해대니 인터뷰를 여기까지만 하고 죄다 취소하라…예의가 없다."라고 말하는 장면이 전파를 탔다. 이후 MBC와의 인터뷰 도중 "선거 막판의 여러 어려움을 겪으셨다. 앞으로 도지사가 되시면…"이라는 말이 나오자 즉각 이어폰을 빼고 인터뷰를 끝내 버렸다. 이 일에 대해 그가 좀 더 유연하게 대처했어야 했다고 말하는 사람들이 있을 정도로 언론매체에 대한 강성 이미지를 보여준 사건이다. 또한 당선 소감을 묻는 자리에서 사생활 스캔들을 노골적으로 꺼내는 등 상식 범위를 넘어선 방송매체의 이재명 흔들기 실상을 단적으로 보여준 해프닝이기도 하다.

- JTBC, MBC 당선자 인터뷰, 2018.06.13.

조폭연루설

2018년 7월 21일, SBS 〈그것이 알고 싶다〉에서 '조폭과 권력-파타야 살인사건, 그 후 1년' 편을 방송에 내보냈다. 성남 조폭 '국제마피아'관련 살인사건을 다루면서 당시 은수미 성남시장과 이재명의 조폭 출신 기업가 '연루설'을 다룬 내용이었다. 방송에서는 여러 정황을 제시하면서 이재명이 조폭과 관련이 있는 것 아니냐 하는 식으로 의혹을 제기했다. 파타야 살인 사건은 2015년 11월 파타야의 리조트 주차장에서 공대생 임모씨가 살해된 사건이다. 당시 임씨는 고수익 알바 제안을 받고 파타야에 갔다가 불법도박 사이트를 운영하는 일당에게 살해되었다. 이후 살인범으로 지목된 김모씨가 도피 끝에 2018년 4월 베트남에서 붙잡혀 국내로 송환되었다. 제작진은 그가 2년 넘게 도피한 배후에 국제마피아파가 있었을 가능성과 이재명의 연루 가능성을 시사했다. 이재명은 2007년 당시 국제마피아파 조직원 61명이 검거된 사건에서 피고인 2명의 변론을 맡았다고 한다. 제작진은 그 조직 사람들이 이재명을 비롯한 여러 정치인들의 선거운동에 적극 참여했다는 의혹도 제기했다. 이에 대해 이재명은 방송이 되기 전에 자신의 페이스북에 '이재명은 조폭?..끝없는 이재명 죽이기.. SBS '그알'의 결론?'이란 제목의 글을 올리며 조목조목 반박했다. 요컨대 범죄 집단은 모습을 숨긴 채 구성원이 지지자라고 하거나 아니면 조직을 사회에 공헌하는 봉사단체로 위장하여 정치인에게 접근하는 경우가 많다는 것이다. 유권자의 마음을 얻어야 하는 정치인 입장에서 그런 집단을 구별하거나 막는 것은 사실상 불가능하다. 모든 정치인의 지지조직이나 단체 구성원은 다 비슷한 상황인데, 유독 이재명만 골라 상관없는 조작사건들을 짜깁기해서 '조폭 정치인'으로 만들고 있다는 것이다.

- SBS 〈그것이 알고 싶다〉, 2018.07.21.

2022년 대선 길목, 다시 시작된 '이재명 죽이기'

2020년 8월 친형 강제입원 관련 공직선거법 위반사건의 대법원 무죄확정 판결을 끝으로 이재명과 관련해 언론이 관심을 가질 만한 대부분 사건이 종결되었다. 하지만 대선국면으로 접어들자 주류언론의 움직임이 예사롭지 않다. 여권의 유력한 대선후보에 대한 견제 차원이라 하기에는 도를 한참이나 넘어선 '이재명 죽이기'를 재연할 태세다. 최근에는 '기본소득론' 등의 이재명표 경제정책에 대해 집중적인 공세를 펼치는 모양새다. 또 이재명과 민주당 관계를 들추어내면서 민주당 내의 갈등을 유발하려는 듯한 의도를 감추지 않고 있다. 더 나아가 품성과 스타일 등에 관한 악의적 의도가 훤히 보이는 뉴스들을 대량으로 생산하면서 이재명 흠집내기에 나서고 있는 중이다. 이재명의 기본소득론은 대한민국의 주요 담론이 되면서 이재명을 특징짓는 하나의 브랜드로 자리 잡았다. 그의 정책은 기본소득에 이어 기본주택, 기본대출 등으로 확대되면서 전 국민의 관심을 끌고 있다.

기득권 세력인 엘리트 집단의 정책과는 대척점에 있는 이재명표 경제정책에 대한 주류언론의 공세는 상상을 초월한다. 이들은 이재명의 억강부약, 친서민, 청년층 정책에 대해 틈만 나면 부정적인 면만을 부각시키며 생트집을 잡는다. 그중에서 국가정책의 최대현안이라 할 수 있는 기본소득에 집중적인 포화를 퍼붓는다. 특히 사설과 학계 전문가 입을 빌어 '이재명은 성남시장 때부터 (자신의 돈이 아닌 국가 예산을) 퍼주고 있다. 앞으로도 퍼줄 것이다.'라는 식의 악의적인 뉴스를 내보내며 마치 국가를 거덜 내는 게 기본소득이라는 식의 논리를 펼친다. 이에 대해 진보진영의 전문가들은 기본소득에 대한 정책적 접근이나 정책 대안 없이 기본소득을 반대하기 위한 논리만 늘어놓는다고 맞받아치고 있다. 다음은 이재명 정책에 대해 흠집내기를 시도한 뉴스 제목과 주요 내용이다.

이재명의 '전국민 1% 마통'..계산기 두드려봤습니다
전 국민 마이너스통장 기본대출 정책에 대해 엉뚱한 데이터를 들이대며 부실률 문제를 부각시키는 기사다. 이재명의 기본금융정책을 왜곡하고 흠집을 내려 하고 있다. －조선일보, 2020.09.15.

'기본대출' 띄운 이재명.. "서민 이자 못 내면 국가가 내자"
서민을 위한 기본대출에서 발생할 수 있는(모든 대출에서 발생하게 마련인) 미상환 리스크 문제를 마치 국가가 대신 갚아주는 정책인 양 묘사하며 왜곡된 시선을 보여주는 기사다. 기사 제목 자체가 조롱기 섞인 뉘앙스로 기본대출 정책을 비야냥대고 있다. 무엇보다 이재명이 하지도 않은 말을 마치 한 것처럼 따옴표로 처리한 전형적인 허위기사다.

－국민일보, 2020.09.13.

엉뚱 분석으로 "보편지급 옳다" 주장한 이재명

朝鮮日報

◇엉뚱 분석으로 "보편지급 옳다" 주장한 이재명

소멸성 지역화폐 지급과 현금 지급의 차이를 무시한 음해성 보도다. 보편지급의 효과가 크다고 주장했던 자신들의 이전 보도도 스스로 뒤집은 기사다. －조선일보, 2020.12.24.

경기도 1조 4000억원 누굴 위해 이렇게 흩어져야 하나

> 朝鮮日報
> 입력 2021.02.02
> [사설] 경기도 1조 4000억원 누굴 위해 이렇게 흩어져야 하나
>
> 재난지원금을 마치 예산을 낭비하는 일이거나 대선용 현금 살포로 몰아간 기사 내용이다. 이로 인해 앞으로 경기도가 빚더미에 앉기라도 할 것처럼 공격하고 있다.
>
> ─ 조선일보 사설, 2021.02.2.

이 밖에도 2020년 5월 이재명이 청년문제와 관련하여 "대학 진학 유무와 관계없이 공평하게 지원받아야 하고, 지원방식은 획일적이지 않고 개인적 특성을 고려해 다양해야 한다."라고 말한 것을 두고 보수언론과 국민의힘은 비본질적 언급이었던 '세계여행'을 부각시켜 '포퓰리즘', '허경영 벤치마킹'이라 비난했다. 사실을 교묘하게 왜곡함으로써 이재명의 정책과 인격에 타격을 주려는 기사도 넘쳐난다. 특히 그의 행동을 왜곡 보도해 상급기관과 하급기관의 갈등 혹은 민주당 내의 갈등을 조장하려는 의도성 기사가 기승을 부리고 있다.

재난소득 동참 안한 죄? 이재명, 남양주에 보복 논란

> **朝鮮日報**
> 재난소득 동참 안한 죄? 이재명, 남양주에 보복 논란
> 경기도·남양주시 갈등 증폭
> 수원=권상은 기자/남양주=조철오 기자 2020.08.11 03:05

법률에 따른 상급기관의 정당한 직무수행과 소통과정을 도지사와 시장 간의 해묵은 갈등으로 몰아가려는 의도를 엿볼 수 있다. 친문(남양주시장)과 비문(경기도지사)의 정치적 알력 혹은 유력 대권후보 이재명의 줄 세우기 행동으로 왜곡하는 기사다.
― 조선일보, 2020.08.11.

이재명 "통신비는 통신사로 직접 들어가 승수 효과가 없다".
이 기사는 "대권행보를 가속하고 있는 이재명 경기지사가 당정의 전 국민 통신비 지원과 관련해 부정적 견해를 드러냈다."라고 시작한다. 다른 신문들도 이재명이 '승수효과가 없다'.고 한 것을 '반기를 들었다'.는 식으로 왜곡해 보도했다.
― 한국경제신문, 2020.09.10.

이재명 측, 연락 없이 찾아가 좌석 없다고 신경전
정치권이라는 익명의 소스를 이용해 이재명을 공격하며 그의 인격에 흠집을 내는 기사다. 경기도 관계자는 그날 충돌

이나 고성은 전혀 없었고 오히려 좋은 분위기 속에서 회의가 진행되었다고 밝혔다. －서울신문, 머니투데이, 2021.03.10.

이재명, 경기도 재난기본소득 관련 "당 의식 안 해"
확인 결과, 이재명은 "당 의식 안 해."라는 말을 한 적이 없다. 그는 이 기사가 나온 당일 저녁에 페이스북을 통해 "아마도 TV조선의 이번 조작기사는 당원을 가장한 분열세력의 갈라치기 소재로 악용될 것이고 TV조선 역시 그와 같은 기대로 조작했을 것으로 보입니다."라고 반박했다.
－TV조선 '뉴스7', 2021.01.17.

의도성을 갖고서 특정 인물을 음해하거나 부정적 이미지를 씌우려는 주류언론의 네가티브 프레임 위력은 상당하고 갈수록 그 기술이 진화하는 모양새다. 이재명에 대한 주류언론의 '네거티브 프레임' 들씌우기 대표적 사례를 살펴보자.

"도지사 오시니 주차장 비워라".. 반발한 입주민들
하남 지하철 개통식 관련 보도에 "이재명을 포함한 고위 간부가 오니까...갑질하는 거죠.", "...이 시국에 120명이나 와서 뭘 하겠다고..." 등 입주민 인터뷰를 덧붙였다. 허위조작보도에 가깝다. 마치 경기도지사와 하남시가 '의전용' 주차공간을 일방적으로 무리하게 요구한 것처럼 보여주기 위해 특정 소스를 활용(혹은 조작)한 사례다.   - 채널A 뉴스, 2020.08.07.

"합니다"와 "거칠다" 사이…가평계곡에 빠진 이재명 딜레마

이 기사는 이재명 발언과 사실을 중심으로 보도했지만 그 해석과 결론이 엉뚱하다. 무엇보다 이재명이 추진하는 사업이 딜레마에 빠졌다고 기정사실화하는 것에서 악의적 의도가 엿보인다. 기사 내용 일부는 이렇다. 익명을 요구한 한 정치컨설턴트가 "이 지사는 '경기도를 내팽개쳤다'는 비난을 피하기 위해서라도 끝까지 지사직을 유지해야 한다."라면서 "하지만 자칫 이 때문에 딱딱한 공직자 이미지에 갇혀버릴 수 있다."라고 말했다는 내용이다. 이재명에게 부정적 이미지를 씌우고 딜레마 상황으로 몰아간 대표적 사례다.

- 중앙일보, 2021.05.27.

"채동욱 고문, 이재명 경기지사 만나.. 옵티머스 사업 문의"

> **朝鮮日報**
> "채동욱 고문, 이재명 경기지사 만나... 옵티머스 사업 문의"

출처가 불분명한 문건을 가지고 특정인을 공격하는 전형적인 기사다. 이재명은 이 기사가 보도된 당일 페이스북을 통해 이렇게 반문했다. "사기범의 수준 낮은 거짓말보다 더 궁금한 것은 압수수색 아니고선 알 수 없을 문건이 왜 지금 유출되어 특정 보수언론의 이재명 음해 기사의 재료가 되느냐는 것입니다." -조선일보, 2020.10.09.

위에서 살펴본 것처럼 한국의 수구 집단은 재벌-검찰(관료)-주류언론으로 이어지는 삼각동맹을 구축하고 있다. 이들은 누구든 기득권에 도전하거나 위협이 될 경우 사실상 생매장해 버릴 수 있는 힘을 가진 이익공동체라 할 수 있다. 조국 관련 언론보도에서 잘 드러났듯이, 그들이 누구 하나를 찍어서 공격하거나 검찰에 고발을 하면 이를 주류언론에서 집중 공격하여 조리돌림 한다. 또 그 기사를 포털이 받아 확대재생산하며 여론몰이를 하고 검찰은 신속한 수사와 영장발부를 통해 사건을 마무리한다. 하나의 알고리즘이라 할 수 있다. 이재명 정책의 기본 방향은 공정사회, 노동존중, 기본소득, 청년, 미래를 지향한다. 주류언론뿐만 아니라 기득권 세력 대다수와 충돌할 수밖에 없다.

> 적폐언론은 공직부조리만큼이나 민주주의와 국가의 심각한 적입니다. 재기가 불가능할 정도의 엄중한 처벌과 징벌배상으로 재발을 막아야 합니다. -이재명 페이스북, 2021.03.11.

돌파해야 할 수구언론의 네거티브 프레임

정도의 차이는 있지만 동서고금을 막론하고 조중동과 같은 주류언론은 진보 정치세력이나 정치인에게 불공정한 이중적 프레임 이용하여 공격하고 제거하고자 한다. 기사 제목을 통한 왜곡, 본문 내용을 통한 왜곡, 정보출처 조작, 이미지 조작 등이 대표적이다. 신문기사나 방송보도의 제목은 결정적으로 중요하다. 대다수의 수용자는 제목에서 전체 기사의 방향을 파악할 뿐만 아니라 제목만 보고 본문을 읽지 않는 경우도 많다. 본문과 무관하게 사실을 오도할 수 있는 불공정한 용어를 사용한다거나 제목과 본문 내용이 상이한 경우도 비일비재하다.

본문 내용을 통한 왜곡보도의 수법은 내용 비틀기, 과장과 축소, 허위사실 반복 언급, 근거 없는 추측, 동일한 일이 발생할 거라는 예견, 악의적 해석, 탈문맥적 인용, 미확인 내용 기정사실화, 이중기준 적용, 일반복수형(가령 대다수 국민여론은...)을 통한 오도, 엉뚱한 비교를 통한 왜곡, 문맥에 무관하게 사실관계 조합, 편파 언어 사용 등 헤아릴 수 없이 많다.

기사의 바탕인 정보원(source)을 왜곡하는 경우도 많다. 윤석열 검란 관련 언론보도에서 잘 드러났듯이 특정 소스(가령 검찰, 특정 정당)에서 나오는 정보만 나열하거나 심지어는 정보원의 존재 여부 확인도 할 수 없는 익명의 소스(정통한 소식통, 내부 관계자, 익명을 요구한 아무개 등)를 이용하는 경우도 많다. 이 밖에도 동일사건을 조금씩 손을 봐서 반복 보도하거나(어뷰징), 비우호적 상징 이용(가령 독일병정), 말장난식 보도, 특정 집단(혹은 인사)에 유리한 정보나 의혹 해소와 관련한 정보를 묵살하거나 은폐하는 '비보도' 방식을 취하기도 한다.

한국의 수구언론은 앞서 정리한 편파왜곡 보도 방식과 네거티브 프레임을 상황에 따라 뒤섞는 방식으로 진보개혁세력을 공격하는 데 이용한다. 한국언론은 주요국가 중에서 5년 연속 신뢰도 최하위를 기록할 정도로 수준이 떨어진다. 그럼에도 가짜뉴스와 기득권 언론의 횡포는 갈수록 심해지고 있다. 문재인 정부에서는 미디어 시장과 공론장 개선을 위한 정책을 제대로 추진하지 못했다. 그런 탓인지 주류언론의 편파왜곡 보도는 더욱 심해졌다. 앞서 보았듯이 이재명과 경기도의 주요 정책에 대한 편파보도가 이어지고 있다. 이재명은 언론의 부당한 행태에 대해 적극 대응하는 편이다. 자칭 '일등신문' 조선일보와의 날선 공방도 마다하지 않는다. 2020년 10월 21일자 조선일보 기사(이재명, 부동산 오락가락…이번엔 "집값 인위적 억제하면 왜곡")에 대한 그의 반론이 전형적이다.

오락가락한 것은 제가 아니라 바로 조선일보입니다. 일제 강점기에는 일본군에 비행기까지 헌납하며 "천황폐하 만세!"를 외치고 오락가락한 것이 조선일보입니다. 북한군이 침공해 서울까지 밀려들어오자 호외를 발행해 "김일성 장군 만세!"를 부르며 오락가락한 것이 바로 조선일보입니다. 전두환 보안사령관이 쿠데타로 권력을 찬탈하자 '육사의 혼이 키워낸 신념과 의지의 행동'이라는 기사를 통해 독재자 만세를 부른 것이 바로 그 조선일보입니다. 조작에만 능한 줄 알았더니, 독해력도 딸리는 모양입니다.
― 페이스북, 2020.10.22.

그는 고질병이 된 소위 '기레기언론'과 타협하려 하지 않는다. 오히려 주류언론 개혁을 위한 정책 마련을 강하게 촉구하는 모습을 지속적으로 보여준다. 주요 신문의 부수 조작사건이 터졌을 때 이에 대해 정면 비판하면서 대안 마련을 촉구한 바 있고, 가짜뉴스 창궐을 막기 위한 징벌적손해배상 제도를 강하게 주장하기도 했다. 그는 누구보다도 언론개혁의 시급성에 대해 충분히 공감하고 있는 것으로 보인다. 이제는 한국언론을 근본적으로 바꾸기 위한 보다 큰 그림과 정책 방향을 고민해야 할 때다.

결코 쉽지 않은 다섯 가지 언론개혁 방향

언론개혁 방향은 크게 다섯 가지로 나눠볼 수 있다. 첫째, MB정권이 왜곡시킨 언론구조 정상화다. 노무현 정부에서 시도했던 '출입처 폐지' 등 언론개혁 관련 여러 정책들을 소환하여 계승하는 일이기도 하다. MB정권은 영향력 저하로 '종이호랑이'로 전락하고 있던 조중동매(조선, 중앙 동아, 매경)를 살리기 위해 국회를 폐쇄하면서까지 미디어법을 개정한 후 종합편성채널을 허가했다. 그 결과, 종편 출범 이후 국내 방송시장은 삼류 인터넷 방송 수준으로 전락했다.

둘째, 기본미디어의 활성화가 필요하다. 이재명 정책의 키워드는 '기본'이다. 기본소득, 기본대출, 기본주택... 대한민국의 모든 사람이 최소한 생존을 위한 경제적 기본 조건을 보장한다는 것이다. 여기에 '기본미디어'가 추가될 필요가 있다. 디지털 세상에는 신문, 잡지, 라디오, 텔레비전, 소셜미디어, 1인미디어, 글로벌 OTT 등 볼 만한 미디어가 차고 넘친다. 그 많은 미디어 중 일반 시민의 의지로 운영되는 것은 거의 없다. MB 이후 정권의 핍박으로 고사 상태에 빠진 시민방송RTV, 공동체라디오와 같은 것들이 여전히 버티고 있다. 기존의 시민주도 미디어와 철저하게 소외되고 있는 지역미디어를 묶어 '기본미디어'라 할 수 있다. 이러한 기본미디어가 활성화되어야 힘 없고 돈도 없는 보통 사람들이 공론의 장에서 자신의 목소리를 낼 수 있다.

셋째, 미디어 시장에서의 공정경쟁 질서를 확립하는 일이다. 우선 가짜뉴스에 대한 강력한 징벌적손해배상제 도입을 적극 추진할 필요가 있다. 주류신문의 부수 조작 사실이 명백하게 드러났다. 정부가 매년 1조 원 이상이 되는 세금을 신문사에 부당하게 제공하고 있는 셈이다. 언론사에 대한 지원 여부를 국민 개개인이 판단할 수 있도록 하는 '미디어바우처 제도'를 도입할 필요가 있다. 이 제도는 국민 모두에게 미디어바우처를 제공한다는 점에서 이재명의 기본소득 개념 확장으로 볼 수 있다.

넷째, 사실상 뉴스를 선별하고 있는 포털사이트 규제다. 네이버와 카카오와 같은 뉴스 포털의 독점 문제가 심각하다. 이들은 막강한 시장지배력과 자금력을 바탕으로 모든 언론사를 줄 세우고 있다. 문제는 이들 포털에서 뉴스를 자의적으로 선정하고 배치한다는 점이다. 이재명은 배달의민족 횡포를 공용배달회사 설립 카드로 제어한 바 있다. 뉴스 포털의 문제도 비슷하게 공영포털 설립 등을 통해 해결방안을 찾을 수 있다.

끝으로 구글과 넷플릭스 같은 글로벌 미디어에 적극 대응해야 한다. 대다수의 한국인이 구글과 페이스북 등이 만든 온라인 생태계에서 살고 있다. 글로벌 미디어 기업은 독점지배력을 바탕으로 한국시장에서 수조 원의 수익을 올리고 있지만 전혀 세금을 내지 않는다. 넷플릭스의 국내 활성이용자는 800만 명이 넘는다. 국내 통신망을 통해 서비스를 제공하고 돈을 벌고 있지만 망 사용료는 내지 않는다. 이로 인해 국내 사업자들은 역차별을 당하고 있다.

한국에서 언론개혁을 표방하고 살아남은 정치인은 많지 않다. 그만큼 언론의 기득권 카르텔 구조가 공고하다는 이야기다. 언론개혁은 수구세력의 엄청난 저항을 부를 것이고 이는 그의 생명과 정치생명을 지속적으로 위협할 것이다. 고난의 가시밭길을 스스로 선택한 이재명의 내일이 염려되고 한편으로는 기다려진다.

모든 혁명이 그렇듯이 정치혁명과 경제혁명을 이루어가는 과정에서 기득권 세력의 거센 저항을 피할 수는 없을 것이다. 하지만 대한민국이 헬조선의 굴레에서 벗어나려면 절대 굴복하지 않고 당당히 맞서 싸워야 한다. 우리의 무기는 용기와 진실이다.

-「이재명은 합니다」, 186면.

여론조사를 통해 본 2022년 대선의 관전포인트

• 김봉신*

필자가 글을 쓰고 있는 2021년 7월 초순은 차기 대선을 8개월 정도 앞둔 때다. 6월 28일부터 제20대 대통령선거의 당내 경선 예비후보 등록이 시작되면서 대선 레이스에 뛰어든 인물에 대한 언론 분석이 등장하는 등 그야말로 5년마다 열리는 대회전의 본격적 출발점에 선수들이 모이고 있다. 역대 대선에서 당선된 인물들이 대선주자로 나서고 주요 후보로 언급된 때를 생각해본다면, 지금 대선주자 여론조사에 등장하는 인물 중 다자 선호도 문항에서 두 자릿수 선호 응답을 얻고 있는 인물이 당선될 확률

---

* 리얼미터 수석부장. 중앙대 정치외교학과와 동 대학원을 졸업했다. 한길리서치, 리서치앤리서치, 밀워드브라운미디어리서치, 한국갤럽, 원지코리아컨설팅 등에서 여론조사 연구원으로 일해 왔다. 저서로는 『네거티브 아나토미』(공저, 글항아리), 『기획력 도약의 첫걸음 SWOT분석 I, II』, 『우다루프(OODA loop): 의사결정 민첩성 함양의 필수 도구』, 『서베이 조사의 민낯 I, II, III』 등이 있다.

이 높다. 이에 해당하는 인물은 현재 이재명, 윤석열, 이낙연 세 명이다. 이들 외에 한 자릿수 선호도를 얻고 있는 인물 10여 명 정도가 거론되고 있지만 이들 중에서 대통령에 당선될 가능성은 매우 낮다고 할 수 있다.

물론 정치지형의 큰 변화로 인한 돌발적 상황도 배제할 수 없다. 예컨대 보수진영에서 깜짝 후보가 등장해 바람을 몰며 다크호스로 등장하는 경우다. 또한 민주당 내에서 이재명 후보를 견제하는 여러 후보의 연대로 결선투표까지 이어지는 상황도 불가능하진 않다. 하지만 현재로서는 선두권에 있는 세 사람 중 한 명이 대통령에 당선될 것이라는 전망이 우세하다. 그런데 이들 중에서 한 사람이 뒤처지며 양강구도가 굳어지고 있다는 주장이 심심찮게 제기되고 있다. 이재명과 윤석열 두 인물을 언급하는 사례가 급격히 많아진 것이다. 앞으로 민주당과 국민의힘 두 당의 내부경선 과정이 어떻게 전개될지에 따라 변화가 있을 수 있지만, M-8개월 현재 '2강 1중 다약' 구도는 뚜렷해지고 있다.

조사마다 다른 M-8개월 대선주자 여론 동향

양강구도를 형성하고 있는 두 사람이 조사시기와 조사설계에 따라 이재명이 앞서기도 하고 윤석열이 앞서기도 하는 등 지지율에서 약간의 차이가 나타나고 있다. 6월 조사에서만 보더라도 오마이뉴스-리얼미터 조사(ARS)에서는 윤석열(32.3%)이 이재명(22.8%)을 9.5%포인트 차이로 따돌린 것으로 나타나 마치 윤석열이 1강을 굳히고 있는 것처럼 보였다.[1] 그런데 ARS 조사가 아닌 전화면접조사에서는 이재명이 오히려 더 우세한 것으로 드러났다. 대표적으로 6월 4주 NBS 자체조사에서는 직전 조사에서 이재명과 같은 선호도를 보였던 윤석열이 다시 하락해 오차범위를 벗어나 열세를 보였다. 이재명 27% 윤석열 20%로 이재명이 원톱으로 나타난 것이다.[2]

두 조사와는 달리 이재명과 윤석열이 오차범위 내에서 거의 같게 나타나는 조사도 있었다. JTBC-리얼미터 조사(ARS)에서는 이재명(29.3%)과 윤석열(32.0%)이 오차범위 내에서 비슷하게 나타났다.[3] 6월 1주 한국갤럽 조사(전화면접)에서도 이재명 24% vs. 윤석열 21%로 오차범위 내 호각세로 조사됐다.[4]

---

1   오마이뉴스 의뢰로 리얼미터가 6월 21~22일 조사한 결과이다. 그 밖의 사항은 중앙선거여론조사심의위원회 홈페이지(nesdc.go.kr)를 참조하길 바라며, 여론조사결과 등록 글번호는 78891이다.

2   NBS 자체조사, 전국지표조사 리포트 제34호(2021년 6월 4주, 21~23일 조사). 그 밖의 사항은 중앙선거여론조사심의위원회 홈페이지(nesdc.go.kr)를 참조하길 바라며, 여론조사결과 등록 글번호는 78920이다.

3   JTBC 의뢰로 리얼미터가 6월 19~20일 조사한 결과이다. 그 밖의 사항은 중앙선거여론조사심의위원회 홈페이지(nesdc.go.kr)를 참조하길 바라며, 여론조사결과 등록 글번호는 78886이다.

4   한국갤럽 자체조사로서 6월 1~3일에 조사한 결과이다. 그 밖의 사항은 중앙선거여론조사심의위원회 홈페이지(nesdc.go.kr)를 참조하길 바라며, 여론조사결과 등록 글번호는 78530이다.

전화면접조사와 ARS조사의 차이점은?

이같이 조사마다 달리 나타나는 대선주자 여론조사를 해석하기 위해서는 먼저 전화면접조사와 ARS조사의 차이를 이해해야 한다. 이미 관심이 있는 독자라면 의문을 품고 검색해서 답을 어느 정도 찾았겠지만 간단히 정리하면 다음과 같다. 먼저 두 조사의 장점에 관해 확인해 보자.

〈전화면접조사와 ARS조사의 장점〉

전화면접조사	표본 할당에 충실하게 추출하기 위해 면접원이 응답을 권유하는 방식으로서 표본대체가 ARS보다 적어 응답률이 상대적으로 높음
ARS조사	녹음된 음성을 다수의 전화회선으로 많은 응답 대상자에게 발송하여 적은 문항의 설문을 빠른 시간 내에 진행할 수 있어 적은 비용으로 신속히 여론 확인

위와 같이 두 가지 대표적인 선거여론조사 방법의 장점을 확인했으면, 두 조사방법이 '표본 대표성'과 '예산 효율성'이라는 다른 잣대로 스스로 효용성을 주장한다는 것을 알 수 있다. 이를 조금 나눠서 항목별로 살펴본다면 다음과 같다.

문항 수와 투입 비용은 사실 문항의 내용이나 조사 시기 등 상황에 따라 달라질 수 있는 항목이다. 하지만 표본대체의 가능

〈전화면접조사와 ARS조사의 상호 대칭적 특징〉

		전화면접조사	ARS조사
표본 대표성	표본대체	상대적으로 적음	상대적으로 많음
	응답률	상대적으로 높음	상대적으로 낮음
예산 효율성	문항 수	상대적으로 많음	상대적으로 적음
	투입 비용	상대적으로 비쌈	상대적으로 저렴

성, 즉 응답률이라는 관점에서 ARS조사는 응답 대상자가 전화를 받지 않거나 혹은 받은 후에 끊는 등 응답을 거부하는 경우에 다른 응답 대상자를 찾는 방식이 될 가능성이 크다. 미수신 전화번호에 콜백을 진행한다 하더라도 예외 없이 전화면접조사의 응답률이 더 높다. 이러한 두 조사의 특성에 따라 여론조사 결과가 사뭇 달라지기도 한다. 즉 여론조사 응답 적극성이 강한 대상자를 우선 표본으로 확보(ARS)하느냐 아니면 응답을 꺼리는 대상자를 설득해서 응답을 독려하는 방식(전화면접조사)이냐에 따라 결과가 달라질 수 있다는 것이다.

ARS조사는 '표층여론'을 확인하는 데에 더 효과적인 방법이고, 전화면접조사는 '심층여론'까지 확인하는 데에 더 효과적인 방법이라 볼 수 있다. 혹자는 "전화면접조사가 민심을 더 잘 반영하고 ARS조사는 표심을 더 잘 반영한다."라고 주장한다. 그런데 ARS조사의 경우 개표 결과와 비교했을 때에 전화면접조사 대비 표심을 더 잘 반영하여 예측력이 더 좋은 경우도 있으나, 완전히 빗나간 예측을 하는 경우도 있어 표심 반영 효과성에 대해서는 논란의 여지가 있다. 그렇다면 위와 같은 특징을 고려했을 때에 이재명과 윤석열의 양강구도는 어떻게 이해할 수 있을까?

조사방법별 특징으로 본 이재명 대 윤석열 양강구도

ARS조사 중 평일조사이면서 유선번호를 10% 투입하는 오마이뉴스-리얼미터 조사에서는 윤석열이 뚜렷하게 우세했다. 반면 ARS조사 중 주말조사이면서 유선번호를 투입하지 않고 무선번호만을 투입하는 JTBC-리얼미터 조사에서는 이재명과 윤석열이 오차범위 내에서 팽팽하게 갈렸다. 전화면접조사에서는 오히려 이재명이 더 우세하게 나타나는 경우가 여러 번 나타났다. 이러한 조사마다 다른 결과는 다음과 같이 정리할 수 있다.

첫째, 윤석열에 대한 지지성향은 다분히 회고적(retrospect) 지지성향이라고 볼 수 있다. ARS에서만 우세를 보인다는 것은 표층여론을 신속히 반영하는 조사방법의 특성상 할 말이 많은 응답자, 지탄의 대상을 찾고 있는 분노한 유권자의 의견이 더 많이 반영된다는 것을 말한다. 즉 이는 현 정부의 실정을 질책하고자 하는 '배출구가 필요한 응답자'가 적극적으로 여론조사에 참여하는 시기적 특성으로 이해해야 한다는 것이다. 이런 응답자에게 상대적으로 더 많은 선호 응답을 얻고 있는 윤석열은 사실 회고적 응답 성향자에게 선택받고 있다고 봐야 한다. 그런데 문제는 대선의 경우 대부분 회고적 투표 성향보다는 전망적(prospect) 투표 성향이 나타난다는 데에 있다. 보통 대선을 앞둔 다른 선거는 회고적 성향이 강하게 나타나고, 대선 직후 치러지는 선거에서는 전망적 투표 성향이 더 분명하게 나타난다고 할 때의 기준점은 항상 대선이다. 그런데 사실 대선에서는 보통 전망적 투표 성향이 강해지기 마련이라 윤석열의 지지세가 계속 이어질지는 불투명하다.

둘째, ARS조사에서 고관여[5] 유권자가 응답 적극성을 띨 가능성이 크다는 점에 주목해야 한다. ARS조사에서는 저관여 유권자를 많은 표본으로 확보하기 어렵다. 즉 윤석열은 고관여 유권자 중에서는 상대적으로 높은 선호 비율을 얻고 있지만, 저관여 유권자까지로 확대했을 때에는 상대적으로 열세를 보일 수 있다는 것이다. 이와는 달리 이재명은 저관여 유권자까지 포괄하는 조사에서 오히려 우세한 것으로 나타나고 있다. 사실 투표소에 고관여 유권자는 거의 간다고 봐야 하고, 저관여 유권자의 투표 참여가 어느 정도가 될 것인지에 따라 투표 결과는 크게 달라지기도 한다. 이 때문에 저관여 유권자까지를 포괄하는 전화면접

---

5 고관심층이라 하기도 하는데, 관여도(involvement)라는 개념이 선거과정에서 유권자가 시간과 노력을 기울이는 정도를 설명하는 데에 더 적합한 것으로 보아 고관여 및 저관여 유권자로 나눠 조망했다.

조사에서 우세를 보여야 향후 투표 결과에서 유리할 수 있다는 결론을 도출할 수 있는 것이다. 물론 반론이 있을 수 있다. ARS에 응답하는 유권자가 투표장에 갈 확률이 높기 때문에 ARS조사에서 우세하면 투표 결과에서 더 유리할 수 있다는 주장이다. 이 주장이 일정 타당한 측면이 있다. 하지만 응답률을 고려해 저관여 유권자의 의견 분포를 확인하면 더 정확하게 볼 수 있다. ARS조사의 응답률은 보통 5~10%이고 전화면접조사는 15~30%인데, ARS조사 결과는 고관여 유권자가 주로 응답하는 반면 전화면접조사는 고관여와 저관여 유권자의 응답이 혼재하기 때문이다.[6] 따라서 대선 투표율이 대개 70%를 상회한다는 점을 감안해 저관여 유권자의 선호/지지 비율을 확장해서 반영해야 한다.

셋째, 전화면접조사 방식의 한국갤럽 조사결과는 한 가지 특성이 더 있다. 바로 오픈문항이라는 점이다. 즉 한국갤럽은 인물의 이름을 나열해서 읽어주지 않고 주관식으로 응답을 받는 방식을 취한다. 이런 형식의 문항은 투표용지에 모든 인물의 이름이 인쇄되는 기표소의 환경과 달라서 실제 투표행동과 차이가 있다는 의견도 있다. 그렇지만 자신의 이름을 여론조사의 선택지

---

[6] 매우 단순화한 분석 기법이지만 다음과 같은 분석을 생각해볼 수 있다. ARS조사의 응답률이 10%이고 같은 시기 전화면접조사의 응답률이 30%일 경우, ARS조사 전체 표본을 고관여 유권자로 간주하고 전화면접조사 내에는 고관여:저관여가 1:2로 분포해 있다고 간주하여 전화면접조사 내의 두 후보의 응답 비율에서 ARS조사의 결과를 차감한 결과를 통해 저관여 유권자 내 두 후보의 응답 분포를 추출해낼 수 있다.

에 넣어 달라는 대선주자들의 요구를 모두 수용하기 어려운 상황에서 한국갤럽의 선택한 자구책으로서도 의미가 있고, 이와 함께 응답자의 분명한 선호 경향을 반영하는 효과적인 수단이라는 점에서 오픈문항 방식은 나름 장점이 있다. 여기에서 이재명이 오차범위 내에서 윤석열과 접전을 벌였다는 사실은, 필자가 글을 쓰는 시점에서 두 인물에 대한 유권자의 충성도 측면에서 큰 차이가 없다는 것을 방증한다. 앞서 윤석열에 대한 선호자 중 일부는 회고적 선택 경향에 의한 응답일 수 있다고 했다. 따라서 응답자의 충성도는 이재명에게서 상대적으로 높게 나타나야 하는데, 충성도를 확인할 수 있는 한국갤럽 조사결과에서 둘이 비슷하게 나타난다. 즉 지지강도 혹은 팬심이라는 차원에서는 두 주자가 크게 다르지 않을 수 있다는 점을 시사한다.

윤석열이 구도에서 빠질 경우, 그 이후의 정치지형은?

최근 보수 야권에서 새로운 인물의 급부상 가능성을 주장하는 의견이 있다. 홍준표, 안철수, 유승민 등 지난 대선에 출마했던 재수 삼수 도전자들 외에 최재형 같은 정치권 밖의 새로운 얼굴을 통해 대체 후보를 찾아야 한다는 움직임이다. 이런 여론이 반영된 것인지 최재형은 6월 오마이뉴스-리얼미터 조사의 다자 선호도 문항에서 3.6%를 얻었다.[7] JTBC-리얼미터 6월 조사에

---

7   앞에서 인용한 조사.

서도 비슷하게 나타났다.[8] 전현직 선출직 공직자나 국회의원 등 정치인이 이름을 올려도 다자 선호도 문항에서 1%에 미치지 못하는 경우가 많은 점을 감안한다면, 최재형이 얻은 선호도는 비록 한 자릿수이긴 하지만 상당히 인상적인 선호도가 아닐 수 없다. 이같이 새롭게 등장하거나 혹은 다자 선호도 문항에서 한 자릿수 리그에 속해 있는 약체 후보들의 합종연횡으로 새로운 강자가 등장할 가능성은 언제든 열려 있다. 또한 윤석열은 한 번도 대통령선거에 등판하지 않은 정치 신인으로서 검증대에 올라 발가벗겨질 수 있다. 어떤 이들은 혹독한 검증의 시간에 윤석열의 멘탈이 유지되기 어려울 것으로 전망하기도 한다. 대선을 향해 남은 시간이 길진 않지만, 결국 '2강 1중 다약' 구도는 언제든 급변할 수 있다.

그렇다면 보수 야권 내 경쟁과 협력의 결과로 대표 선수가 교체되는 경우 양강구도는 해체될 것인가? 윤석열 외의 다른 보수 야권 주자와 이재명이 새로운 양강구도를 형성할 것인가? 아니면 이재명 1강으로 이번 대선 레이스가 원톱 주인공의 활약만으로 마무리될 것인가? 누구도 쉽게 예측하기 어려운 주제이다. 한 가지 분명한 것은 구도가 바뀌면 주목하는 인물도 바뀐다는 사실이다. 외생변수로서의 구도가 후보의 선호도나 지지도에

---

8   앞에서 인용한 조사.

큰 영향을 미치는 경우는 가깝게 있다. 이낙연이 오랜 기간 대선 주자 다자 선호도 1위였으나 완만하게 하락해 지금은 3위에 랭크되어 있다. 이낙연의 하락세는 사실 황교안의 급격한 퇴진에서 비롯되었다고 봐야 한다. 즉 2020년 총선 전까지 황교안은 이낙연과 양강구도를 형성했던 보수 야권의 강자였고 이낙연의 높은 선호도 유지를 떠받치는 강한 동력원이었다고 볼 수 있다. 대항마로서의 존재감은 사실상 구도가 제공하는 최고의 안정적인 지지요인이라고 볼 수 있다.

이재명도 크게 다르지 않다. 2019년 10월에 조국은 오마이뉴스-리얼미터 조사를 마지막으로 대선주자 다자 선호도의 선택지에 등장하지 않고 있다. 10월 조사에서 6.3%를 얻었던 이재명은 11월 조국이 선택지에서 빠진 조사에서 8.4%를 얻어 2.1%포인트 소폭 상승했다.[9] 조국이 빠진 조사에서 조국을 선호했던 일부 지지세가 분산되면서 이재명이 오차범위 내이긴 하지만 혜택을 얻은 것으로 볼 수 있다. 물론 그 후에는 두 자릿수로 올라섰고, 코로나19 팬데믹 시기에는 도지사로서의 집행력을 보여준 실적에 힘입어 두 자릿수를 굳히고 이후 양강에 포진하게 된다. 황교안의 대항마였던 이낙연은 총선 이후 황교안이 빠지게 되자 양

---

9 오마이뉴스 의뢰로 리얼미터가 2019년 11월 25~29일까지 조사한 결과이다. 그 밖의 사항은 중앙선거여론조사심의위원회 홈페이지(nesdc.go.kr)를 참조하길 바라며, 여론조사결과 등록 글번호는 6220이다.

강구도에서의 대항마 역할이 부각될 수 없게 되면서 차츰 하락하기 시작했다. 이후 윤석열이 두각을 나타낼 때에는 '윤석열의 대항마'로서 포지셔닝하지 못하고 이재명에게 자리를 내주고 만다. 결국 윤석열이 구도에서 빠진다면, 그 자리를 대신하는 새로운 얼굴에 누가 대항마로 적합할지는 유권자들이 집합적으로 결정할 것이다. 이재명의 원톱 드라마가 될지 아니면 이재명 스스로도 역할론이 약해지면서 누군가에게 대체될지는 예측하기 어렵다.

유권자는 '일체감과 효능감'에 따라 정치적 태도를 정한다

대선주자를 유권자 입장에서 평가할 때에는 일체감과 효능감이라는 두 개의 축이 효과적이다. 유권자 스스로가 특정 인물에게 느끼는 일체감은 흔히 팬심이라고도 하는 충성심으로 드러난다. 마케팅 분야에서도 그렇듯 브랜드 충성심, 정당 및 후보 일체감은 소비자의 구매행동과 유권자의 투표행동을 결정하는 데에 결정적인 영향을 미친다. 2016년을 경과하면서 문재인 대통령에게 일체감을 느끼던 많은 유권자들이 주저 없이 투표장을 달려가 망설임 없이 표를 던졌다. 이러한 유권자 집단은 향후 '문팬'에서 여러 명칭을 거쳐 스스로를 '문파'라고 부르기까지 했다.

또한 효능감은 정치과정에서 유권자가 지지를 유지하느냐 철회하느냐를 결정짓는 가장 중요한 요소라고 할 수 있다. 정치과정에 참여해 의견을 개진하고 투표에 참여하거나 후원금을 납부하는 등의 모든 행위의 기반에는 일체감뿐 아니라 효능감도 영향을 미친다고 봐야 한다. 소통의 노력을 기울이고 참여를 하고 심지어는 후원금까지 제공하는 높은 수준의 정치 참여를 했으나, 자신에게 돌아오는 피드백이 전혀 없는 경우에는 사실 아무리 강한 일체감을 지니고 있었다 하더라도 효능감은 바닥으로 떨어지게 된다. 아래의 '일체감 by 효능감 매트릭스'를 보자.

다음의 매트릭스처럼 가로축을 일체감 세로축을 효능감으로 설정해서 공간을 나누어 4분면을 그릴 수가 있다. 어느 정치인이

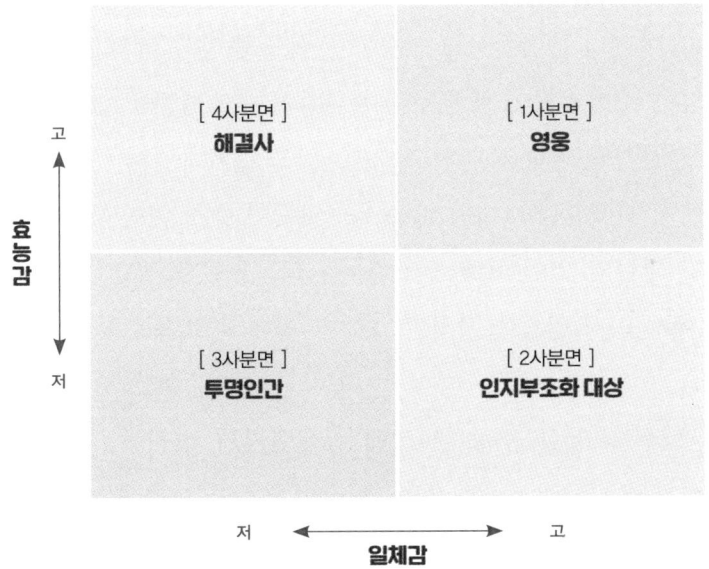

〈정치인의 인지된 정체성: 일체감 by 효능감 매트릭스〉

다수의 유권자에게 '고일체감-고효능감'을 느끼게 해줄 수 있다면 그 정치인은 1사분면에 위치한다고 할 수 있다. 이 영역에 위치한 정치인은 그야말로 '영웅'이며 자신을 추종하는 다수의 젤롯(Zealot)에 의해 지지도를 강고하게 유지할 수 있다. '고일체감-저효능감'을 경험하게 하는 정치인이라면 2사분면에 위치한다. 이들은 '인지부조화의 대상'이라고 볼 수 있다. 팬덤 정치의 혜택을 입어 다수 유권자에게 일체감을 촉발시킬 수 있는 영웅이라도 자신을 지지하는 유권자의 목소리를 경청하지 못하는 불통 혹은 듣기만 하고 피드백이 없는 일방향 소통으로 인해 효능감을 줄 수 없는 경우에 2사분면으로 추락하게 된다. 유권자들이 자신의 선택과 효능감의 괴리 사이에서 인지부조화를 경험하게 될 때, 효능감을 주지 못하는 정치인일지라도 그를 합리화하는 데에 동참할 수도 있지만, 지지하는 행동 자체를 포기할 수도 있기 때문이다. 많은 정치인이 이 영역에 있다고 할 수 있다.

'저일체감-저효능감'의 3사분면에 위치한 정치인은 유권자에게 '투명인간'이 된다. 유권자 입장에서는 존재하는지 실재 여부를 물어볼 필요가 없게 되는 무관심의 대상인 것이다. 지지할 이유도 없지만 어쩌면 비토할 이유도 없어지는, 무덤에 가까운 영역이다. '저일체감-고효능감'의 4사분면은 유권자가 전가하는 욕구를 해소해주는 '해결사'의 영역이다. 해결사를 지지하는 유권자에게는 이념과 비전이 중요하지 않다. 이들은 사회 내 일부에 대한 집단적 증오를 해소해줄 의지와 추진력을 갖춘 자 혹은 금전적 욕구를 채워줄 수 있다면 경제사범에게까지 존재 의미를 부여할 수 있다. 현시점에서 볼 때, 문재인 대통령을 지지하던 많은 문팬(혹은 지지자로서의 문파)은 1사분면에서 2사분면에 걸쳐서 분포해 있는 것으로 보인다. 그런 의미에서 정치인 문재인은 영웅으로 인식되기도 하며 때로는 인지부조화의 대상이 되기도 한다.

'효능감'을 통해 포지셔닝 강화한 이재명, '일체감' 제고 방향으로

이재명은 4사분면에서 1사분면으로 분포를 넓히는 과정으로 보인다. 왜냐면, 이재명은 사실 효능감을 통해 포지셔닝을 강화했던 인물이라고 할 수 있다. 경기도지사로서의 업무가 대부분 주민 만족도 제고를 위한 실질적인 조치였고, 그때마다 언론의 조명을 받았다. 언론의 조명을 받을 때마다 지지율이 상승한 게 사실이다. 코로나19 팬데믹 상황에서 신천지를 향한 단호한 조치에 국민은 열광했다. 정치의 효능감을 높이는 데에 크게 기여했던 과정이다. 한국갤럽 조사에서도 코로나19 팬데믹 초기에 이재명의 다자 선호도 응답 비율이 급격히 치솟았던 차트를 볼 수 있다. 그런데 문제는 일체감이 두텁게 쌓여 있지 않은 상태에서 효능감만을 내세운다면 지지강도, 즉 충성심이라는 측면에서 좋은 성과를 얻기는 어렵다. 결국 아직은 1사분면의 '영웅' 영역에 포지셔닝되어 있지는 못하고 4사분면의 '해결사' 영역에 위치해 있는 것으로 인식돼 있다고 볼 수 있다. 이는 어쩌면 한국갤럽의 오픈문항 조사결과에서 윤석열을 크게 따돌리지 못하고 있는 현재 상황을 설명할 수 있는 분석 근거가 된다.

이재명은 오픈문항으로 조사하는 한국갤럽의 '차기 정치지도자 선호도'에서 윤석열과 거의 같은 수준의 지지율을 보이고 있다. 둘은 거울을 사이에 두고 서로를 보는 듯한 형세를 보이고 있다. 윤석열이 문재인과 문파(정치세력으로서의 문파)를 응징해줄 것이라는 기대를 한몸에 받고 있다면, 이재명은 문재인이 끝내지 못한 적폐청산을 성공적으로 마무리할 수 있는 적임자로서 기대를 한몸에 받고 있을 수 있다. 둘은 각 진영을 대표해 단기접전(單騎接戰)을 결의한 장수처럼 보이기도 하지만, 어쩌면 그 역할은 각 진영에 군집한 유권자의 대리만족을 위한 '해결사'로 포지셔닝되어 있을 수 있다.

앞서 외생변수로서 구도가 갖는 결정력으로 인해 상대 진영의 최강 후보에 대적할 수 있는 대항마로 포지셔닝되어 있다가, 그 상대가 퇴진할 때에 동반 추락하는 상황에 직면할 수 있음을 지적했다. 이러한 위험은 이재명에게 이미 내재된 미래일 수 있다. 위의 사분면에서 알 수 있듯이, '해결사'는 '영웅'을 이길 수 없으며 또 '영웅'은 '인지부조화 대상'이 되면 지지세가 꺾일 수밖에 없는 것이다. 결국 이재명은 향후 일체감을 제고하는 방향으로 캠페인을 진행할 필요가 있다는 것이다. 일체감 없이 효능감만으로 다자 선호도 30%선을 상향 돌파한 후 안정적으로 관리할 수 있을지는 의문이다.[10] 일체감 제고를 위한 방법론은 이 글의 범위를 넘으니 차후 또 다른 기회에 확인해 보자.

일체감을 느끼는 후보가 영웅이 되어주길 바라는 마음

여론조사를 통해 인물의 이미지를 묻는 과정은 응답자의 인식에 자리해 있는 이미지, 즉 인지된 이미지(perceived image)를 알아보는 과정이다. 사실 그 인물의 실체와는 많이 다를 수도 있다. 더군다나 아래와 같은 조사 결과로 공개되는 이미지는 어쩌면 다른 인물과 상대적으로 더 강하거나 약한, 비교우위 혹은 비교열위를 나타내는 것이라고 볼 수 있다. 또 같은 인물이 다른 선거 혹은 차기 대선에 출마하는 상황에서 그 이미지가 전혀 다르게 나타날 수 있다. 즉 정치인의 이미지라는 것은 실제 상황과 맥락에 따라 매우 달라질 수 있는 것이다. 다만 유권자의 인식에 이미 고착화된 이미지는 쉽게 바뀌거나 저절로 진화하지 않는다는 점을 확인한다면, 아래의 조사결과는 어느 정도 과거 누적된 정보에 의한 영향이 있다고 볼 수 있겠다.

---

10 다른 후보 대비 효능감은 강하다는 평가를 받고 있다고는 하지만 '계속 지지하겠는지'를 설문한 결과에서는 윤석열 지지자 중에서보다 계속 지지의향자의 비율이 적었다. 윤석열 지지자 중에서는 계속 지지의향자는 59%, 변경 가능하다는 응답이 37%였다. 반면 이재명 지지자 중에서는 계속 지지의향자는 52%, 변경 가능하다는 응답은 48%였다. NBS 자체조사, 전국지표조사 리포트 제35호(2021년 6월 5주, 28~30일 조사), 그 밖의 사항은 중앙선거여론조사심의위원회 홈페이지(nesdc.go.kr)를 참조하길 바라며, 여론조사결과 등록 글번호는 7912이다.

⟨경제 분야 국정과제별 성과 기대감 – 100점 환산 평균⟩

(n=1,000, 점)	심상정	안철수	유승민	윤석열	이낙연	이재명	정세균	홍준표
1) 경제발전과 일자리 확대	33.0	40.0	36.8	41.0	42.1	55.7	37.1	31.7
2) 서민 주거안정	36.8	37.8	36.3	39.4	42.5	54.5	37.6	32.5
3) 재정 건전성 강화	36.7	39.2	37.7	40.3	43.3	52.7	38.9	33.6
4) 부의 양극화 해소	39.8	37.4	35.8	38.2	42.4	53.2	38.1	31.6
5) 경제위기 관리체계 확립	34.1	37.7	36.8	38.9	42.4	52.8	38.4	33.6
6) 금융시장 안정	34.1	39.2	37.4	38.8	41.9	51.1	38.7	33.4
7) 노사관계 개선	42.7	38.0	36.8	38.4	44.3	52.1	40.2	31.9
종합(항목 평균)	36.7	38.5	36.8	39.3	42.7	53.2	38.4	32.6

위의 조사결과는 조세일보의 의뢰를 받아 엠브레인이 6월 10일부터 14일까지 조사한 내용[11]이다. 7개 경제 분야에 대한 주요 9명의 인물 각각에 거는 기대감을 0점부터 10점까지 11점 척도로 측정해 100점 점수로 환산 후 평균 낸 결과다. 여기서 이재명이 모든 분야에서 다른 인물을 압도하는 점수를 얻고 있음을 확인할 수 있다. 특히 '경제발전과 일자리 확대'에서 이재

---

11 그 밖의 사항은 중앙선거여론조사심의위원회 홈페이지(nesdc.go.kr)를 참조하길 바라며, 여론조사결과 등록 글번호 78790이다.

명이 얻은 55.7점은 모든 분야 모든 후보가 받은 점수 중 가장 높은 점수다.

모든 분야에서 누구도 60점 이상의 점수를 받지 못했다는 사실은 유권자의 기대감이 매우 낮다는 점을 보여주는 지표로 보인다. 이는 대통령이라고 하더라도 중요한 경제 분야의 과제를 시원하게 해결하기 쉽지 않았다는 최근 십여 년의 경험을 반영한 것일 수도 있다. 하지만 이재명만이 그나마 절반을 넘는 점수를 얻었다는 점은 그가 국민적 기대를 어느 정도 모으고 있음을 알 수 있는 대목이다. 그런데 일부 조사에서 이재명보다 우세를 기록한 윤석열이 전반적으로 이낙연보다 낮은 점수를 받고 정세균과도 큰 차이가 아니라는 점에서 단일 문항으로 측정하는 다자 선호도에서 이재명과 윤석열에 쏠리는 응답과는 차이가 있다.

위의 표가 포함하고 있는 정보량이 너무 많고 각 후보별 차별성을 바로 이해하기 쉽지 않아서 아래와 같이 대응일치분석(Correspond Analysis)을 시도해서 평면에 도식해 보았다. 대응일치분석은 경제 분야 과제별 후보의 기대감 점수와 각 후보가 과제별로 얻은 점수의 상대적 크기를 동시에 고려해 거리로 표현한 후 평면에 그림으로 표현하는 분석이다. 이재명은 '경제발전과 일자리 확대'와 '서민 주거'에 가장 가깝게 위치하는데, 윤석열도 마찬가지다. 즉 점수로는 이재명이 앞서 있지만, 상대적 거리로

〈후보 by 경제 분야 과제 대응일치 매핑〉

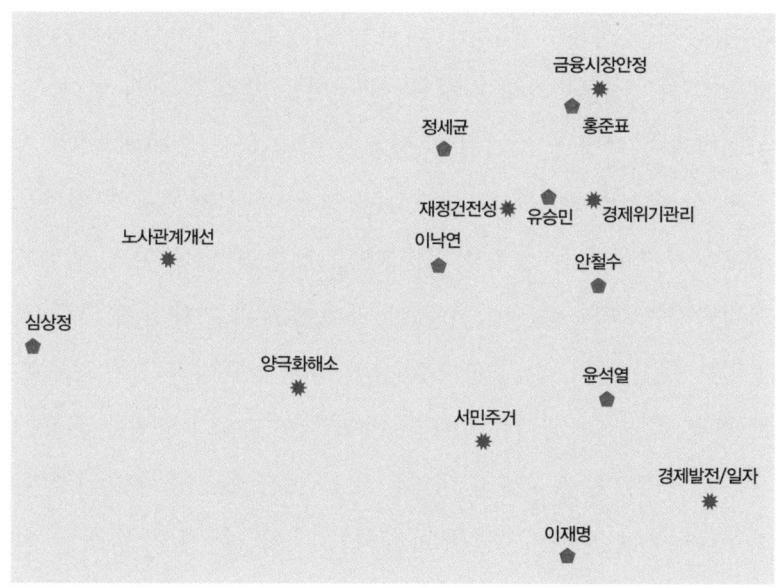

따지면 윤석열도 다른 정책 과제 대비 그 두 가지에서 이미지 기대감이 상대적으로 높다는 것을 의미한다. 그런데 이 조사에서는 위의 7개 과제 중 중점 과제를 묻는 문항이 있었다. 그 결과 '경제 발전과 일자리 확대'가 38.1%, '서민 주거안정'이 22.0%, '부의 양극화 해소'가 18.5% 순으로 많은 응답을 받았다. 그렇다면 이재명과 윤석열은 7개 과제 중 가장 중요한 두 가지 과제에 대해 각각 상대적으로 높은 기대 점수를 얻었다는 것을 직관적으로 확인할 수 있다. 물론 둘이 얻은 점수를 비교하면 이재명이 윤석열보다는 14점 이상 더 높은 점수를 받은 것은 앞서 비교표에서 볼 수 있었다.

이러한 결과는 어쩌면 국민의 관심과 욕구가 집중되는 경제 분야 과제는 정해져 있지만, 이와는 별개로 자신이 지지하는 후보를 다른 요인에 의해 결정할 것 같다는 생각을 하게 한다. 즉 이재명과 윤석열을 지지하는 성향은 이미 다른 요인에 의해 결정된 상태에서 중요하게 생각하는 경제 분야 과제를 지지하는 후보에게 기대하는 흐름인 것이다. 그렇다면 사실 어느 후보를 지지할지는 위와 같은 경제 분야 과제별 성과 기대감에 의해 결정되는 게 아니다. 만일 과제별 성과 기대감에 따라 지지하는 후보를 결정한다는 생각은 선후가 바뀐 것이고 인과관계를 혼동한 결과일 수 있다. 지금까지 대선을 앞둔 여론조사 중 후보의 이미지 관련 조사결과가 당락을 예측하는 데에 성공적이지 못한 이유가 바로 여기에 있다. 즉 응답자의 정책적 욕구 해소의 적임 인물을 기준으로 지지하는 후보를 결정하는 게 아니라, 먼저 일체감을 통해 지지하는 후보를 정하고 난 뒤 그 후보에게 기대감을 갖게 되기 때문이다. 조금 표현을 바꾼다면 일체감을 느끼는 후보가 과제를 해결해서 빛나는 영웅이 되어주길 바라는 마음이 앞서기 때문일 것이다.

유권자의 민심과 정치세력의 응답

대통령 단임제를 채택하고 있는 한국에서는 유권자의 욕구가 매번 급변하는 느낌을 받게 된다. 그래서 어떤 이는 대선에서 유권자의 욕구가 번갈아 나타나는데, 그 주요 흐름이 정치개혁과 경제성장이라고 주장한다. 즉 지난 2017년 대선에서 정치개혁이라는 측면이 강했다면, 이번 대선에서는 경제성장에 대한 욕구가 더 강하게 등장할 것이라는 분석이다. 세계 경제의 경기변동을 파동이론으로 설명하듯 마치 일정한 주기를 가지고 경제적 욕구와 정치적 욕구가 번갈아 등장하여 대선을 규정한다는 주장이다. 일리가 있다. 제한된 지면으로 더 깊이 논하진 못하지만, 미국 정치도 주기가 다를 뿐 비슷한 패턴을 그린다고 하니 틀린 분석은 아닌 듯하다.

이 관점에서 지난 대선과 2022년 대선을 비교해볼 수 있다. 즉 지난 대선에서 많은 유권자가 정치개혁을 위해 공정과 적폐청산을 대표했던 문재인에게 일체감을 뚜렷하게 느꼈고 당선으로까지 이어졌지만, 2022년 대선에는 성과를 기반으로 효능감을 줄 수 있는 후보에게 눈길이 더 가는 양상으로 흘러갈 확률이 높다는 것이다. 그래서 그런지, 이재명은 7월 1일 출마 선언에서 자신의 '성과와 효능감'을 강조했다. 역량을 발휘해 더 나은 국민의 삶으로 보답하겠다고 약속했다. 상당한 자신감이 드러나 지지를 고려하는 유권자에게 크게 어필할 수 있다는 지적이 있다.

하지만 효능감이 유권자의 어떤 욕구에 응답하고 성과를 보여준 것의 결과라는 그 본질로 돌아가 본다면, 유권자가 고민하는 시대정신과 여러 가치 중에서 무엇에 응답할지는 스스로 결정해야 할 몫이다. 빗나가면 유권자는 바로 다른 해결사를 찾아갈 수도 있을 것이다. 일체감으로 지지자의 충성심을 공고히 구축했을 때와는 달리, 효능감에 의존하는 후보는 매우 성실하고 부지런해야 그 지지도를 유지할 수 있을 것이다. 정세의 역동성은 언제나 유권자의 민심과 정치세력들의 응답으로 구성된 함수의 결과이다. 앞으로 대선까지 길지 않은 시간 동안 정세의 역동성으로 또 다른 몇 개의 국면이 펼쳐질 것 같다.

공정의 가치로 밀어붙인
3년여의 경기도정

• 최경준[*]

이재명 경기도지사(이하 '이재명')는 행정가다. 정치인이지만 '금배지'를 단 적이 없다. 국회의원 선거에서 낙선 후 성남시장과 경기도지사라는 선출직 공무원으로 일했다. 그의 업무 스타일은 투박하고 불편하지만 단호하고 신속하다. 열렬한 팬덤만큼이나 열렬한 안티도 많은 이유다. 그의 투사적 면모와 강한 업무 추진력은 변방에서 비롯됐다. 박근혜 전 대통령과 복지제도 확대 문제로 대립하던 성남시장 시절부터 뿌리 깊게 배었다. 그는 성남시장 재임 당시 무상교복, 산후조리비 지원, 청년배당 등 이

---

[*] 오마이뉴스 선임기자. 중부대 미디어커뮤니케이션학과 겸임교수. 한국지식재산기자협회(KIPJA) 부회장으로 있다. 전북대 정치외교학과를 졸업하고 카이스트(KAIST) 과학저널리즘대학원에서 석사학위를 받았다. 오마이뉴스 미국 특파원과 편집국장을 역임했으며 저서로 『이재명과 기본소득』(2021,오마이북)이 있다.

른바 3대 무상복지 정책을 추진했다. 박근혜 정부는 이 정책을 포퓰리즘이라고 비난하면서 정책을 추진하면 지방정부에 주는 교부금을 안 주겠다며 압박했다. 하지만 그는 굴하지 않고 정책을 밀어붙여서 성공했다. 이후 3대 무상복지 정책은 그의 트레이드마크가 됐다.

여의도(국회)가 정치적 논쟁으로 시간을 허비할 때 그는 국민 사이에 있었다. 그의 코로나19 재난지원금의 보편적 지급과 같은 주장은 계파 정치나 진영 논리를 넘나든다. 사안에 따라 진보 진영은 물론 중도층, 합리적 보수층으로부터도 지지를 받는 것은 그가 국민 가까이에서 행정가의 시각으로 판단하고 행동하기 때문이다. 이재명은 실용주의적 행정가의 면모도 갖췄지만 동시에 선동가의 뜨거운 피가 흐르는 정치인이다. 그는 대중을 휘어잡는 정치력과 언변으로 직접 전선 한복판에 뛰어든다. 신천지 집단감염, 배달앱 시장의 독점, 대북전단 살포, 선별·보편복지 논쟁 등을 대할 땐 대단히 비타협적이지만, 계곡 불법시설 철거를 위해 상인을 만날 때는 대화와 소통을 앞세웠다. 기본소득, 기본주택, 기본금융(기본대출), 지역화폐 등 자신의 신념과 직결된 정책을 추진할 때는 매우 집요해서 아군(기획재정부 등)과의 싸움도 마다치 않았다. 이재명은 모든 행정 전면에 '공정'을 최고의 가치로 내세웠다. 공정은 그가 타협하지 않는 대표적인 행정철학이다. 각종 불공정 논란과 부동산 가격 폭등 문제 등으로 민주당에 등을 돌린 2030 세대가 그에 대해서는 신뢰를 보이는 이유다. 성남시장 재임 시절 친형의 이권개입을 차단하면서 벌어진 법적 소송도 2030 세대에게 '이재명은 공정한 사람'이라는 이미지를 심어줬다. 경기도에 거주하는 만 24세 모든 청년에게 연간 100만 원을 지급하는 '청년기본소득' 역시 공정의 가치가 구현된 대표적인 정책이다.

수도권 광역단체장 중에서 처음으로 직무평가 1위

2021년 5월 리얼미터 광역자치단체장 평가 조사 결과 이재명은 '잘한다'라는 긍정평가에서 62.9%를 기록, 4월에 이어 2개월 연속 1위를 차지했다. 광역단체장 중 유일하게 60%대의 긍정평가를 얻었다. 앞선 4월 평가 조사에서는 직무수행 지지율과 주민생활 만족도에서 처음으로 동시 1위를 차지했다. 특히 주민생활 만족도에서 경기도는 66.2%를 기록, 처음으로 2개월(3~4월) 연속 1위를 지켰다. 2위인 제주도와는 3.4%포인트의 격차였다. 이재명은 2020년 6월 조사에서 71.2%의 지지율('잘한다' 긍정평가)로 경기도지사 취임 이후 첫 1위를 차지한 이후 2021년 1월까지 8개월 연속 1위를 유지했다. 리얼미터가 시도지사 직무수행 평가 조사를 시작한 2014년 7월 이후 6년 동안 수도권 광역자치단체장이 1위에 오른 것은 그가 처음이다. 이재명을 제외하고 그동안 수도권 광역자치단체장이 기록한 가장 높은 순위는 2019년 7월 고(故) 박원순 전 서울시장의 3위였다.

리얼미터의 시도지사 직무수행 평가 조사는 광역자치 별로 조사 대상을 수집해 진행된다. 지방은 특정 정당에 대한 쏠림 현상이 단체장 지지율에 반영되기 쉽다. 반면 특정 정당에 대한 쏠림 현상이 적은 수도권은 관(官)에 대한 호감도가 낮고 단체장 평가도 냉철하다. 그런 의미에서 이재명이 여론조사 업계의 정설로 여겨졌던 '지고수저'(지방은 높고 수도권은 낮은 단체장 선호도) 현상을 깨고 수도권에서 압도적 지지율을 기록한 것은 매우 이례적이다. 차기대선 지지율(약 25%)보다 2배 이상 높은 60%대의 직무수행 지지율을 기록한 것이나, 60%대 중후반의 높은 주민생활 만족도로 2개월 연속 1위를 한 것은 이재명이 행정가로서의 역량을 높이 평가받은 것으로 분석된다. 이재명이 시도지사 직무평가 첫 1위를 했던 2020년 6월 조사의 경우 보수 텃밭으로 분류되는 경기북부 지역에서 가장 높은 지지율을 기록한 것도 눈에 띄는 대목이다. 그는 북부권(남양주, 의정부, 구리, 포천, 연천)에서 77.1%를 얻었다. 진보진영은 물론 보수층과 야당 지지층 상당수도 이재명의 직무수행을 긍정적으로 평가한 것이다. 이는 그가 중도층과 합리적 보수층을 아우를 수 있는 잠재력을 갖고 있다는 것으로 해석할 수 있다.

불법 시설물 정비사업, 깨끗한 계곡 보며 시민들 환호

애초 이재명은 민선 7기 취임 초기 '조폭연루설', '친형 강제입원 의혹' 등에 시달리며 17개 광역자치단체장 중 꼴찌(지지율

29.2%)로 출발했다. 그의 직무수행 지지율은 경기도가 2019년 하반기부터 추진해 온 '하천·계곡 불법시설물 정비사업'이 본격화하면서 상승세를 탔다. 전국 최초로 시행한 하천·계곡 불법시설 정비와 청정계곡 복원사업은 그가 내세운 '공정'의 가치에 가장 부합하는 사업 중 하나다. 이재명이 계곡·하천 정비사업에 발 벗고 나선 것은 사회적 합의를 지키기 위해서였다. 그는 "큰 도둑은 나쁘고, 작은 도둑은 덜 나쁜가? 힘센 사람도 지켜야 하지만, 약자도 지켜야 한다."라고 말한다. 경기도는 2019년 6월부터 2년간 25개 시군과 공조해 234개 하천·계곡에서 1,601개 업소의 불법시설물 1만 1,727개를 적발하고, 1만 1,687개를 철거했다. 수십 년 동안 관계 기관의 단속을 받지 않고 방치되었던 하천·계곡 인근 상인들의 바가지요금과 평상·천막 등 불법시설이 거의 사라진 것이다.

청정계곡 복원사업이 처음부터 순조로웠던 것은 아니다. 당장 생업을 잃게 된 계곡 상인들의 거센 저항이 뒤따랐다. 이재명은 직접 불법시설물 철거 현장을 방문, "섭섭한 말씀 해도 된다, 내 멱살을 잡아도 된다."라고 하면서 상인들과 마주 앉았다. 2019년 8월 23일 경기 양주시 석현리 마을회관에서 열린 석현천, 장군천, 돌고개천, 갈원천 일대 상인 및 주민 40여 명과의 간담회에서다. 영업을 못 하게 된 일부 상인들은 "우리가 적폐냐?", "불쾌하다." 등의 다소 격앙된 반응을 보이기도 했다. 험악한 분위기 속에서 잔뜩 굳은 표정으로 앉아 있는 상인들을 향해 이재명은 "미안하다."라고 말문을 열었다. 그는 "특정 지역에 편의시설을 설치하고 영업하는 게 단기적으로는 도움이 되겠지만, 크게 보면 전체 관광객을 줄이는 부작용이 생긴다."라고 상인들을 설득했다. 이후 상인들은 애초 우려와 달리 하나둘 자진철거에 나섰다. 이재명은 "대부분 경기도가 공권력을 동원해 우격다짐으로 강제철거한 줄 알지만 실제로는 주민들께서 99% 자진 철거해 주셨다."라면서 "이는 우리 행정사에 기록으로 남을 사례다."라고 평가했다. 물리력을 동원한 권력행사 없이 충분한 토론과 합리적인 이해관계 조정으로 모두가 이익이 될 수 있는 합의를 끌어냈다는 것이다.

경기도는 불법시설물을 철거하는 대신 지역경제·관광 활성화에 실질적인 도움이 될 수 있도록 '청정계곡 복원지역 도민환원 태스크포스(TF)'를 구성하고, 지역주민과 전문가들의 의견을 수렴해 다양한 사업들을 추진하고 있다. 친환경 산책로, 휴식공간, 화장실, 주차장 등을 건립하는 '청정계곡 복원지역 편의시설 생활 SOC 사업'이 대표적이다. 불법시설물 철거 이후 계곡을 방문한 시민들은 깨끗해진 청정계곡을 보며 환호했다. 이재명의 말을 빌리면, 정치란 일상 속 국민의 요구를 실현하는 것이고 정책이란 국민의 삶에서 나오는 것이다.

행동주의 방역이 빛난 코로나19 대응

이재명의 직무수행 지지율은 청정계곡 복원사업 추진 이후 코로나19를 거치면서 다시 급상승했다. 코로나19 사태에 대응하는 지방자치단체장 중 이재명의 신속하고 과감한 '행동주의 방역'이 단연 두각을 나타냈다. 유시민 '사람사는세상 노무현재단' 이사장도 그의 코로나19 방역 행정에 대해 "신속하고 전광석화 같은 일 처리, 단호함으로 국민에게서 매력을 샀다."라며 "앞으로 상당한 지지율 기반을 구축할 것."이라고 높이 평가했다. 국내 코로나19 발생 초기 대구 신천지교회를 중심으로 집단감염이 걷잡을 수 없이 확산하자 이재명은 경기도 내 신천지 관련 모든 시설을 강제 폐쇄하는 긴급행정명령을 발동했다. 또한 과천 신천지 본부를 상대로 강제 역학조사를 실시해 신도 명단을 확보하는 등 적극적인 행보에 나섰다. 지자체가 행정력을 동원해 종교시설을 대상으로 강제 조사에 나선 것은 파격적인 조치였다. '종교의 자유가 도민의 생명보다 우선할 수 없다.'고 판단한 것이다. 이후에도 이재명은 이만희 신천지 총회장의 검체를 채취하겠다면서 직접 가평에 있는 신천지 별장 '평화의 궁전'으로 달려갔다.

2020년 8월 초 수도권을 중심으로 코로나19 집단감염이 가파르게 증가하자 그의 대처는 더욱 거침이 없었다. 특히 전광훈 목사의 사랑제일교회를 중심으로 코로나19 집단감염이 대유행하자 예배, 소모임 등 교회 행사 참석자와 광화문 집회 참석자에게 행정명령을 내려 코로나19 진단검사를 받도록 했다. 만약 검사명령 해당자임에도 검사 거부, 연락 두절 등의 사유로 검사를 받지 않으면 끝까지 추적해 민·형사상 책임은 물론 구상권을 청구하겠다고 공개적으로 경고했다. 하지만 검사명령 해당자를 확정하기 위해서는 사랑제일교회 교인 및 집회 참석자 명단 확보가 급선무였다. 사랑제일교회가 경기도의 명단 제출 요구에 응하지 않자 이재명은 즉각 '강제 역학조사 방침'을 밝히고, 210명의 대규모 조사단을 긴급히 구성해 경기도청 등에 대기시켰다. 당시 이재명은 SNS를 통해 강제조사의 필요성과 정당성을 거듭 피력했다. 그는 "역학조사를 거부하거나 회피 방해하는 것은 감염병법 위반인 동시에 다중이 물리력으로 저항 또는 방해한다면 이는 특수공무집행방해죄에도 해당하며, 현행범으로서 검사나 경찰이 아니더라도 현장에 있는 누구나 체포하여 경찰에 인계할 수 있다."라고 압박했다.

이재명은 코로나19 감염병 방역과 함께 경제 방역에서도 선제적인 조처를 했다. 코로나19 경제 위기 극복을 위해 소득과 나이에 상관없이 경기도민 모두에게 1인당 10만 원의 재난기본소득을 지역화폐로 지급한 것이다. 전국 17개 광역자치단체 가운데 경기도가 처음이었다. 야당은 '일회성', '선거용'이라고 비난했지만, 재난기본소득은 정부의 전 국민 대상 긴급재난지원금 지급 결정의 물꼬를 텄다. 이재명은 긴박하고 위험한 상황에 신속하게 대처하려고 일부러 행정명령, 긴급명령 등 '명령'이라는 단어를 많이 사용했다. 행정기관은 보통 '조치'라는 단어를 많이 쓰지만, 굳이 '명령'이라는 단어를 쓴 것은 나름의 의도가 있었다. 그는 2020년 5월 28일 〈오마이뉴스〉와의 인터뷰에서 "'왜 건방지게 도지사가 나한테 명령하느냐?' 이런 사람도 있더라. 그런데 원래 정부를 운영하려면 말로 해서 안 될 때 강제로 관철하기 위한 수단이 필요하다."라며 "그게 권한이다. 워낙 긴급한 상황이었고, 꼭 필요했기 때문에 강력하게 반드시 관철해야 했다."라고 설명했다. 사실 이재명은 법에 정해진 본인의 책무와 권한을 적절하게 이행한 것뿐이다. 코로나19 방역을 위해 발동한 행정명령이나 강제조사 등은 '감염병의 예방 및 관리에 관한 법률'에 지자체장의 책무와 권한으로 정확하게 명시돼 있다.

그런데도 일각에서는 보여주기식 행정이 아니냐는 비판이 제기됐다. 이에 대해 이재명은 "행정은 선행이 아니다."라고 반박한다. 행정은 공무 수행이기 때문에 보여주기가 불가피하다는 것이다. 이만희 총회장이 있는 가평 별장까지 쫓아가서 코로나19 감염 검사를 받게 한 게 대표적인 사례다. 그는 "이만희 총회장이 (감염 검사를) 받아야 신도들이 따라 할 것 아닌가?"라고 반문하며 "행정기관이 부탁하거나 협조 요청을 하는 게 아니라, 명령하면 따라야 하고, 따르지 않으면 처벌받고, 체포를 당해서 강제로 검사할 수도 있다는 것을 일부러 보여준 것이다."라고 했다.

코로나19 집단감염이 발생한 쿠팡 물류센터에 코로나19 집단감염이 발생했을 때도 쿠팡 측이 배송직원의 명단을 넘기지 않아 방역 당국이 애를 먹었다. 하지만 쿠팡 측은 이재명의 강제조사 방침이 전해지자 곧바로 명단을 제출하겠다고 태도를 바꿨다.

실패의 저주를 뚫고 성공한 공공배달앱 '배달특급'

경기도 공공배달앱 '배달특급'은 소비자와 소상공인을 위한 상생플랫폼이다. 국내 배달앱 1위인 '배달의민족'의 독과점 체제에 맞서 배달앱 시장을 공정 경쟁으로 유도하고, 과도한 수수료와 광고비로 어려움을 겪는 소상공인을 돕기 위한 목적으로 만들었다. '배달특급'도 이재명이 주창하는 '공정'의 가치에 기반을 둔다. 이재명은 2020년 초 '배달의민족'이 일방적으로 수수료 체계를 바꾸는 등 플랫폼 시장 독과점에 따른 폐해가 발생하자, 이를 방지하기 위해 공공배달앱 개발을 추진했다. 소비자와 소상공인, 플랫폼 노동자를 위한 새로운 대안 배달앱을 만들기 위해서였다. 그러나 "공공이 만든 배달앱으로는 민간 배달앱을 이길 수 없다.", "시장에 공공이 개입하는 것은 부적절하다." 등의 우려와 비난이 쏟아졌다. 이에 이재명은 "실패의 저주를 뚫고 성공할 것이다."라고 응수했다.

그는 2020년 4월 14일 SNS에 올린 글에서 자신의 정책 중에 실패한 정책이 있으면 예를 들어보라고 반박했다. 3대 무상복지, 닥터헬기, 지역화폐, 성남시의료원, 분양원가 공개, 개발이익 도민환원제, 수술실 CCTV, 모란 개고기 시장 정비, 서울외곽순환도로의 수도권순환도로 명칭개정 등 본인이 성남시장 시절부터 추진한 사업이나 정책들이 대부분 성공했다는 것이다. 그는 "소비자인 도민에게는 편리함과 혜택을, 소상공인들에게는 수수료와 광고비 절감을, 배달노동자에게는 처우개선과 안전망 확보를, 국가엔 디지털 SOC 확충을 해주는 공공앱은 국민의 지지와 경기도 지역화폐 유통망 위에서 성공할 수 있는 조건을 충분히 갖추었다."라고 설명했다. 그러면서 "안 올지도 모르는 트랙터를 기다리기보다 송아지에 쟁기라도 매 밭갈이를 시작하겠다."라며 "코로나19로 성큼 앞당겨질 4차 산업혁명과 디지털 경제의 시대다. 실패의 저주를 뚫고 지역화폐에 기반을 둔 공공앱을 성공시켜, 디지털 SOC 확충이라는 또 하나의 모범을 만들어 보이겠다."라고 자신했다.

이재명의 이러한 추진력을 두고 유시민 이사장은 '정부를 운영하는 사람한테 굉장히 필요한 자질이자 특성'이라고 평가했다. 유 이사장은 "(이재명에 대해) 인품이 훌륭하다든가 덕이나 품격 등에 대해 말하는 사람은 없다. 지지자들도 '이재명이 일 잘해.', '뭔가 바꾸려면 저렇게 해야 해.'라고 말한다."라고 설명했다. 또 "(이재명에게는) 고리타분하게 이론을 내서 '국가가 개입해도 되느냐?', '시장에 맡겨야지.' 이런 얘기 안 통한다. (이재명은) 법적으로 권한을 판단해보고 누가 행정소송을 제기하더라도 다툴 만하다 싶으면 밀어붙인다."라고 덧붙였다.

'배달특급'은 2020년 12월 1일 경기 화성, 오산, 파주에서 시범 서비스를 시작해 2021년 6월 현재 용인, 이천, 양평, 수원, 김포 등 16개 시·군에서 서비스 중이다. 올해 28개 지자체로 권역을 넓혀나갈 예정이다. 2021년 6월 16일 기준 누적 거래액 약 270억 원을 기록했으며 31만 명의 회원을 확보했다. 2021년 5월 8일에는 일 거래액 3억 원을 돌파하면서 이른바 '반짝인기'가 아닌 단골 고객 확보로까지 이어지고 있다. 서비스 전부터 중개 수수료를 1%로 책정해 소상공인들의 뜨거운 관심을 받았다. 낮은 중개 수수료 외에도 경기도 지역화폐를 연계한 다양한 소비자 이벤트로 입소문을 타면서 소상공인과 더불어 잘살자는 '착한 소비' 열풍도 불었다. 출시 당일 하루 만에 약 4만 명이 신규 가입하며 구글플레이와 앱스토어에서 무료 앱 인기차트 3위를 기록하기도 했다. 앱스토어의 음식 및 음료 카테고리에서는 1위를 차지했다. 지역화폐와의 연계는 지역 경제를 활성화하는 일거양득의 효과를 거뒀다.

공정한 조달시스템, 자체 개발에 나서다

공공배달앱 개발에 이어 이재명의 두 번째 독과점 폐해 개선 조치는 공정조달시스템 구축이다. 경기도는 민선 7기 후반기 제

1호 공정 정책 실현을 위해 가칭 '공정조달기구'를 설치하고, 조달청의 나라장터를 대체할 공정한 조달시스템을 자체 개발하고 있다. 경제협력개발기구(OECD) 국가 중에 중앙조달을 강제하는 나라는 한국과 슬로바키아 정도다. 조달청이 운영하는 국가조달시스템인 나라장터가 공공물품조달시장을 독점하면서 비싼 조달 가격, 조달수수료의 불공정한 분배 등이 문제가 됐다. 우선 나라장터 물품과 시중 물품의 상호 가격비교가 곤란하고, 일부 품목은 나라장터 물품이 시중 물품보다 비싸다. 하지만 경기도는 '울며 겨자 먹기' 식으로 나라장터에서 시장 단가보다 비싼 가격에 공공조달물품을 구매할 수밖에 없다. 현행 제도(조달사업에 관한 법률 제5조2)가 나라장터에 등록된 물품을 우선 구매하도록 규정하고 있기 때문이다. 두 번째, 조달수수료의 불공정 분배 문제다. 해마다 지방정부 전체에서 약 888억 원('17년 기준)에 달하는 조달수수료를 조달청에 내고 있다. 하지만 조달청은 이 수수료를 자체운영비로 쓰거나 일반회계로 전출해 사용하고, 지방정부를 지원하는 사업은 전혀 하고 있지 않다. 결국 지방정부의 희생으로 조달청이 굴러가는 구조다.

이런 문제를 해결하기 위해 경기도는 2020년 3월부터 자치행정국에 공정조달 태스크포스(T/F)팀을 신설해 자체 조달시스템 개발·운영 계획을 추진 중이다. 경기도가 운영하는 조달시스템의 원칙은 지방분권, 지방재정 독립, 조달시장 개방 경쟁체제

구축이다. 지방정부나 지방출자출연기관, 지방공기업의 선택지를 늘려 건전한 공정조달환경을 만들겠다는 것이다. 이에 대해 공공재정 혁신 연구기관인 나라살림연구소는 "공정조달시스템 구축과 운영을 위한 지방자치단체의 시도는 무엇보다 지방재정 운용의 기본 원칙을 지키고 시장경제 원리의 순기능을 행정에서 수용하는 일."이라며 "이를 위해 첫걸음을 뗀 경기도는 전국 지방자치단체 조달 행정의 효율적 운영을 위한 좋은 선례를 남기기를 기대한다."라고 환영했다.

연 이자율 401%... 불법 대부업과의 전쟁

코로나19로 인한 경제 위기를 틈타 부당 이득을 챙기는 불법 대부업의 폐해로 서민들이 고통을 받고 있다. 한국대부금융협회가 2020년 불법사채 사례 5,160건을 분석한 결과 평균 연 이자율이 401%에 달하는 것으로 나타났다. 서민경제가 붕괴하면서 가뜩이나 어려운 시기에 불법사채가 부과한 이자율은 거의 약탈적인 수준이다. 또한 불법사채 피해자의 평균 대출금액은 992만 원이고, 담보 없이 신용으로 빌리는 급전대출 사례가 4,830건으로 가장 많았다. 영세 자영업자, 주부, 학생 등 담보가 없는 사람들이 대부분 은행권은 물론이고 제2금융권, 합법 대부업 돈조차 빌릴 수 없는 실정이어서 어쩔 수 없이 불법사채를 이용하게 된 것이다.

이재명은 평소 서민경제를 파탄 내는 살인적 불법사채에 대한 강력한 근절대책이 필요하다는 견해를 피력해 왔다. 2021년 5월 27일 SNS를 통해서도 "막다른 곳에 내몰린 이들의 처지를 악용한 불법 폭리행태는 누가 봐도 악질적이지만 현행법상 반환 조치는 법정 이자율 초과 지급에 한해서만 이루어지고 법정 이자율 이내 수익은 환수할 수가 없다."라고 지적했다. "법을 위반하고도 돈은 잃지 않으니 대부업체들이 경각심을 가질 수 없다."라는 것이다. 이재명은 또 법정이율 초과 기준을 상식적으로 전환해야 한다고 주장했다. 불법사채는 미등록 대부업이기 때문에 법정이율 초과 기준을 대부업법상 이율 24%가 아니라 민법상 5% 또는 상법상 6%를 적용해 그 이상 초과 시 반환조치 해야 한다는 것이다. 이재명은 불법 대부업에 대한 처벌 강화도 제안했다. 앞서 경기도는 대부업법의 처벌 강도를 상향 조정할 것을 법무부와 금융위원회에 요청한 바 있다. 미등록 대부업의 경우 5년 이하 징역·5천만 원 이하 벌금을 10년 이하 징역·3억 원 이하 벌금으로 올리고, 법정 이자율을 초과한 경우 3년 이하 징역·3천만 원 이하 벌금을 5년 이하 징역·1억 원 이하 벌금으로 상향해 법률의 권위를 높이도록 촉구한 것이다.

이재명은 취임 후 '불법 대부업과의 전쟁'을 선포하고, 불법 대부업 수사 전담 조직인 공정특별사법경찰단을 출범시켜 지속적인 단속을 벌여왔다. 경기도 공정특별사법경찰단은 2018년 10월부터 2020년 8월까지 불법 대부조직의 위법행위 총 79건을 적발해 59건을 검찰에 송치하고, 20건을 수사 중이다. 이 과정에서 연이자율 31,000%에 달하는 피해를 준 대부 조직 9명을 검거하는 성과를 올리기도 했다. 경기도는 2021년에도 서민금융피해 예방을 위해 4월 13일부터 6월 23일까지 금융감독원, 시군, 경찰 등 관계기관과 함께 '2021년 상반기 대부(중개)업체 합동점검'을 실시했다. 이와 함께 경기도는 불법 대부 피해 예방을 위해 대부 알선이나 청소년 유해 불법 광고물에 적혀있는 전화번호의 통화를 막는 '불법광고전화 차단시스템'을 운영 중이다.

2019년부터 2년 동안 3,109건에 달하는 불법광고전화를 차단했다. 전통시장·상점가 등을 직접 찾아가는 불법 사금융 피해상담소 운영 등 불법 대부업 피해 예방 활동도 벌이고 있다. 불법 사금융으로 손해를 입은 저신용자에게는 연 1% 이자율로 300만 원까지 대출해 주는 '불법 사금융 피해자 대출'도 시행 중이다. 이재명은 2020년 8월 더불어민주당 대표단과 소속 국회의원 176명 전원에게 편지를 보내서 등록 대부업체의 고금리를 10%까지 낮춰달라고 건의했다. 대부업 법정이율이 2021년 7월부터 20%로 내려가지만, 저신용 금융 약자에게는 여전히 고통스러운 비율이기 때문이다.

이재명은 국가의 보증으로 국민에게 1천만 원 저리 장기대출을 해주는 기본금융(기본대출) 도입을 추진하고 있다. 기본금융은 우량 대기업이나 고액 자산가, 고소득자들이 1~2% 가량의 저리 장기대출 기회를 누리고 있지만, 일반 국민은 그렇지 못하다는 문제의식에서 출발했다. 국민 모두에게 같은 금리로 돈을 빌려주되, 대출금은 무한대가 아니라 대부업체 대출금 수준인 1,000만 원 내외로 한정하면 부작용이 없을 것이라는 게 이재명의 주장이다. 경기도가 여론조사기관인 ㈜케이스탯리서치에 의뢰해 도민 1,000명을 대상으로 2020년 9월에 시행한 여론조사에서 기본금융 찬성 측 여론이 반대 측보다 2배 가량 높았다. 기본금융에 대해 '저금리 혜택은 소득수준과 상관없이 다 같이 누려야 하므로 찬성한다.'는 의견은 68%였지만, '국가가 미상환 책임을 보증해주면 도덕적 해이 등이 우려되므로 반대한다.'는 의견은 32%에 불과했다.

이재명이 '기본'을 특히 강조하는 이유

기본금융과 함께 기본소득, 기본주택 등 이른바 '기본 시리즈'는 이재명의 핵심 경제정책이다. 그는 기본 시리즈가 혁신을 통해 청년의 희망과 국가의 미래를 만들기 위한 마중물이자 사회적 투자라고 말한다. "훌륭한 아이디어를 가진 젊은이들이 마음 놓고 연구할 수 있는 투자·지원이 부족한 상태에서 국가가 이들에게 최소한의 기회를 제공해주어야만 한다."라는 것이다. 기본소득은 모든 사회 구성원의 삶의 질 향상을 위해 소득이나 근로 여부와 상관없이 개별적이고 정기적으로 지급하는 현금 소득을 말한다. 특히 이재명은 2017년 민주당 대선후보 경선 출마 당시 주요 공약으로 내걸 만큼 기본소득을 가장 앞장서서 주장하고 있다. 그는 성남시장 재직 시절인 2016년부터 만24세 청년들을 대상으로 분기당 25만 원씩, 1년에 100만 원의 청년배당을 지급했고, 경기도지사 취임 이후에는 청년기본소득으로 이름을 바꿔 경기도 전역으로 확대했다. 기본주택은 무주택자면 누구나 역세권 등 좋은 위치에 30년 이상 평생을 거주할 수 있는 보편적 주거서비스다. 이헌욱 경기주택도시공사(GH) 사장은 "앞으로의 주거서비스는 수돗물 공급과 같이, 복지를 넘어 누구나 누릴 수 있는 보편적 공공서비스로의 인식전환이 필요하다."라고 밝혔다. 경기도는 3기 신도시에서 경기주택도시공사가 배정받는 사업에 대해서는 85%까지 영구 장기임대 기본주택으로 공급할 계획이지만, 제도개선이 필요한 사항이어서 중앙부처와 협의 중이다.

이재명은 2020년 10월 경기도 지역구 국회의원들을 만난 자리에서도 기본소득, 기본주택, 기본금융 등 경기도가 추진하는 주요 경제정책을 소개하고 시의적절하게 추진될 수 있도록 협조를 요청했다. 그는 그 자리에서 '기본소득토지세 도입'을 제시했다. 기본소득 재원확보를 위한 기본소득토지세는 소득 불평등 해소 및 일자리 확충 등 공정경제를 실현하자는 내용을 담고 있다. 이를 위해서는 지방세(기본)법에 기본소득토지세 세목 신설이 필요하고, 장기적으로는 기본소득토지세법 신설과 같은 제도적 장치가 필요하다. 이와 함께 이재명은 "현재 우리 사회의 가장 큰 문제는 부동산 투기다."라면서 최소한 공공택지에 지어지는 주택은 좋은 자리, 좋은 가격, 좋은 품질의 중산층용 초장기 공공임대주택이어야 한다고 강조했다. 그는 또 "신용은 개인의 것이지만 자금은 국가에서 나온다. 그것을 조금만 나눠 모두에게 1,000만 원 정도를 우대금리 수준으로 빌릴 수 있게 한다면 대부업체 돈 빌리지 않고 필요한 소비를 하거나 교육을 받거나 투자할 수 있을 것이다."라며 기본금융의 필요성을 역설했다.

죽을 힘을 다한 경기도정, 그리고 대선 정국

이재명은 공약을 가장 잘 이행하고 있는 자치단체장 중 한 명이다. 한국매니페스토실천본부가 2021년 5월 발표한 민선 7기 전국 시·도지사 공약이행 및 정보공개 평가 결과에서도 최우수 등급인 SA등급을 얻었다. 앞서 그는 2019년 공약실천계획서 평가와 2020년 공약이행 평가에서도 SA등급을 획득한 바 있다. 매니페스토 평가에서 3년 연속 최고등급을 받은 것이다. 무엇보다 경기도는 민선 7기 전체 공약계획 대비 공약 이행 완료도가 81.37%로 15개 광역시·도 중 1위를 기록했다. 전국 평균(61.96%)보다 무려 19.41%포인트 높은 수치다.

민선 7기 출범 2년 차에 조사한 경기도정 평가 여론조사에서 이재명은 도민 79%로부터 '잘했다.'는 평가를 받았다. '잘못했다.'는 부정적 평가는 12%에 그쳤다. 출범 1주년 평가(60%) 때보다 긍정 평가가 19%포인트 올랐다. 역대 경기도지사 선거 결과를 보면 대체로 여야 지지층이 거의 50대 50의 근소한 차이로 나뉜다. 그런데도 도민 10명 중 8명은 이재명이 도정을 잘했다고 평가한 것이다. 진영의 경계를 넘어선 이례적인 결과다.

2년간 추진했던 주요 정책 중에서 가장 높은 평가(긍정 90%)를 받은 것은 코로나19 대응이다. 재난기본소득, 신천지·종교시설 행정명령, 다중이용시설 이용제한 등 코로나19 위기 극복을 위한 이재명의 신속하고 선제적인 조치에 대해 도민들도 박수를 보냈다. 이 밖에 닥터헬기 등 재난 안전 및 치안(81%), 하천·계곡 불법행위 근절 등 공정사회 실현(78%), 취약계층을 위한 긴급복지사업 확대 등 복지정책(77%), 수술실 CCTV 등 보건 및 공공의료(77%), 지역화폐·반도체 클러스터 등 경제 활성화 및 일자리 창출(73%) 분야가 좋은 평가를 얻었다. 긍정적인 응답이 대부분 70%를 넘는다. 이를 두고 이재명은 "취임 당시 도정 만족도가 29%였는데 격세지감을 느낀다."라며 "기득권의 총공세로 감당하기 어려운 오물을 뒤집어썼지만, 포연은 걷히고 실상은 드러날 것으로 믿고 죽을 힘을 다한 2년이었다."라고 소회를 밝혔다.

이재명은 장밋빛 공약만 제시하면서 화려한 수사로 이리저리 빠져나가는 정치인보다는 실제 행동으로 성과를 보여주는 행정가에 가까웠다. 청정계곡 복원이나 공공배달앱 개발 등에서 보여준 것처럼 다른 정치인은 생각으로만 그치는 일을 실제로 구현해 가시적 결과물을 창출해냈다. 또한 일반 국민이 어디가 불편하고 어느 부분이 가려운지를 정확히 포착해 문제를 해결했다. 시내 병원에 들어갈 여유가 없는 대형 화물차 운전자들을 위해 경기도 내 고속도로 휴게소에 의사를 상주시킨 일이나 코로나19로 경제 위기에 직면한 소상공인들을 위해 지역화폐로 재난기본소득을 지급한 일들이 그것이다.

혹자는 '행정가 이재명'은 정치력이 부족하다고 한다. 일 잘하고 실행력은 있지만 거칠고 과격하며 타협할 줄 모르는 '불도저'라는 것이다. 이재명도 청정계곡으로 변한 경기 가평 용소폭포를 방문한 날 "(이재명이) 한다면 한다는 사람인 건 좋은데 엄청난 물리력을 동원해서 (계곡 시설물을) 다 때려 부줬을 거란 의심을 많이 받았다. 지금도 저에 대해 '독재자라 함부로 하지 않을까?' 의심하는 분들이 있다."라고 토로했다. 이재명은 자신의 경기도정을 독재적이며 난폭하다고 비난하는 사람들을 향해 "이래야 세상이 제대로 되지 않을까요?"라고 반문했다. 그는 2020년 10월 9일 SNS에 올린 글에서 "정부수립 후 한 번도 제대로 철거 못한 경기도 계곡 불법점유시설을 단 1년 만에 99% 철거함에 있어 강제철거는 3%가량뿐 97%는 자진철거였다."라며 "8.15 광화문 집회 참석으로 코로나 검사명령을 받은 분 중

명령 마감일인 8월 30일까지 검사율은 경기도가 85%로 다른 시도의 43~52%보다 압도적으로 높아 고발은 극소수에 그쳤다."라고 설명했다. 다른 지역과 달리 경기도에서는 골목을 뒤덮은 불법대부 광고지를 발견하기 어렵고, 인터넷상에서 벌어지는 정부지원금 불법할인(깡)도 경기도 것은 없다고 했다. 그는 "행정과 정치에서는 선을 분명하게 긋고, 허용선 내에서는 피아 구별 없이 철저히 보호하되 위반에는 친소이해를 떠나 엄정하게 책임을 물어야 한다."라고 강조했다. 특히 "경기도정은 모든 일을 마지막 한순간까지 책임지되, 사전에 철저히 준비하고 설득하고 대비해 강제력 사용이나 실패 가능성을 최소화해 왔다."라면서 "민주사회에서 행정은 권위적이어선 안 되지만 합리적이고 정당한 권위는 모두를 위해 필요하다."라고 밝혔다.

행정가와 정치인을 오가는 이재명의 광폭 행보에 대한 종합평가는 사실상 이제 시작이다. 그는 지금 이 순간에도 빠르게 진화하고 있다. 스펀지가 물을 빨아들이듯 각종 행정 경험과 정치적 노하우 등을 체득하며 매 순간 성장 중이다. 이재명 스스로 과거 혈기 충만했던 성남시장 시절과 지금은 다르다고 말한다. 경험 등을 쌓아서 부족한 부분을 메우고 변했다는 의미다. 정치권에서 절대 사라지지 않은 명제 중 하나는 '강한 자가 살아남는 것이 아니라 살아남은 자가 강한 것.'이다. "역사는 기득권자가 아니라 아웃사이더와 민중이 만드는 것이다."라는 그의 말이 향후 대선 정국에서도 유효할지 귀추가 주목된다. 그는 이제 반환점을 돌았다. 결승점에 도달했을 때, 그는 또 어떤 모습으로, 어디를 향하고 있을까?

이재명이 쏘아 올린 작은 공, 기본소득
– 대한민국의 빅어젠다, 기본소득 논쟁과 과제
• 김세준(기본소득국민운동본부 상임대표, 「이게 나라다 2022」 저자)

오세훈표 안심소득은 과연 안심할 만한가?
– 기본소득, 부의 소득세, 안심소득 비교
• 은민수(고려대 공공정책대학 초빙교수)

경기도 공공배달앱 '배달특급'의 놀라운 성공, 세금 낭비일까?
– 이재명의 디지털 SOC 사업과 기술혁신의 공공성
• 양진홍(인제대 헬스케어IT학과 교수)

주거안정이 청년들의 푸르른 꿈을 응원한다
– 기본주택론과 청년층의 주거안정 대책
• 장대섭(한국감정평가사사무소 대표)

일자리 정책, 국가재정으로 발 벗고 나설 때다
– 4차 산업혁명시대의 기본일자리 정책 제언
• 전용복(경성대 국제무역통상학과 교수)

2부

4차 산업혁명시대의 양 날개, 성장과 공정

이재명이 쏘아 올린 작은 공, 기본소득

– 대한민국 빅어젠다, 기본소득 논쟁과 과제

• 김세준*

대한민국은 현재 기본소득에 대한 논쟁이 한창이다. 2021년 초부터 불붙기 시작한 기본소득에 관한 담론은 찬반 의견에서부터 실시 방법, 실시 시기, 재원 마련 등으로 그 논의가 다양하게 확산되는 양상이다. 또한 정치적인 목적이 강하게 느껴지는 유사 또는 가짜 기본소득론까지 이름을 바꾸어 언론에 등장하는 경우도 적잖이 볼 수 있다. 이에 따라 여야를 막론하고 유력 정치인들이 저마다 기본소득에 대한 견해를 밝히고 있는데, 기본소득 담론 대열에 승차하려는 의도로 비쳐진다. 바야흐로 기본소득이 2021년 대한민국 정치 이슈의 중심이 되고 있는 중이다.

---

* 기본소득국민운동본부 상임대표. 국민대 경력개발지원단 겸임교수로 재직 중이다. 고려대 정치외교학과를 졸업하고 『이게 나라다 2022』 등 35여 권의 책을 썼다.

우리나라에서 기본소득 논쟁에 불을 붙인 장본인은 바로 이재명 경기도지사(이하 '이재명')다. 이재명은 기본소득을 '4차 산업혁명시대를 대비하는 가장 강력한 경제정책'이라고 주장한다. 또 모든 국민이 인간으로서 마땅히 누려야 할 '경제적 기본권'이라는 차원에서 기본소득론을 주창했다. 즉 복지적인 측면에서 바라보기보다는 경제적 기본권과 경제 정책의 측면에서 바라보는 것이다.

기본소득, 대한민국 일상에 스며들다

4차 산업혁명에 대해 잘 모른다고 해도 우리 사회가 점점 무인화 시대로 변해가고 있다는 것은 누구나 알고 있다. 대한민국은 산업시설뿐 아니라 농업, 제조, 서비스 등 사회 전 분야에서 무인화·자동화가 빠르게 진행되고 있다. 사실 그동안 무인화·자동화는 발전을 의미했고 편리한 것이었으며 좋은 것으로 여겨졌다. 편리함을 추구하는 우리 사회는 이 변화를 향해 가속 페달을 밟아 왔다. 그 결과 노동소외, 양극화 등 심각한 사회문제를 배태했지만 그 어두운 서사는 철저히 소외되거나 미루어졌다. 앞으로 달려나가기에 너무 바빴기 때문이다.

우리는 지금 자본주의 시장경제 사회에 살고 있다. 시장경제는 기본적으로 수요와 공급의 선순환으로 유지된다. 무인화·자동화는 생산력을 획기적으로 증대시킬 수 있다. 인공지능과 로봇은 인간처럼 많은 휴식을 필요로 하지 않는다. 주말도 없고 연차 휴가도 필요 없다. 그래서 무한으로 생산력을 높여 풍부한 공급을 만들어내는 것이 가능했다. 그런데 문제는 높아진 공급만큼 수요가 따라가지 못하는 것이다. 로봇과 인공지능은 별다른 소비 행위가 필요 없지만 그들에게 일자리를 넘겨준 인간은 소비할 돈이 없게 된 것이다. 결국 수요와 공급의 선순환이 끊어지게 된다. 이대로 가면 결국 언젠가는 시장경제의 붕괴를 막을 수 없게 될 것이다. 이 같은 시장경제의 붕괴를 막고 시장의 선순환을 유지하기 위해서는 소비를 유인할 정책이 필요하다. 일론 머스크(Elon Musk), 마크 저커버그(Mark Zuckerberg) 등 자본주의 최첨단 실리콘밸리의 유명 CEO들이 기본소득에 찬성하고 그 실시를 주장하는 이유가 여기에 있다. 이재명의 기본소득 도입 주장의 배경 역시 이들과 같은 맥락이라 할 수 있다.

기술 발전에 따른 문제 해결을 위해 여러 주장과 실험이 있었지만, 우리나라 대부분의 사람들은 먼 나라 일이거나 먼 훗날에서나 다룰 이야기쯤으로 생각했다. 당장의 문제도 아니고 잘 사는 선진국에서나 가능한 일이라 생각했던 것이다. 하지만 상황이 바뀌었다. 대한민국은 인터넷 초강대국의 여세를 몰아 4차 산업혁명시대에 진입하고 있다. 그것도 세계 선두권을 달리고 있는 중이다. 국제로봇연맹이 발표한 〈2020 세계 로봇〉 보고서에 따르면, 근로자 1만 명 당 로봇 대수를 나타내는 산업용 로봇 밀도 측면에서 대한민국이 세계 최고 수준을 보였다. 2019년 말을 기준으로 대한민국은 1만 명 당 855대로 세계 2위를 차지했다. 그런데 1위인 싱가포르가 인구 약 530만 명의 도시국가인 점과 3위인 일본(1만 명 당 364대)보다 2.3배 정도 많은 것을 감안한다면 실질적인 세계 1위국으로 봐도 무방하다. 세계 평균과 비교하면 약 7.6배이다.

〈산업용 로봇 밀집도, 2019〉

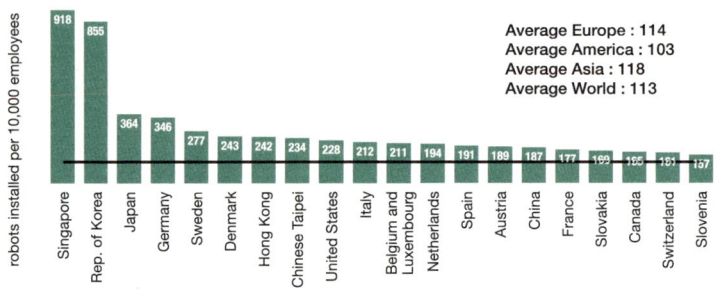

출처 : 세계로봇연맹(IFR), WorldRobotics 2020.

이와 관련, 우리 정부도 발 빠르게 대응하는 모습을 보이며 2019년 12월 인공지능 국가전략을 선포했다. IT 강국을 넘어 AI 강국의 미래상을 제시하며 4차 산업혁명시대를 대한민국이 선도하겠다는 국가 비전을 제시한 것이다. AI 기반 스마트 공장을 2030년까지 2,000개 보급, 신약 개발 AI 플랫폼 구축, 개방형 스마트시티 데이터 허브 구축, 자율주행 대중교통 기술 개발, 에너지 빅데이터 플랫폼 구축 등 인공지능을 산업 전반으로 확대하려는 계획도 제시됐다. 안 그래도 다른 나라들과 비교도 안 될 정도로 AI와 로봇에 의한 무인화·자동화가 급속히 진행되고 있는데, 국가적으로 그 고삐를 더 바짝 죄고 있다는 의미다.

우리나라 기업들도 적극적인 행보를 보인다. 현대백화점그룹 계열 패션 전문기업 한섬의 영캐주얼 브랜드 SJYP가 2018년부터 AI가 디자인한 의류를 선보이고 있다. SK C&C는 인공지능을 활용해 콜센터 상담과 법률 상담 등을 하고 있다. 또 신세계 I&C에서는 2020년 9월 별도의 상품 바코드 스캔, 결제 등의 과정 없이 소비자가 문을 열고 상품을 꺼내면 자동으로 결제되는 '스마트 선반'을 출시하였다. 우리가 느끼지 못하는 사이 이미 우리 일상 곳곳에 인간 노동자들이 AI로 대체되고 있다. 급기야 현대차그룹은 2020년 12월, 세계 최고 기술력의 로봇기업 보스턴 다이내믹스를 인수하였다. 자동차 생산라인에서 로봇 활용을 더 확대하겠다는 의도가 확연히 보인다. 이처럼 대한민국은 세계에서 가장 빠른 속도로 4차 산업혁명시대를 향해 질주하고 있다. 인공지능과 로봇이 인간의 일자리를 차지하는 사회를 향해 고속열차처럼 달리고 있는 것이다.

시대의 변화를 읽고 과감히 정책으로 옮기다

대부분의 사람들이 우리와 관련이 없는 이야기 정도로 생각하고 있을 때 이재명은 남다른 면모를 드러냈다. 또 과단한 행보를 보이며 기본소득을 거대담론으로 이끌었다. 그의 시대적 변화에 대한 놀라운 통찰력과 감수성을 엿볼 수 있는 대목이다. 그는 미래의 세계사적 변화가 일반 국민에게 커다란 불행으로 닥칠 수 있다고 판단하고 이에 대한 정책적인 구상을 오랫동안 준비했던 것이다. 이재명은 2016년 『기본소득이란 무엇인가』라는 책을 번역하여 기본소득의 중요성을 본격적으로 알리기 시작했다. 당시 성남시장이었던 그는 기초단체장의 권한을 적극 활용하여 성남시에서 실현 가능한 기본소득의 현실 정책을 하나씩 펼쳐나갔다. 2016년 성남시장 시절에 시행한, 3년 이상 성남시에 거주한 만 24세 청년들에게 연간 100만 원을 지역화폐로 지급하는 내용의 청년배당정책은 우리나라 기본소득 정책의 효시라 할 수 있다. 이후 청년배당정책은 경기도에서 청년기본소득(만24세 청년 대상, 분기별 25만 원씩 100만 원)으로 이어졌다.

그는 기본소득의 본격적 시행에 많은 어려움이 있을 거라 예측했는데, 특히 재원 확보 문제를 가장 큰 난관으로 파악했다. 이에 점진적 실시 방안을 구상했다. 그의 기본소득 구상은 모든 국민에게 단기적으로는 연 50만 원(25만 원씩 연 2회 지급)부터 시작해 중기적으로는 100만 원(25만 원씩 연 4회 지급), 장기적으로는 매월 50만 원씩 연 600만 원을 주는 것이다. 그중 1단계는 큰 증세 없이 바로 실현 가능하다는 게 이재명의 주장이다. 연 50만 원 지급에 필요한 재원은 약 26조 원이다. 이 금액은 2021년 국가 예산 558조 원의

⟨이재명 경기지사의 기본소득 구상⟩

	단기	중기	장기
지급액 및 횟수	1인당 25만 원 x 2회 (연간 50만 원)	1인당 25만 원 x 4회 (연간 100만 원)	1인당 매월 50만 원 (연간 600만 원)
소요 예산	26조 원	51조 원	-
재원 조달	일반예산 조정	일반예산 조정 + 조세감면분 절반 축소	기본소득 목적세 신설 (탄소세, 데이터세 등)
시기	가능한 빨리	수년 내	10년 이상, 단계적 시행

자료: 이재명 페이스북.

5%가 채 안 되는 수치이고 2021년 1분기에만 예상보다 더 걷힌 국세수입이 19조임을 고려할 때, 증세 없이도 충분히 마련할 수 있는 수준의 액수라는 것이다.

이재명의 기본소득론에 대한 초기 반응은 신통치 않았다. 그가 성남에서 직접 정책으로 실현했을 때에도 많은 사람들은 그의 생각에 크게 동의하지 않았다. 특정 지역에서 벌어지는 '정치 쇼'로 여기는 분위기도 감지됐다. 그런데 코로나19가 모든 것을 바꿔 놓았다. 코로나19 팬데믹으로 인해 국가 경제가 최악의 상황을 맞이했다. 자영업자들의 피해는 말할 것도 없고 기업의 채용이 대폭 줄면서 청년의 취업길이 막혔고 많은 직장인이 일터를 떠나게 되었다. 한국노동사회연구소는 코로나19가 본격화된

2020년 2월부터 9월까지 74만 개의 일자리가 사라졌고, 무직자가 87만 명 늘어났다고 발표했다.

코로나19 팬데믹은 불가항력의 재난이었는데, 위기 상황에 대한 이재명의 기민한 대응과 과단한 결정은 국민들의 기본소득에 대한 적극적 관심과 지지를 이끌어냈다. 그는 가장 먼저 개인당 10만 원의 재난기본소득(긴급재난지원금) 지급을 제안했다. 찬반 논쟁이 가열되어 국가 차원의 지급이 지연되고 있을 때, 경기도가 지자체 차원에서 발 빠르게 집행했던 것이다. 이재명의 판단력과 실행력은 위력을 발휘했다. 현금이 아닌 한시적인 상품권으로 지급했기 때문에, 소비가 증가하고 시장이 활성화되는 효과가 가시화되었다. 이후 다른 지자체의 보편 지급이 이어졌고, 이에 힘입어 국가 차원의 1차 재난지원금도 전 국민에게 지급되었다.

이재명 방식의 1차 긴급재난지원금의 결과에 대해 성공적으로 평가하는 분위기다. KDI 등 일부 연구소와 언론에서 부정적인 견해를 밝히긴 했지만, 침체했던 시장이 활기차게 바뀌는 등 전 국민이 보편적 재난지원금의 성과를 체감하면서 연구소의 통계 수치를 무색하게 만들었다. 대부분의 국내 언론이 그 성과에 침묵할 때, 해외 언론은 우리나라가 1차 재난기본소득을 소멸성 지역화폐로 지급한 것에 대해 창의적인 방안이라 극찬했다. 정부의 재난지원금이 소비가 아니라 축적의 수단으로 전락해 버린 다른 나라와 달리 소멸성 지역화폐를 통해 소비활동을 진작시킴으로써 경제 활력을 가져다 주었다고 평가했다. 경기도의 분석에 따르면, 1차 재난지원금 효과는 소상공인, 그중에서도 연 매출 3억 원 미만 상점에 재난지원금에 의한 매출 증대 효과가 집중되었다. 좀 더 구체적으로 살펴보자. 경기도에서 긴급재난지원금 지급으로 발생한 소비 증가는 2조 원이었다. 이 중 절반(48%) 가량인 9,678억 원의 소비가 연 매출 3억 원 미만의 사업체에 집중됐다. 골목 상권에서 전체의 70%(1조 4천억 원)가 사용됐고, 전통시장에서 8%(1,639억 원)의 소비 진작 효과가 있었다. 전통시장과 골목 상권에서의 소비 증대 효과가 80%에 육박한 것이다. 국회 예산정책처도 1차 긴급재난지원금 가운데 카드 사용분 9조 5,591억 원의 생산유발효과는 최대 17조 3,405억 원이라고 분석했다. 재난지원금이 소비활동을 되살리고 경기 전반을 촉진시켜 지급 액수의 1.81배의 생산유발 효과가 나타난 셈이다. 국회 입법조사처 역시 긍정적이었다. 소상공인의 카드 매출 현황을 살펴보면 전년 동기 대비 대부분 기간에서 매출액이 감소한 것을 확인할 수 있었지만, 제1차 재난지원금 지급이 본격적으로 시작됐던 2020년 21~22주(5월 18일~5월 31일)의 2주 동안은 2019년도보다 매출액이 상승했다고 밝혔다.

코로나 사태가 기본소득이 나아갈 방향을 제시

정부의 1차 재난지원금 지급 이후 이재명이 주장하는 재난기본소득 방식의 보편 지급 방안에 많은 국민들이 가세했다. 이들은 2차 재난지원금도 1차와 같이 지급할 것을 요구했지만, 2차 재난지원금은 선별적으로 지급되었다. 이후 3차, 4차 재난지원금도 기재부의 강력한 주장에 따라 선별로 지급되었다. 소비 촉진으로 조금이나마 자영업자들의 숨통을 틔웠던 1차 재난지원금의 효과와 달리 이후의 재난지원금은 선별 지급으로 인해 소비 촉진 효과를 내지 못하게 되었다. 이로 인해 영세 자영업자들을 더 힘들게 했다는 비판의 목소리도 제기되었다. 이와 관련, 이재명은 "지역화폐로 보편 지급한 1차 재난지원금 13조 원으로 국민은 2달 이상 명절 대목을 체감했고 통계상 지난해 이상의 소비가 이뤄졌지만, 1차 지원금의 60%에 이르는 8조 원을 선별 현금 지급한 2차 재난지원금은 통계상이나 체감상으로 소비 확대를 통한 경기 활성화 효과는 발견하기 어렵다. 현금 지급이 소비 확대에 크게 도움이 안 되는 것은 이미 외국 사례에서도 입증됐다."라고 지적했다.

결국 이재명의 의견대로 빈자뿐만 아니라 부자에게도 지급하는 보편적인 지급 방식이 경제 활성화 측면에서 효과적이라는 것을 국민이 체험했다고 볼 수 있다. 역설적으로 코로나 사태가 기본소득이 나아갈 방향을 보다 선명하게 밝힌 셈이다. 많은 전문가들은 이런 경험들이 국가적 차원의 기본소득 논의를 국민운동 차원으로 한 단계 상승시키는 계기가 되었다고 평가한다. 더 나아가 지급 방식, 액수, 재원 조달 방식 등에 대한 다양한 논의를 합리적으로 마감하고 향후 국민적 합의를 끌어내는 데 걸리는 시간을 상당히 단축해 줄 거라는 전망을 내놓고 있다.

보편 대 선별, 누구를 바라보는가?

기본소득은 산업 패러다임이 변화하는 시대에 국민의 삶과 국가의 미래가 걸린 중요한 정책으로 자리 잡았다. 그만큼 치밀하고 완벽해야 하며 건전한 비판과 논쟁을 통해 정책적 완결성을 높여 나가야 한다. 그런 점에서 기본소득에 대한 각양각색의 의견이 나오는 것은 매우 바람직한 현상이다. 하지만 정책적 실현에 대한 진지한 접근이 아니라 특정 인물을 공격하거나 정책적 물타기를 위한 정쟁 수단으로 취급하는 행위는 근절되어야 할 것이다.

잘 믿기지 않겠지만 야당인 국민의힘 정강정책 1조 1호에 기본소득이 명시되어 있다. 국민의힘으로 당명을 바꾸며 '국민이 기본소득을 통해 안정적인 삶을 영위할 수 있도록 한다.'는 내용을 정강정책 맨 앞에 올린 것이다. 그럼에도 국민의힘은 이재명의 기본소득을 '사기성 포퓰리즘'(유승민), '청년, 서민 좌절을 먹고 사는 기생충'(원희룡) 등의 표현으로 강하게 비난하고 있다. 물론 이들은 자신들의 기본소득이 이재명의 기본소득과 다르다고 주장한다. 그러면서 안심소득(오세훈), 공정소득(유승민), 윤희숙 안 등의 유사 방안을 제시하고 있는 중이다.

야당 측에서 가장 먼저 나온 오세훈의 안심소득론은 급조된 느낌의 방안으로 국민의 힘 내부에서도 비판적인 편이다. 기본적으로 너무 많은 돈이 든다는 것이다. 그동안 "기본소득을 무슨 돈으로?" 하면서 공격했는데 자신들이 생각해도 재원 마련에 대한 대책이 없었던 것이다. 유승민의 공정소득 또한 현재의 대상 선정 복지프로그램과 차이가 명확하지 않다는 비판을 받고 있다. 깊은 사고에 의한 정책이라기보다는 "기본소득은 경제정책이다."라는 이재명의 주장에 대해 자칭 경제학자로서 한마디 해야 한다는 성급함에서 나온 정책이라는 비판이 있다. 이후 국민의힘 경제혁신위원장인 윤희숙 의원이 전면에 나서 또 다른 기본소득 방안을 제시한 바 있다. 상대빈곤 기준선인 중위소득 50%를 제시하고 그 이하 계층에 기본소득을 보장해 '빈곤 제로'를 만들겠다는 것이 골자다. 이럴 경우 소득지원 대상은 약 610만 명, 328만 5,000가구에 달하고 예산은 약 21조 원일 것으로 추산했다.

국민의힘에서 제시하는 방안은 대체적으로 소득 수준에 관계없이 같은 금액을 지급하는 이재명의 기본소득과 달리 소득에 따라 차등 지급하자는 게 골자다. 각각 세부적 차이는 있지만 일정 기준선을 정하고 그 아래 쪽을 지원하는 기본 개념은 동일하다. 결국은 선별이다. 민주당의 일부 인사들도 "선별이 더 두터운 지원이다."라는 지론에 호응하고 있다. 1차 재난지원금 이후 전 국민 재난지원금이 지급되지 못하는 현실 상황을 잘 드러내는 대목이다. 즉 현재로서는 이재명에 호응하는 소수를 빼고 다수 정치 세력이 선별에 무게를 두는 있는 편이라 할 수 있다. 선별지급을 하든 보편지급을 하든 재원 마련은 공통의 문제다. 양측 모두 공격하는 포인트다. 선별지급은 기본적으로 낙인효과의 문제, 기준선 선정의 문제가 따른다. 스펙트럼과 같은 소득계층을 무 자르듯 나눌 경우, 선별 대상에서 제외된 기준선 바로 위 사람들의 허탈감은 어떻게 할 것인가? 또 가난을 증명해야 지원을 받는다는 비난도 극복해야 할 과제다. 어느 선에서는 일을 할수록 지원 대상 기준에서 멀어지기에 근로의욕을 저하시키는 요인이 된다는 비판도 넘어서야 한다. 그리고 무엇보다 선별을 위한 행정비용을 줄여 보편 지급하는 것이 더 효율적이라는 지적을 피하기 힘들다.

이재명표 기본소득 정책의 세 가지 특징

이재명의 기본소득은 국민의힘 방안과 세 가지 점에서 차별화된다. 먼저 단계별 도입이다. 위에서 설명했듯, 그는 기본소득을 3단계로 나눠 단계별 도입을 주장한다. 이것은 약간의 금액적 변동이 있기는 하지만 성남시장 시절의 주장에서 큰 차이가 없다. 1단계는 현재 예산 내에서 즉시 도입, 2단계는 도입 후 3~4년 이내 약간의 세수 조정을 통해 증액 그리고 마지막 3단계는 국민적 합의에 바탕한 목적세 도입을 통한 본격적 실시다. 조세저항이라는 큰 장애물을 극복하기 위해 국민적 합의 초점을 맞춰 단계적으로 접근하자는 발상이다. 반면 국민의힘 주장에서는 단계적 접근에 대한 개념을 찾을 수 없다. 기본소득 정책 자체를 완성해야 할 목표로 삼지 않겠다는 의중이 쉽게 읽힌다. 반드시 실현하겠다는 정책적 의지가 없다는 것은 곧 기본소득에 대한 미래 계획을 갖고 있지 않다는 방증인 셈이다.

두 번째 차이는 기본소득을 한시적인 소멸성 지역화폐로 지급하는 방안에서 찾을 수 있다. 사실 이 부분은 이재명만의 창의적 발상으로서 해외 언론에서도 찬사를 보내는 부분이다. 또한 이재명 본인이 "기본소득은 경제정책이다."라고 자신 있게 말할 수 있는 근거가 되기도 한다. 소멸성 지역화폐의 효용성은 1차전 국민 재난지원금으로 이미 검증되었다고 할 수 있다. 국민의힘이나 이재명을 정치적으로 견제하고 있는 유력 정치인들은 소멸성 지역화폐의 위력을 지켜보면서도 애써 침묵을 지킨다. 이유는 대단히 일차적이다. 이재명의 것이라는 생각 때문일 것이다. 국민을 위한 정책에 누가 먼저 주장했느냐를 따지는 것은 매우 저열한 정치행위다. 정쟁이 아니라 국민을 먼저 생각하는 정치인이라면 선별이든 보편이든, 금액이 적고 많음을 떠나 소멸성 지역화폐 방식을 적극 고민해야 한다. 하지만 그 침묵은 지속되고 있다. 안타까운 일이다.

세 번째 차이는 범주형 기본소득 도입이다. 범주형 기본소득은 특정 연령 혹은 직업 집단만을 대상으로 하는 방안이다. 겉보기에는 누구나 받는다는 기본소득의 기본 철학에 위배되는 것으로 보이지만, 기본소득의 실현가능성을 높이기 위한 현실적 수단으로 인정받는다. 전 국민을 대상으로 하는 보편지급엔 많은 재원이 들기 마련이다. 그래서 재원 마련을 위한 논쟁만 하다가 도입을 못할 수도 있다. 하지만 가능한 예산 내에서, 급한 영역에서부터, 범주를 줄여 기본소득을 실시한다면 즉각적인 도입이 가능하다. 이후 국민적 공감대를 바탕으로 재원을 마련하고 차츰 범위를 확대하여 전 국민 기본소득을 실현해 나가는 예인선 같은 역할을 하는 것이다.

2021년 10월부터 경기도에서는 농민기본소득을 시범 실시한다. 이재명의 핵심정책 중 하나로서 청년기본소득에 이어 두 번째로 시행하는 기본소득 정책이다. 이와 관련, 일각에서는 청년기본소득이나 농민기본소득이 충분성, 보편성, 무조건성 원칙 등 기본소득의 고전적 원칙에서 벗어난다고 지적한다. 하지만 이재명은 기본소득의 고전적 원칙에 크게 연연하지 않는다. 그는 상황에 맞춰 변형하더라도 중요한 것은 일단 시작하는 데 포커스를 맞춘다. 즉 정책적으로 실현하는 데 중점을 두고 있다. 청년, 농민 등 기본소득이 필요한 계층부터 시작해 범주형 기본소득으로 확대하겠다는 의지다. 비록 약간 모자란다고 하더라도 가능한 범위에서 실현하는 것이 가장 중요하다고 여긴다. 1차 전 국민 재난지원금의 기억과 함께 이재명이 펼쳐 나가는 범주형 기본소득은 향후 전 국민 기본소득 정책을 실현하는 데 있어 중요한 마중물이 될 것으로 기대된다.

기본소득, 삶에 숨통을 터주다

기본소득은 사람들에게 풍족한 생활을 보장하자는 것이 아니다. 기본소득의 가치는 사람들에게 최소한의 숨통을 터주는 데 있다. 최저 수준일망정 생계문제를 해결해줌으로써 정신적 여유를 갖게 해주자는 것이다. 최소한의 생계문제 해결은 사람들에게 새로운 희망을 바라볼 쉼표를 제공한다. 또 더 나은 삶을 찾아갈 의욕을 고취해 준다. 이제 사회에 갓 나온 아무런 기반 없는 청춘에게는 경쟁의 소용돌이에서 잠시 벗어나 하늘을 바라볼 여유를 주는 것이고, 돈이 되는 작물만을 키우던 농부에게 자신이 좋아하는 작물을 키워볼 기회를 제공하는 것이다. 또 외벌이 가장에게 일년에 한 번만이라도 가족과 함께 야외로 나가서 맛있는 음식을 먹을 수 있는 행복을 선물하는 것이다.

누구나 인생에서 한 번쯤은 해보고 싶은 것이 있다. 뮤지컬 무대에 서 보거나, 목공을 배워 가구를 선물하거나, 세계를 돌아다니며 다양한 사람들을 만나는 꿈을 꾼다. 이 꿈을 위해 적극적으로 나서는 사람들도 있지만 당장 먹고 사는 문제를 해결하기에 바쁜 대부분의 사람들은 그 꿈을 가슴에 묻어둘 뿐이다. 만약 이들에게 자신이 하고 싶은 일을 할 수 있는 여유가 생긴다면 어떻게 될까? 당연히 사회적 활력이 높아질 것이다. 기본소득은 매슬로우의 욕구 이론 중 맨 밑바닥 욕구를 국가가 시스템적으로 충족시킴으로써 자기실현의 단계로 나아갈 버팀목으로 작용한다.

이제 기본소득은 거스를 수 없는 시대적 과제가 되었다. 형태, 시기, 금액 등 세부적인 부분에서 다를지라도 이재명 외에도 많은 정치인들이 그 논의에 적극 참여하고 있다. 2022년 대선에서 킹핀으로 작용할 가능성도 높아 보인다. 현 시기의 가장 뜨거운 정치 어젠다임이 분명하다. 우리나라뿐만 아니라 2022년에 대선을 치르는 프랑스에서도 기본소득은 빅어젠다(Big Agenda)로 등장하고 있다. 코로나 시대를 거치며 산업이 고도로 발달한 대부분 국가에서도 기본소득의 필요성이 강하게 대두되고 있다. 기본소득이라는 단어는 얼마 전까지 우리 모두에게 그리 익숙하지 않은 개념이었다. 4차 산업혁명시대에 인간들이 AI와 로봇에게 일자리를 빼앗김으로써 생기는 문제들을 해결하기 위한 대안으로 등장한 최근의 개념이라고 생각하는 사람들도 많다. 그런데 기본소득의 역사는 의외로 오래되었다. 기본소득의 선구자로 불리는 토머스 페인이 공유 개념을 주창한 이후에도 많은 학자와 정치인들 그리고 일반 시민들이 기본소득 실현을 위해 노력해 왔다. 그런 노력이 21세기 4차 산업혁명과 코로나 팬데믹 시대를 맞으며 그 성과를 서서히 드러내고 있다.

이재명이 쏘아 올린, 기본소득이라는 작은 공이 세월이 흘러 정치권에서 애드벌룬처럼 커졌다. 애드벌룬은 축제에서 볼 수 있고, 축제는 모두가 함께 즐기는 흥겨움의 장이다. 기본소득 또한 본질적으로 대한민국 국민 모두에게 즐거움을 주는 축제와 같은 것이라 생각한다. 정쟁을 멈추고 모든 국민의 행복한 미래를 위한 건전한 비판과 즐겁고 흥겨운 논쟁이 이어졌으면 하는 바람이다. 그 여세를 몰아 대한민국을 세계 최초의 기본소득 실현 국가로 만들어 가길 희망한다.

오세훈표 안심소득은 과연 안심할 만한가?

– 기본소득, 부의 소득세, 안심소득 비교

• 은민수*

『21세기 기본소득』을 집필한 세계적인 기본소득 권위자 필리프 판 파레이스(Philippe Van Pa)가 초기에 제시했던 무조건적인 기본소득(UBI, Universal Basic Income) 개념은 '만인의 실질적 자유'를 위하여 기본적인 소득을 보장한다는 것이다. 기본소득은 모든 사람에게 근로의무 등 아무 자격조건 없이, 가구가 아닌 개인에게, 국가가 정기적으로 현금을 제공하는 소득이다. 따라서 무조건적 기본소득의 주요 특징은 보편성, 무조건성, 개별성, 정기성, 현금성이다.

---

* 고려대학교 공공정책학부 초빙교수. 복지정치, 국민연금, 조세정책 등 다양한 사회정책 주제에 관심이 많으며, 저서로는 최근에 출간한 『촛불 이후, 한국 복지국가의 길을 묻다』, 『The Politics of Basic Income』 (역서) 등이 있다.

그런데 무조건적 기본소득과 전혀 다른 것 같지만 원리상 차이가 없는 제도가 부의 소득세(NIT, Negative Income Tax: 음(-)의 소득세라고도 한다)이다. 기본소득이 선불로 기본소득을 받고 연말에 소득세를 내는 반면, 부의 소득세는 연말에 소득성과를 보고 그 소득이 국가가 정한 기준소득보다 많으면 세금을 내고 소득이 기준소득보다 적으면 세금을 돌려받는다. 곧 기준소득보다 많은 소득자에게서 받은 세금으로 기준소득 이하 소득자에게 지불한다는 점에서 일종의 환급형 세액공제라고 할 수 있다. 다만 이것이 완벽하게 실행되려면, 정(+)의 소득세 납세자와 부(-)의 소득세 수혜자가 분명하게 구분되어야 한다. 이처럼 부의 소득세 기본 아이디어도 기본소득만큼이나 매우 쉽고 단순하다.

보편적인 기본소득과 부의 소득세

흥미로운 점은 기본소득이나 부의 소득세 모두 수혜 결과가 서로 다르지 않다는 사실이다. 단지 기본소득을 먼저 지급하고 연말에 과세를 하느냐, 연말 정산 후에 소득세를 받거나 내는 것만 다를 뿐이다. 이를 쉽게 이해할 수 있도록 아래 표를 보자. 기본소득과 부의 소득세 소득세율을 똑같이 20%로 가정하고 기본소득은 600만 원, 부의 소득세는 0~600만 원 그리고 기준소득을 3,000만 원으로 가정하고 서로 비교한 표이다(은민수, 『기본소득과 유사 정책들 비교』, 경기연구원(편), 『모두의 경제적 자유를 위한 기본소득』, 2020, 다할미디어).

⟨표 1⟩ 기본소득과 부의 소득세 비교

- 기본소득 : 연 600만 원
- 소득세율 : (시장)소득의 20%
- 부의 소득세 : 연 0~600만 원
- 기준소득 : 연 3,000만 원

기본소득(BI)				부의 소득세(NIT)			
소득	세금 (20%)	기본 소득	순소득	소득	(기준소득 −소득) ×환수율(20%)	NIT	순소득
0	0	600	600	0	(3000−0)×20%	600	600
1,000	200	600	1,400	1,000	(3000−1000)×20%	400	1,400
2,000	400	600	2,200	2,000	(3000−2000)×20%	200	2,200
3,000	600	600	3,000	3,000	(3000−3000)×20%	0	3,000

위 표에서 보듯 소득세율이 20%로 같을 경우, 무조건적 기본소득과 부의 소득세는 정확히 일치한다. 예를 들어 기본소득에서 1,000만 원 소득자는 기본소득으로 600만 원을 선불로 받고, 연말에 소득세 200만 원을 후불로 납입하기 때문에 실제로는 400만 원을 받는 셈이다. 반면 부의 소득세에서 1,000만 원 소득자는 연말정산 후 후불로 400만 원을 받게 된다. 이처럼 기준소득 3,000만 원에 못 미치는 1,000만 원 소득자는 기본소득이나 부의 소득세에서 모두 똑같이 400만 원을 받는 셈이다. 다만 선불이냐 후불이냐 차이만 있다.

그런데 기본소득과 부의 소득세는 현실에 적용될 때 차이가 난다. 기본소득은 모든 사람에게 똑같은 금액을 지급하는 보편주의를 추구하다 보니 재원이 많이 소요되는 반면 받는 금액이 적을 수밖에 없다. 이런 이유로 막대한 재원 마련에 대한 요구와 부자에게도 똑같이 지급할 필요가 있느냐 하는 비판이 끊이지 않는다. 그러나 이러한 비판은 사실 잘못된 지적이다. 부자는 받는 금액 이상으로 세금을 내야 하기 때문이다. 반면 부의 소득세는 재원 마련의 압력과 부자 지급이라는 비판으로부터 자유로울 수 있지만, 수혜대상과 급여 수준 등을 자의적으로 설계할 수 있어서 소득이 매우 낮은 사람들만을 대상으로 지원하는 '선별주의적' 방향으로 흐를 가능성이 있다. 또한 기존 사회보장제도의 일부를 폐지하거나 축소하게 만들 수도 있다. 하지만 반대로 기존 사회보장제도들을 훼손하지 않으면서 누진적 소득세를 통해 거둬들인 재원으로 보다 많은 사람에게 지원을 확대하는 '보편주의적' 설계도 가능하다. 아마도 이러한 부의 소득세의 자의성과 탄력성 때문에 온건한 진보와 합리적 보수로부터 동시에 관심과 지지를 받는지도 모르겠다.

부의 소득세는 정치적인 실현가능성 측면에서 유리하다. 앞에서 1,000만 원 소득자는 기본소득으로 600만 원을 선불로 받고, 연말에 소득세 200만 원을 후불로 내 실제로는 400만 원을 받았다. 그런데 부의 소득세에서는 연말정산 후 후불로 400

만 원(부의 소득세)을 받게 되기 때문에 기본소득과 비교해볼 때 지출 총량이 작을 수밖에 없다. 이것은 부의 소득세가 훨씬 비용이 적게 드는 것처럼 보이는 착시 효과로 인해 사람들이 받아들이기 쉽도록 해준다. 근로 유인 측면에서도 유리하다. 일을 해서 일정한 소득수준에 도달하면 아무런 지원을 받을 수 없는 공공부조와는 달리 부의 소득세는 일을 해서 소득이 발생하면 그 소득에 비례해서 일부가 감액된 부의 소득세 급여를 받게 되어 결과적으로 총소득이 늘어나는 구조이기 때문이다. 따라서 빈곤에서 빠져나오지 않고 오히려 머무려고 하는 복지의 덫을 제거할 수 있다는 장점이 있다. 게다가 복잡하고 고비용이 드는 복지행정 시스템을 단순화시키는 매력을 지니고 있다. 국가가 세금을 받아야 할 사람인지 반대로 세금을 지급해야 할 사람인지만 결정해서 그대로 실행하면 끝나기 때문이다.

부의 소득세와 안심소득

앞에서 설명했듯 부의 소득세는 보편적인(무조건적인) 기본소득과 달리 수혜대상, 급여수준, 급여감액률, 기준소득을 조정할 수 있어서 추진 주체의 의도에 따라 기존 사회보장을 대체할 수도 보충할 수도 있다. 이렇게 정치적·복지적·재정적 차원에서 선택의 폭이 상대적으로 넓다 보니 진보뿐 아니라 보수주의, 자유주의 진영에서도 관심을 갖게 된다. 최근 우리나라에서도 부의 소득세 방식을 적용한 이른바 '안심소득제(safety income system)'

가 박기성과 변양규에 의해 제기되었다(박기성·변양규, 〈안심소득제의 효과〉, 『노동경제논집』, 2017, 40권(3): 57-77).

박기성·변양규 안심소득제에서 지원금액은 가구의 실질적인 소득수준을 나타내는 '인정소득'과 안심소득 지원 기준이 되는 '기준소득'에 의해 결정된다. 기준소득은 안심소득의 수급 여부를 결정하는 가구 구성원 1인당 1,250만 원이다. 기준소득은 특정 가구의 소득이 전혀 없을 경우에도 1인당 연간 최소 500만 원을 수급하고, 소득이 있지만 기준소득 이하인 경우에는 차액의 40%를 수급하도록 설계하였다. 예를 들어 소득이 없는 1인 가구는 500만 원의 안심소득을 받는다(〈1,250만원-0〉*40%=500만 원).

〈표 2〉 박기성/변양규의 안심소득제 방안

구분	산식	기존 제도 정비
1인 가구	(1,250만원-인정소득)×40%	- 기초생활보장제도 급여 중 생계, 주거, 자활급여 폐지 - 조세지출 중 근로장려금, 자녀장려금 폐지
2인 가구	(2,500만원-인정소득)×40%	
3인 가구	(3,750만원-인정소득)×40%	
4인 가구	(5,000만원-인정소득)×40%	
5인 가구	(6,250만원-인정소득)×40%	

오세훈표 안심소득의 몇 가지 문제점

최근 오세훈 서울시장이 기본소득을 비판하며 '안심소득' 실험을 실행하겠다고 선언해 주목을 받았다. 이는 박기성·변양규 안을 거의 그대로 원용한 안이다. 오세훈표 안심소득은 (1인 가구 연소득 1,500만원을 기준소득으로 정하고)중위소득 100% 이하의 가구를 대상으로 중위소득에서 부족한 소득의 50%를 차등적으로 지원하는 것이 골자다. 이는 보수진영에서도 기본소득의 사촌 격인 부의 소득세를 본격적으로 다루기 시작했다는 점에서 일단 환영하지만, 오세훈표 안심소득은 몇 가지 문제점이 있다.

〈표 3〉 서울시 안심소득 안

구분	내용
지급 단위 및 대상	서울시민 가구별 지급
최대지급액/ 급여감액률/ 기준소득	4인 가구 경우: 연 3,000만원/50%/6,000만 원 * 기준소득: 1인 가구(연 1,500만 원), 2인 가구(연 3,000만 원), 3인 가구(연 4,500만 원)로 추정 예)소득 없는 4인 가구 안심소득: (6,000-0)×50%=3,000만 원 2,500만 원 소득의 4인 가구 안심소득: (6,000-2,500)×50%=1,750만 원, 그러므로 4인가구 총소득금액은 총 4,250만 원 (=2,500만원+1,750만 원)
기존 조세제도 정비	근로장려금, 자녀장려금
폐지 사회보장제도	기초생활보장제도

첫째, 결정적인 문제점은 가구 단위 지급이라는 점이다. 기본

소득이나 부의 소득세 원형은 개인별 지급을 원칙으로 한다. 그런데 오세훈표는 중위소득 100% 미만의 가구 단위를 대상으로 선별지급할 경우, 소득이 있는 다인 가구보다 소득이 없는 1인 가구를 선호하게 되어 가족 해체를 불러올 가능성이 매우 높다. 가령 가구 구성원 중 1명이 혼자 6,000만 원을 벌었다면 나머지 다른 가구원들은 안심소득을 한 푼도 받지 못한다. 하지만 서류상 위장 이혼을 하거나 자녀들이 분리 독립을 할 경우 그들은 소득이 없기 때문에 1인당 각각 750만 원(〈1500만 원-0〉*50%=750만 원)씩 3인 총 2,250만 원의 안심소득을 받을 수 있게 된다. 이런 이유 때문에 결혼을 미루거나 혼인신고를 하지 않을 수도 있다. 또한 가구별로 지급된 돈이 가구 구성원 모두에게 균등하게 배분되지 않을 수도 있는 '부자 남편을 둔 가난한 아내'(poor wife with rich husband) 현상이 나타날 수도 있다. 또 사실상 동거 여부를 확인하는 데 소요되는 행정비용도 무시할 수 없다. 이렇게 형식적 가구 분리, 실질적 동거 등이 사회에 유행처럼 퍼지면 소요예산도 그만큼 높아질 수밖에 없을 것이다. 이런 문제점 때문에 최근 부의 소득세 안들은 가구 대신 개인 단위의 지급을 선호하는 추세다.

둘째, 국민기초생활보장제도 폐지도 문제다. 이 안심소득에서는 바로 국민기초생활보장제도에서 의료급여를 제외한 생계급여, 주거급여, 자활급여를 폐지하고 근로장려금, 자녀장려금까지 폐지된다. 이때 본인의 소득인정액을 어떻게 산정하느냐에 따라 저소득층들의 순손실이 오히려 커질 수도 있다. 기존 제도와의 비교하거나 조정하는 과정에서 상당한 혼란을 일으킬 수도 있다.

셋째, 안심소득 안대로라면 소득이 전혀 없는 4인 가구의 경우 안심소득으로 연간 3,000만 원(월 250만 원)을 받게 된다. 그런데 가구합산 재산이 3억 이내이고 가구소득이 중위소득 50% 이하라면 올해부터 시행되는 월 50만 원의 실업부조(6개월간)를 받을 수 있다. 거기에 요건이 충족되어 아동수당, 청년수당, 기초연금까지 받게 되면 일하지 않고도 얻는 총수입이 3,000만 원을 훌쩍 넘게 될 것이다.

넷째, 국세인 소득세 및 기존 중앙정부의 사회보장제도는 지방자치단체가 마음대로 바꿀 수 없는 국가 차원의 제도이다. 실험은 할 수 있을지 모르겠지만 지방자치단체가 기초생활보장제도나 근로장려금 및 자녀장려금을 폐지 혹은 축소시킬 수 없다. 따라서 서울시에서 부의 소득세 안심소득을 독자적으로 도입하는 것은 불가능하다. 그렇지만 서울시의 부의 소득세 실험은 정치적·정책적·재정적으로 의미가 깊고 한국사회의 기본소득 논의에 큰 영향을 끼칠 것이다. 제도적 허점도 많고 앞으로 실험 추진 과정에서 내용들이 하향조정될 것 같은 느낌도 든다.

하지만 서울시가 보수진영 내부의 반발이 충분히 예상됨에도 불구하고 부의 소득세 도입을 검토한다는 자체가 놀라운 사실이다. 국가적 차원의 사례가 전혀 없기 때문에 기본소득과 부의 소득세 방식 중 어느 것이 우월한지 확인할 방법은 없다. 다만 우리 현실에 적합한 기본소득형 소득보장 방안을 찾기 위해서는 보다 많은 연구와 집중적인 검토가 필요하다. 이런 점에서 오세훈표 가구단위 안심소득과 진보진영의 기본소득 혹은 개인 단위 부의 소득세 방안들이 선의의 정책경쟁을 펼쳤으면 하는 바람이다. 그 바람이 제대로 이루어지기를 기대해 본다.

경기도 공공배달 앱 '배달특급'의 놀라운 성공, 세금 낭비일까?

– 이재명의 디지털 SOC 사업과 기술혁신의 공공성

• 양진홍[*]

2020년 4월 1일, 배달의민족(이하 '배민')에서 수수료 정책을 변경한다는 공지가 올라왔다. 배민은 원래 음식점 사장들이 한 달에 8만 8천 원의 광고비를 내면 해당 가게를 한 지역의 음식점 목록 상단에 노출시켜 주는 '울트라콜' 제도를 통해 수익을 창출해 왔다. 그런데 앞으로는 배민을 통해 발생한 매출의 5.8%를 받겠다는 것이었다. 배민의 변은 이러했다. 8만 8천 원이 전체 매출의 5.8%가 안 되는 52.8%의 가맹점에는 수수료 절감 효과가 발생한다는 것이다.

---

[*] 인제대학교 헬스케어IT학과 교수. KAIST에서 정보통신공학 박사학위를 받았다. 180여 건 이상의 국내외 등록 특허 및 다수의 기술이전 그리고 소프트웨어 창업 및 Exit 경험이 있다. 클라우드와 플랫폼 기술에 대해 연구하고 있으며 인공지능(AI) 기술의 민주화에 관심을 갖고 있다.

4월 3일, 소상공인연합회는 배민의 새로운 수수료 정책에 일방적인 요금 인상이라며 즉각 반발했다. 그리고 배민의 논리를 정면으로 비판했다. 바뀐 정책으로 기존보다 적은 수수료를 내는 경우는 일 매출 5만 원 수준의 점포일 뿐이라고 지적했다. 사실상 소상공 대부분이 엄청난 폭의 수수료 인상을 감내해야 하는 기만적인 정책일 뿐이라며 분노했다. 코로나19 팬데믹으로 인한 경영악화에 힘든 시기를 겪고 있는 소상공인들에게 '불난 집에 부채질 한 격.'이라는 것이다.

배민 수수료 정책 변경 해프닝, 공공앱 개발의 시작

이 문제가 불거지자마자 다음날인 4월 4일, 이재명 지사(이하 '이재명')의 페이스북에 이 사건에 대한 의견이 올라왔다. 정치인으로서는 처음이었다. "안 그래도 힘든 상황에서 힘 좀 가졌다고 힘없는 다수에게 피해를 입히며 부당한 이익을 얻으면 되겠나?"라는 질타였다. 그리고 그 다음날에는 이 문제에 대한 대응책을 제시했다. 놀라울 정도의 발 빠른 대응이었다. 이재명은 "지금 당장 할 수 있는 일부터 시작하겠다."라며 공공앱을 처음으로 언급했다. 그리고 경기도시장상권진흥원, 경기도주식회사, 경기도콘텐츠진흥원, 기획조정실, 경제실, 공정국, 자치행정국 등 관련 부서 및 산하기관들과 긴급회의를 소집해 대응 방침을 확정하겠다고 밝혔다.

상황이 이렇게 되자 4월 6일, 김범준 배민 대표가 손해 보는 점주들 보상책을 마련하겠다며 한발 물러서는 제스처를 취했다. 그럼에도 이재명은 요지부동이었다. 그는 페이스북을 통해 반성과 사과에 따른 조치는 이용료 체제 원상복구임을 강조하면서 이른 시일 내의 공공앱 개발을 시사했다. 그로부터 4일 뒤, 처음 발표로부터 10일 만에 배민이 요금개편 전면 백지화를 선언하면서 배민 수수료 인상 사태는 일단락되었다. 하지만 이재명의 공공앱 정책은 본격적으로 항해를 시작하게 된다.

열흘 만에 백지화된 배달의민족 요금 체계

날짜		내용
2020년 4월	1일	오픈 서비스 시행, 기존 정액제 광고 '울트라콜' 3회로 제한
	5일	소상공인 단체 반발, 이재명 지사 '공공 배달 앱 개발' 언급
	6일	김범준 우아한 형제들 대표 "손해 보는 점주들 보상책 마련"
	7일	공정위 "배민·요기요 기업결합심사 때 수수료 체계 참고"
	10일	노웅래 의원 "배민 수수료, 소상공인 임차료의 최대 2.4배"
		배민, 오픈서비스 도입 전면 백지화

출처 : 매일경제, 배달의민족 '백기'… 요금개편 철회 2020.04.10.

지방정부가 할 수 있는 일은 즉각 시행해야 한다

이재명의 철학과 스타일을 고려해 본다면, 그가 이 문제에 대해 대단히 빠른 대응을 하며 강력한 대응방침을 내놓은 것은 이상한 일이 아니다. 플랫폼 기업의 독과점과 이를 통한 과도한 이윤추구는 이재명의 정치적 신조인 '공정경제'와 대척점에 있기 때문이다. 4차 산업혁명으로 대표되는 기술혁신이 가져다 준 온라인 플랫폼 경제의 독과점 양상에 대해서 이재명은 정부의 역할을 강조했다.

> 정부의 기능은 합리적이고 공정한 경쟁질서를 유지하는 것이고, 공정한 시장경제질서를 어지럽히는 독점과 힘의 횡포를 억제하는 것은 의무입니다. 공정거래위원회만이 아니라 지방정부를 포함한 모든 정부 기관의 책무입니다.
>
> — 이재명 페이스북, 20.05.05.

이재명의 주장과 대응에 대해 비판의 목소리도 터져 나왔다. 특히 당시 국민의당 안철수 대표는 공공앱을 만드는 것이 '인기영합주의'라며 강력하게 비판했다.

> 제가 오래전부터 주장했던 것처럼 공정거래위원회의 투명성과 권한을 선진국 수준으로 높여 독과점 폐해가 심한 기업에 대해서는 기업분할도 할 수 있는 권한을 주어야 합니다. 그런데 지자체가 대중의 감성을 건드려서 공공앱을 만들자고 나서는 것은 시장의 영역을 침범하는 것이며 인기영합주의입니다. (중략) 시장과 정부는 각각의 영역과 역할이 있고 공공부문은 공공재

처럼 시장이 그 기능을 할 수 없을 때 제한적으로 개입해야 합니다.
―안철수 페이스북, 20.04.10.

이재명의 공공앱 개발 정책과 관련된 비판의 핵심은 시장의 독점 문제 또한 시장에서 해결해야 한다는 논리다. 공공의 역할은 플랫폼 경제의 특성상 새로운 경쟁자가 성공하기 어려운 만큼 민간의 경쟁 플랫폼이 나타날 수 있도록 지원과 제도적 환경을 만들어주는 것이다. 즉 공공부문이 직접 개입해서는 안 된다는 것이다. 하지만 이재명은 자신의 의지와 생각을 바꾸지 않았다.

참으로 한가로운 말씀입니다. 홍수로 마을이 떠내려가는데, 돕지는 못할망정 둑 쌓는 사람에게 "댐 설계 같이 하자."는 국민의당이나 "방재는 정부에 맡기라."는 안철수 대표님의 비난을 이해하기 어렵습니다. 플랫폼이용자보호법은 언제 제정되는가? 국민의 당이 그 법률을 제정할 현실적 힘이 있는가? 수많은 개혁법안의 운명과 달리 이 법만은 곧바로 만들어지는가? 입법까지 소상공인들은 피해를 감수하며 기다려야 하는가? (중략) 화려한 말보다 지금 당장 도움 되는 일을 하는 것이 실용입니다. 독과점 배달 앱 횡포로 죽어가는 가맹점을 살릴 현실적 대책을 외면한 채 언제 될지 모를 보호 입법 연구하며 독과점 횡포를 방치하는 건 실용일 수 없습니다.
― 이재명 페이스북, 2020.04.12.

이재명은 "독점에 의한 자유시장 경제질서 훼손은 입법과 공정위의 역할이 중심이다."라며 행정적 조치의 중요성을 지적했다. 입법이 되고 난 후 공정위가 나설 때까지 지방정부가 수수방관해서는 안 된다는 점을 더욱 강조한 것이다. 또한 플랫폼 시장의 진입장벽 때문에 공공앱이 성공하지 못할 것이라는 비판에 대해서도 반박했다. 그는 "경기도 공공앱은 맨땅의 헤딩이 아니라 기존의 지역 화폐 인프라와 공공의 데이터를 바탕으로 민간과 협력하는 사업이다."라면서 "지역 화폐를 더욱 내실화하는 사업이 될 것이다."라고 강조했다. 공공앱 개발에 대한 주위의 우려를 일축한 것으로서 이재명 특유의 추진력을 엿볼 수 있는 대목이다. 그는 지방정부가 할 수 있는 일은 즉각 시행해야 한다고 의지를 거듭 밝히며 속도감 있게 정책을 펼쳐 나가는 중이다. 추진 과정에서 불거지는 비판에 대해 적극적으로 해명함과 동시에 정면돌파를 문제해결 방식으로 택한다. 전형적인 이재명의 추진 방식이다.

디지털 플랫폼 또한 디지털 시대의 사회간접자본

이재명은 공공배달앱 등의 디지털 플랫폼 구축을 일종의 디지털 SOC 사업으로 인식한다. 원래 SOC 사업(Social Overhead Capital, 사회간접자본)은 도로, 항만, 철도 등 생산 활동에 직접적으로 사용되지는 않지만 경제활동을 간접적으로 지원하는 필수 기반시설을 구축하는 사업을 지칭한다. 넓게는 학교나 병원까지도 이 범주에 포함된다. 초기 투자비용이 매우 많고 자본 회수에 시간이 오래 걸리는 특징이 있다. SOC 사업에 대해서는 언제나 선심성 퍼주기식 논란들이 있었지만 그 효과가 사회 전반에 미치기 때문에 공공이 이를 주도해 왔다.

그렇다면 디지털 SOC는 무엇일까? 단순히 정의하면 기존의 SOC 사업에 디지털 기술을 접목하는 것이다. 교통에 디지털 기술을 접목하면 지능형 교통망이 되고, 물류체계에 디지털 기술을 접목하면 스마트 물류체계가 되는 셈이다. 이와 같은 정의는 문재인 정부의 핵심 정책 추진 사항인 '한국형 뉴딜'(2020.07.14.) 정책에서도 반영되어 있다. 한국형 뉴딜의 세 개의 주축 중 디지털 뉴딜을 위한 핵심 추진 전략 중 하나가 바로 SOC 디지털화이다. 교통, 디지털 트윈(Digital Twin), 수자원, 재난대응 시스템 등 기존의 SOC에 IT기술을 접목하여 디지털 관리체계를 구축한다는 등의 안이 포함되어 있다. 이재명은 이러한 기존의 해석에서 한발 더 나아가 좀 더 넓은 의미에서 디지털 SOC 사업을 보아야 한다고 주장한다. 디지털 경제시대에 핵심이 되는 온라인 디지털 플랫폼을 구축하는 사업 또한 디지털 SOC 사업이라는 것이다. 이러한 인식은 4차 산업혁명시대에 새롭게 등장한 플랫폼 기업과 이로 인한 시장의 변화를 빠르게 인지하고 공공의 역할을 명확히 하여 이에 대응하고자 하는 이재명의 의지가 반영된 것으로 보인다.

공공배달앱은 디지털 시대에 꼭 필요한 공공 인프라입니다. 도로나 항만 시설 같은 SOC처럼 공공플랫폼 역시 새로운 시대의 디지털 SOC입니다. 경기도 공공배달앱 '배달특급'은 기존 플랫폼 시장의 독과점을 막고 공정한 배달산업 환경을 만들어 가맹점과 노동자, 소비자 모두에게 이익이 되는 시스템을 만들고자 하는 노력의 결실입니다.

– 대한민국 정책브리핑 시도지사 릴레이 인터뷰 中, 2020.10.29.

기존 시장경제는 규모의 경제가 작동한다. 규모의 경제는 기업이나 산업에서 생산량을 늘리면 어느 선까지는 한 개의 제품을 생산할 때 드는 평균비용이 줄어든다는 개념이다. 그러나 시간과 공간, 규모의 제한이 거의 없는 온라인 시장은 무한으로 정보를 넣을 수 있다. 생산의 평균비용, 한계비용이 제로로 수렴하는 것이 가능한 것이다. 따라서 기업이 대규모 플랫폼(시스템 기반)을 완성하면 이용자 증가에 따라 수익은 비례하여 늘어나지만, 비용은 거의 늘지 않는다. 이것이 플랫폼 기업의 대표적인 특징이다. 게다가 시장에서 점유율이 높고 거래실적이 많은 플랫폼일수록 가맹점과 소비자의 데이터를 더욱 손쉽게 다량으로 확보할 수 있다. 이는 해당 플랫폼 사업자의 자산이 되어 시장에서 우월적 지위를 확고하게 하는 수단이 된다. 이런 이유로 디지털 경제 시대에는 독점적 지위 구축이 용이하다. 또 이를 이용한 과도한 이윤 추구가 쉬운 플랫폼 기업 등장이 이상하지 않게 된다.

배민도 초기에 음식점 사장들에게 결제 수수료, 중개 수수료 0%와 같은 파격적인 조건을 내걸어 규모 경제 확보에 주력했다. 그 결과 등록업소 수의 증가 폭이 3년 만에 3배(30만 개)를 넘기게 되었다(2019년 8월 기준). 그리고 2018년에는 3,100억 대의 매출을 보이다가 2019년에 5,600억 대로 급상승했다. 2020년에는 무려 1조 900억 대를 기록했다. 매년 매출이 두 배 가까운 증가세를 보인 것이다. 이처럼 플랫폼 기업이 기술혁신을 이용하여 독점 및 과도한 이익을 추구하기 용이한 상황이라면, 공공플랫폼 구축 등 공정한 경쟁 환경 조성을 위해 공공이 개입할 수 있다는 게 이재명의 주장이다. 국민의 대다수가 일상생활에서 사용하는 디지털 플랫폼 또한 디지털 시대의 사회간접자본이며 기반시설의 성격을 가진다는 것이다. 공공앱 개발은 이재명의 이 같은 철학을 바탕으로 경기도형 디지털 뉴딜 정책의 대표 사업으로 추진되고 있는 것이다.

이재명식 해법, 배달특급의 놀라운 성공과 가능성

경기도는 논란이 생긴 지 3개월 만인 2020년 7월, 공공배달앱 컨소시엄 참여자 공모를 통해 NHN페이코 컨소시엄을 선정했다. 이후 화성, 오산, 파주를 시범지역으로 정하고 2020년 12월 배달특급 서비스 사업을 개시했다. 성과는 예상 밖이었다. 배달특급은 출시 당일에 몰린 가입자만 4만 명이나 되었다. 12월 한 달 목표 거래액 10억을 출범 9일 만에 돌파하고 총 거래액 30억

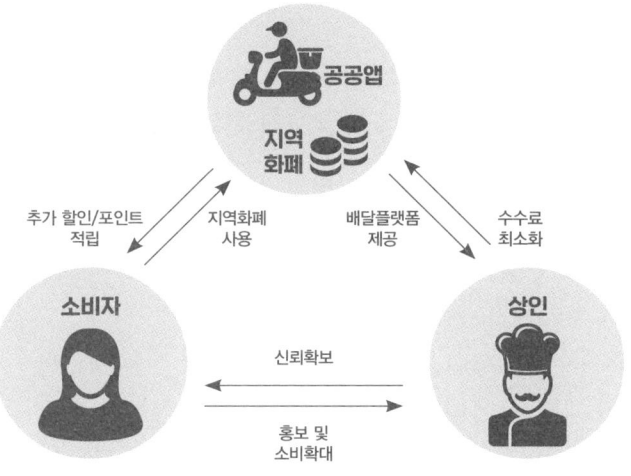

배달특급―소상공인―소비자 선순환 효과 개념도(출처: 경기도주식회사 홈페이지).

을 기록했다. 초기 목표를 3배나 초과 달성한 대성공이었다. 서비스 지역도 꾸준히 늘어났다. 2021년 6월 기준 총 15개 시군으로 서비스가 확대되었고 총 가입회원 30만 명을 돌파했다. 누적 거래액은 237억을 돌파하며 꾸준한 성장세를 이어가고 있다.

더욱이 실적으로 확인할 수 있는 성과보다 더 귀한 성과가 있다. 배달특급 서비스의 두 가지 특징이 만들어낸 괄목할 만한 성과다. 하나는 기존에 6~13%를 상회하는 민간배달앱 수수료와는 비교가 되지 않는 1~2% 대의 수수료를 제시한 것이다. 또 하나는 지역화폐를 활용해 결제함으로써 추가 인센티브를 제공한다는 점이다. 배달특급을 통해 소상공인 지원 및 지역화폐 내

실화를 통한 지역경제 활성화를 목표로 공격적인 마케팅을 진행했던 것인데, 이것이 실질적인 성과를 나타내고 있는 것이다. 최근 경기도가 6월 1일부터 지역화폐 충전 시 추가 소비지원금을 지원하자 기존 65% 수준이었던 지역화폐 결제 비중이 약 72% 수준으로 상승했다. 누적거래액 또한 지급 전 주 대비 3억 7천만 원이 증가하면서 소비지원금과 지역화폐의 원래 취지인 골목상권 활성화, 지역경제 부양의 역할을 톡톡히 증명한 것이다.

2021년 6월 기준 출범 7개월 차의 배달특급은 이제 막 걸음마를 뗀 정도다. 하지만 현재까지의 성과로 볼 때 초기의 우려를 불식시키고 공공 디지털 SOC로 성장하기 위한 발판은 마련한 것으로 보인다. 지역화폐를 기반으로 민간과 공공이 힘을 합쳐 디지털 SOC의 독과점을 막고 지역경제를 활성화하겠다던 이재명의 공격적인 시도가 얼마나 더 큰 성과를 낼 수 있을지는 아직 더 지켜볼 필요가 있겠지만.

한 걸음 더, 기술혁신의 열매를 주권자에게

배민 수수료 인상 사태로 촉발된 플랫폼 기업의 디지털 SOC 독과점 논란과 이를 바로잡기 위한 노력은 경기도 공공배달앱 출범을 견인했다. 민간의 영역에 부당하게 개입한다거나 인기영합주의라는 비난을 딛고 지역화폐 네트워크를 기반으로 민간 컨소시엄과 함께 내딛은 첫발이었다. 그러나 점점 더 가속화되는 기술혁신의 열매를 모두가 함께 누리기 위해서는 아직도 가야 할 길이 멀다. 디지털 온라인 플랫폼 기업의 사업기반은 사실상 데이터에서 나온다. 플랫폼 서비스는 일반적으로 자신들이 재화(상품)를 생산하거나 소유하지 않고 재화의 공급자와 수요자를 중개하는 역할만으로 수익을 창출하는 특징을 보인다. 물론 중개뿐만 아니라 정보의 매칭, 큐레이션 기능을 제공하기도 한다. 플랫폼이 소비자를 파악해 원하는 것을 찾아주고 추천해주는 서비스를 제공하고, 이 과정에서 학습된 데이터를 또다시 축적하고 활용하는 것이다.

그런데 이 모든 데이터를 생산해내는 것은 개인이다. 개인은 서비스를 활용하면서 자신의 소비패턴이나 성향 그리고 개인정보 등 끊임없이 데이터를 생산하는 주체, 즉 정보의 주체다. 하지만 정보의 주체는 데이터를 기반으로 한 어마어마한 부의 생산 과정에서 사실상 소외되어 있다. 물론 데이터를 제공하는 대가로 플랫폼 기업들의 서비스를 무료로 사용하는 것이 혜택이라는 주장도 있지만, 사실상 어불성설이다. 플랫폼 기업이 데이터를 기반으로 축적하는 부에 비하면 새 발의 피 수준이기 때문이다. 이재명도 데이터 주권에 대해서 언급한 바 있다.

전 세계에서 데이터를 '미래 시대, 4차 산업혁명시대의 쌀.'이라고 표현합니다. 실제로 거대 IT기업들이 막대한 이익을 남기고 있지만, 그 이익은 개인들이 생산한 데이터에서 나온 것입니다. 그러나 기업이 이렇게 얻은 데이터를 활용해 막대한 이익을 보더라도 정작 데이터 생산의 주체인 개인들은 수익 분배과정에서 배제되어온 것이 사실입니다. 앞으로 데이터의 중요성이 점점 더 커질 것이 분명한데 데이터 생산의 주체인 개인들은 그에 상응하는 보상을 받고 있는지, 앞으로 데이터 주권을 어떻게 실현할 것인지 논란이 많습니다.

―대한민국 정책브리핑 시도지사 릴레이 인터뷰 中, 2020.10.29.

실제로 경기도는 지역화폐 플랫폼을 통해 축적된 데이터를 연구기관, 지역 기업 등에 유료로 판매한다. 그리고 여기서 발생한 수입을 지역화폐로 환급한다. 비록 1인당 120원에 불과한 적은 금액이지만 데이터의 주권이 데이터 생산자에게 있으며 이것이 자산이 될 수 있음을 보여주는 상징적인 사례이다. 또한 전 세계에서도 유래를 찾기 어려운 공공기관 최초의 시도이다.

앞으로 도래할 인공지능 생태계 또한 축적된 데이터를 기반으로 한다. 방대하게 축적된 데이터를 학습함으로써 상황에 가장 적합한 정보를 알고리즘 기반으로 추론해낸다. 다시 말하면, 방대하게 축적된 데이터 없이는 인공지능도 존재하기 어렵다는 사실이다. 그뿐만 아니다. 이제 우리는 각종 모든 사물에 센서가 임베드(embedded) 되는 시대에 살고 있다. 5,000만 명의 통신 가입자

뿐 아니라 1억 개, 100억 개의 CPU를 탑재한 센서가 5G 네트워크에 연결되는 세상이 온다. 컴퓨팅 성능이 탑재된 센서가 물리 세계의 사물 곳곳에 심어지고, 이를 통해 사회 전반의 시스템이 업그레이드될 것이다. 또 이렇게 얻은 데이터가 인간이 만들어내는 데이터와 합쳐져 인공지능 알고리듬을 더욱 정교하게 학습시키게 된다. 이를 통해 소위 '지능'을 탑재한 시스템이 사회 곳곳에서 기능하게 되면 우리의 일상 또한 큰 변화를 겪게 될 것이다.

하지만 기술혁신이 가져다줄 미래상에서 절대 배제되어서는 안 되는 것이 바로 인간 그 자체다. 기술혁신은 인류가 쌓아온 문명의 연장선에 있다. 따라서 그 결과물은 결코 특정 산업이나 일부 기업의 전유물이 되어서는 안 된다. 최준균 KAIST 전기 및 전자공학과 교수는 언론 인터뷰를 통해 "옛날 (토지로 인한) 빈부 차이가 생기는 것처럼 데이터를 많이 가진 기업들은 점점 그걸 갖고 권력을 휘두르게 될 것이다."라면서 "데이터를 못 가진 기업들은 점점 어려워지는 상황이 발생할 것이다. 데이터를 가진 기업과 못 가진 기업 간 빈부 차이가 더 심화될 것이다."라고 내다봤다. 이는 인공지능 기술의 개발에 앞서 반드시 고민해야 할 사항이며, 실제로 세계적 IT기업들 사이에서도 이에 대한 논의가 계속되고 있다. 사티아 나델라 마이크로소프트 CEO는 2017년 제47차 세계경제포럼인 다보스포럼에서 이미 인공지능 기술의 민주화, 즉 모두가 활용할 수 있는 인공지능 기술 개발이 마이크로소프트가 인공지능에 접근하는 방식이라고 거듭 강조한 바 있다.

사회적 간접자본으로서 디지털 플랫폼 그리고 원석이 되는 데이터의 공공적 측면에 대한 고민이 더욱 필요한 시기다. 인간을 배제하지 않는 기술, 모두가 함께 참여할 수 있는 기술혁신이 일어나기 위해서는 공정한 경쟁 환경을 조성하고 이에 대한 논의를 지속적으로 해나가는 것부터 시작해야 할 것이다.

주거안정이 청년들의 푸르른 꿈을 응원한다

– 기본주택론과 청년층의 주거안정 대책

• 장대섭*

    이재명 경기지사(이하 '이재명')는 지난해 '기본주택론'을 제안하며 새로운 주택정책을 추진하고 있다. "무주택자라면 누구나 출·퇴근하기 좋은 역세권에 적당한 임대료로 럭셔리한 커뮤니티 시설들로 구성된 주택에서 평생 살 수 있도록 공급하겠다."라는 것이 주요 골자다. 이는 국민들에게 경제기본권 차원에서 주거문제를 풀겠다는 취지로 풀이된다. 특히 주거환경이 지속적으로 악화되고 있는 청년층에 대한 주거안정에 주안점을 두었다 할 수 있다.

---

* 한국감정평가사사무소 대표. 부동산학 박사이자 감정평가사다. 명지대 부동산대학원 겸임교수와 건국대 대학원 부동산학과 겸임교수를 역임했다. 현재 국민연금공단 기금운영본부 대체투자 심의위원, 서울특별시 상가건물임대차분쟁조정위원회 위원장, 의왕시 공동주택 분양가심의위원회 위원장으로 활동 중이다.

최근 청년들에게 붙어 다니는 신조어 '3포'와 '영끌'이 있다. 3포는 청년들이 누릴 수 있는 가장 기본적이고 신성한 특권 세 가지를 포기한다는 의미다. 즉 연애, 결혼, 출산을 포기한다는 것이다. 그 이유는 취업난과 내집 마련의 어려움 때문이라 한다. 또 영끌은 "영혼까지 끌어와서라도 빚을 내어 투자한다."라는 말의 준말이다. 정부가 투기광풍에 대한 고육지책으로 주택구입에 대한 대출 한도를 줄인 상황에 대한 대응으로서, 극단적인 방법을 동원해서라도 투자광풍 대열에 동참하겠다는 세태를 반영한 신조어다. 그만큼 폭등하는 부동산 가격과 엇박자만 내고 있는 부동산 정책에 대해 청년들이 불안감에 영혼을 악마에 팔고 있는 것이다. 영혼까지 팔아서 투기수단으로 이용하겠다는 말! 거기서 우리 사회의 미래를 책임질 청년들의 현주소를 보게 된다. 청년들의 실의에 찬 모습이 바로 우리 사회에 드리워진 암울한 자화상이다. 천연자원이 없는 우리나라에서 국가의 경쟁력 1호는 바로 우수한 인적자원이 아닌가? 그런데 그 중심에 서야 할 우리 청년들이 꿈을 포기한 채 젊음을 투기열풍에 소진한다면, 우리나라의 미래는 어떻게 될까? 등골이 오싹해진다.

점점 악화되고 있는 청년들의 주거환경

최근 통계에 나타난 만20~34세 청년 가구의 '자기집을 가진 보유비율'이 18.9%이고 소유하고 있는 자기집에서 직접 사는 '자가점유'는 17.2%에 불과하다고 한다. 게다가 코로나19 팬데믹 영향으로 인한 청년 창업의 위축과 경영악화는 청년들의 취업난과 수입의 감소로 이어져 주거안정을 더욱 어렵게 하고 있다.

사회적으로 청년들이 본격적으로 주택(주거권)에 관심을 갖게 된 시점은 대략 2005년이다. 노무현 정부 당시 민간투자 방식으로 대학교 기숙사가 대량으로 지어질 때, 상대적으로 제반 시설이 열악하면서도 월세가 비싼 대학가 원룸 등의 임대업자들의 행태가 널리 알려지게 되었다. 이 사실에 대학생들은 분노했고 주거비용에 대한 현실적 인식을 갖게 시작했다. 이후 청년들은 월세와 같은 임대차가 아닌 부동산 투자나 투기를 통한 주택소유에 더 관심을 갖게 되었다. 2017년의 8·2 부동산 대책이 그 분기점이었다.

'실수요자 보호와 단기 투기수요 억제를 통한 주택시장 안정화를 위한 8·2대책'은 사실 강력한 투기근절책이었지만 의도와는 판이하게 그 결과는 참혹했다. 대책 내용의 하나였던 은행 담보대출(LTV, DTI) 40% 이내로의 제한이 오히려 집을 마련하려는 소비심리를 자극했던 것이다. 결과적으로 주택시장의 불안으로 이어지고 집이 절실히 필요한 실수요자의 내집 마련을 더욱 어렵게 만들었다. 특히 돈줄이 막힌 청년들의 '영끌'이 시작된 것도 이때부터였다. 씨를 뿌려 풍성한 열매를 기다리는 것보다는 일단 빚을 내서 집을 사는 것이 낫다는 사회적 분위기도 거들었다. 청약저축을 통한 저렴한 공공주택의 분양을 기다리기보다는 너도 나도 집사기 열풍에 뛰어들기 시작한 것이다.

사람이 살아가는 데 필수적인 3가지 요소는 의식주다. 이 세 가지 요소가 충족되어야 사람으로서 기초적인 생활을 할 수 있는 것이다. 이 중 주택은 수입을 하거나 제때에 공급하기 어려운 동산이 아닌 부동산(不動産)이라는 점에서 세 가지 요소 중 가장 공공성이 강하다. 또한 상대적으로 투자(기)하기 좋은 재화이다. 최근 통계에 따르면 우리나라 자가보유율[1]은 61.2%, 자가점유율은 58.0%라고 한다. 수도권에서의 비율은 이보다 낮다. 자가보유율이 54.1%이며 자가점유율은 50.0%에 불과하다. 전국 평균보다 낮아 전체 가구의 절반 정도가 집이 없거나 직장문제 등 다양한 사유로 남의 집에서 임시로 얹혀살아가고 있다는 것이다. 즉 '집 나가서 개고생'을 하고 있는 것이다.

청년층의 상황은 더욱 좋지 않다. 앞서 언급한 대로 20~34세의 자가보유율은 18.9%이고 자가점유율은 17.2%에 불과하다. 이처럼 집 나간 청년들의 개고생은 불가피하게 결혼을 미루는 등 '3포세대'라는 신조어를 탄생하게 만들었다. 또 3포 현

---

1 '자가보유율'은 우리나라 전체 2,034만 3천 가구 대비 자기 집을 보유한 가구의 비중을, '자가점유율'은 자기 집에 거주하는 가구의 비중을 각각 뜻한다.

〈지역별 자가보유율〉

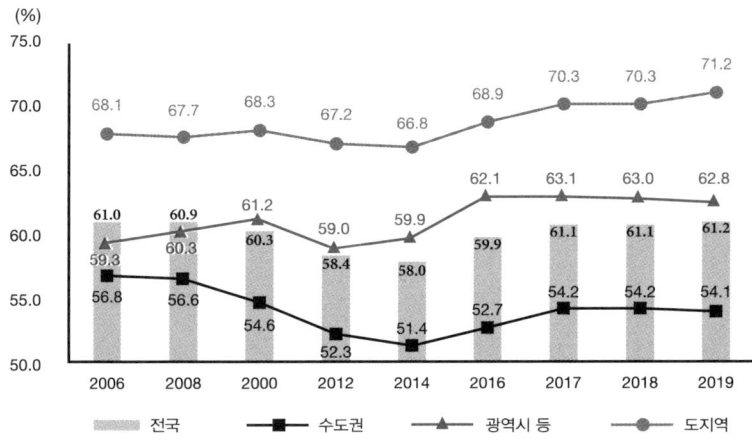

자료: 국토부, 〈2019년 주거실태조사결과, 보도자료〉.

상은 출생인구[2] 감소의 주된 원인이 되었다. 경제협력개발기구(OECD) 회원국의 합계출산율 비교에 의하면, 우리나라의 출산율이 2013년 이후 2018년까지 6년 연속 꼴찌를 기록했다. 더욱이 OECD 회원국 중 유일하게 '출산율 0명대 국가'라는 불명예를 안게 되었다. 인구감소는 국가경쟁력의 기본인 생산 및 소비의 감소와 더불어 국가재정수지의 악화로 이어진다. 천연자원이 거의 없는 우리나라에서는 인적자원이 가장 큰 국가경쟁력이라는 점에서 더욱 염려가 되는 대목이다.

---

2   합계 출산율 (TFR, Total Fertility Rate)은, 여성 1명이 평생동안 낳을 것으로 예상되는 평균 출생아 수를 나타낸 지표로서 연령별 출산율(ASFR)의 총합이며, 출산력 수준을 나타내는 대표적 지표이다.

기본주택, 청년들에게 희망이 될 수 있을까?

내 집을 갖기 어려운 무주택 국민들을 대상으로 제안한 이재명표 기본주택 정책은 경제기본권 확보 차원에서 접근함으로써 주택문제 해결의 새로운 화두를 던진 셈이다. 또한 청년층들의 주거안정을 실질적으로 돕는 구체적 대안을 마련했다는 점에서 큰 의미를 갖는다. 자가보유율[3]이 가장 낮은 청년들의 주거안정을 꾀함으로써 학업의 연속성 확보, 더 낳은 직장 탐색, 결혼 등을 꿈꾸게 할 수 있다면 가장 효과적인 청년지원책이 될 것이다.

〈출생아 수 및 합계 출산율〉

자료: 통계청, 〈2019년 출생통계(확정), 국가승인통계 제10103호 출생통계〉.

그동안 공공임대주택이 갖는 가장 큰 문제점은 교통과 생활환경이 불편하고 열악한 곳에 지어졌다는 점이다. 또 분양주택과 별동으로 지어짐으로써 임대주택단지가 사회적 약자나 저소득자가 생활하는 공간이라는 사회적 편견을 갖게 했다. 여기에 소득, 재산,

---

[3] 노인가구: 78.8% 〉일반가구: 61.2% 〉신혼부부: 52.8% 〉 청년가구: 18.9% 순임.

나이 등 까다로운 조건의 입주자격도 걸림돌이었다. 이재명표 주택정책의 골자인 '기본주택'은 이 같은 단점을 상당히 개선해 제안된 획기적인 정책이라 할 수 있다. "무주택자 누구나에게 입지 좋은 역세권에 적정한 임대료를 내고 30년 이상 거주할 수 있게 보장한다."라는 것에서 알 수 있듯 매우 매력적인 주택공급 및 거주안정 정책이라고 볼 수 있다.[4] 물론 주택 청약통장에 가입하고 무주택자라는 조건 등이 붙어 있지만, 역세권에 비교적 저렴한 임대료만 부담한다면 평생을 살 수 있는 럭셔리한 고급아파트의 시설과 운영관리(스카이 커뮤니티, 게스트하우스, 호텔식 컨시어지 주거서비스 도입 등)를 한다는 점에서 그동안에 공급된 공공임대주택과는 확실히 차별성을 갖는다. 특히 기본주택이 갖는 의미는, 지방정부가 갖는 여러 가지의 제도적 한계 속에서 준비된 혁신적인 주택정책이라는 점이다. 이재명 특유의 추진력을 엿볼 수 있는 사례라고 할 수 있다.

이재명의 부동산에 대한 인식은 공공성에서 출발한다. 그는 "토지와 주택은 공공재로서 공공성, 사회성에 기인한 보편적 주거서비스를 국민 모두에게 제공하여야 한다."라면서 "근로소득보다 높은 부동산에 대한 투기적 투자를 통한 불로소득은 정확하게 환수를 해야 한다."라고 목소리를 높인다. 그렇다고 자본주의

---

[4] GH에 따르면 3기 신도시에 공급하는 기본주택의 물량은 약 13,000호 규모라고 함.

시장의 경제질서에 대한 개입에 대해서는 선을 긋는다. 그는 "시장에서 결정되는 가격 자체를 억제하면 시장이 왜곡된다."라면서 "인간의 욕망(Desire)을 합리적으로 추구할 수 있도록 욕망시장을 허용해야 한다."라고 주장한다. 즉 주택정책은 수요와 공급의 균형에서 결정되는 부동산 가격 자체의 억제를 통해서 집행해서는 안 된다는 것이다. 다만 다주택자에 대한 실질적인 금융, 조세 등의 제재가 매우 중요하다고 지적한다. 이는 다주택자로 인하여 생겨나는 주택 소유의 양극화와 유한한 부동산이라는 공공적 자원의 편중에 의한 부작용을 최소화하려는 방안이다. 또 지속적 성장 가능한 경제정책으로서의 경제기본권을 보장하려는 차원에서 출발하고 있다. 따라서 30년 이상의 주거안정을 보장[5]하는 기본주택의 도입은 성공 여부에 따라 무주택 청년들에게 큰 희망이 될 수 있다. 더 이상 '영끌'로 인한 대출상환 부담과 기본생활의 불안에서 해방될 수 있다면 이것이야말로 가장 매력적인 주택정책이 될 것이다.

기본주택의 두 가지 유형

기본주택은 크게 두 가지 유형으로 구분된다. 첫째는 30년 장기임대형이다. 보유세나 재산세 등 세금부담 없이 거주권을 보

---

5 기본주택의 공급을 1년에 30만 호씩 20년 간 600만 호를 하게 되면 망국적인 부동산 투기문제와 동시에 주거안정 문제를 해결할 수 있다.

장하는 임대주택 유형이다. 입주자격은 앞에서 언급한 것처럼 무주택자면 누구나(청약통장의 가입은 필수조건) 가능하다. 적정임대료[6]만 부담하면 평생 안심하고 거주할 수 있다. 또 주택이 들어서는 지역이 역세권으로서 출퇴근이 편한 곳이며 임대료 또한 청년가구들이 부담 가능한 적정 임대료 수준으로 정해질 것이라 한다. 참고로 경기주택공사(GH)가 다양한 규모의 기본주택별 임대료를 추정하여 제시한 수준은 다음과 같다.

〈이재명 경기지사의 기본주택 구상〉

주택면적	전용 26㎡ (공급면적 13평)	전용 44㎡ (공급면적 20평)	전용 59㎡ (공급면적 25평)	전용 74㎡ (공급면적 30평)	전용 85㎡ (공급면적 34평)
예상임대료	283,000원	397,000원	485,000원	573,000원	634,000원
소요 예산	14,150,000원	19,850,000원	48,500,000원	57,300,000원	63,400,000원
RIR(가구인구)	16.1%(1인가구)	13.3%(2인가구)	12.5%(3인가구)	12.1%(4인가구)	11.3%(5인가구)

자료: 경기주택도시공사(http://www.gh.or.kr/business/housing/gyeonggi_lease_01.do), 2021년 6월 기준.

이 정도의 임대료 수준이면 대학교 기숙사(1인실, 4평)나 원룸주택, 오피스텔, 도시형생활주택(원룸형, 단지형)과 비교할 때 매우 저렴하다는 것을 알 수 있다.

6　임대료 수준은 RIR (Rent Income Ratio) 20% 이하에서 결정하여 임대료 부담을 낮춘다고 한다.

둘째는 분양형 기본주택이다. 우리가 익히 들은 바 있는 반값 아파트와 유사한 유형이다. 즉 기존의 토지임대부 분양주택과 같이 공공이 토지를 소유하고 주택만 분양하는 것이다. 이 기본주택은 매달 토지에 대한 적정한 임차료를 내면서 평생 내 집처럼 안정적으로 살 수 있다는 장점 이외에 의무거주기간 10년만 채우면 공공기관에 분양가격 이상으로 되팔 수 있다는(환매) 이점이 있다. 이는 기존의 토지임대부 분양주택과 다른 환매 조건과 의무 보유에 따른 투기적 수요를 처음부터 차단하고 있다는 점에서 보다 발전된 분양형 반값 주택이라고 할 수 있다.

기본주택이 성공적인 주택정책으로 연착륙하려면…

최근의 추이를 보면, 부자들이 집을 소유하는 비율이 갈수록 상승하고 있다. 반대로 중위 및 하위 소득자들은 갈수록 줄어[7]들고 있다. 무주택자들의 내 집 마련의 꿈이 점차 멀어지고 있음을 보여주는 단적인 지표다. 경제기본권 보장 차원의 기본주택 도입은 무주택 청년들에게 활로를 열 수 있는 강력한 정책으로 자리 잡을 수도 있다. 하지만 역대 정권마다 실패를 거듭한 것에서 알 수 있듯이 난마처럼 얽혀 있는 부동산 및 주택문제는 단기간이 해결할 성질이 아니다. 이런 관점에서 이재명의 기본주택 정책

---

7   2019년 통계로 보면 소득별 자가보유 비율이 상위(9분위~10분위)는 81.9%, 중위(5분위~8분위)는 62.9%, 하위(1분위~4분위)는 48.2%이다.

또한 충분한 사회적 합의와 면밀한 검토를 통해 보완되고 발전해야 할 것이다. 이에 기본주택론에 대해 두 가지 의견을 보태고자 한다.

첫째는 경쟁력을 갖춘 주택단지 조성에 관한 의견이다. 기본주택의 입지를 대중교통이 편리한 역세권을 선정했는데, 이에 대한 타당성을 검토할 필요가 있다. 역세권은 서울에서 출·퇴근하기 편리한 지역을 의미한다. 말 그대로 비싼 땅에 쉼터(주택, 집터)만 만들면 서울 의존형 베드타운이 될 가능성이 높다. 통상적으로 서울 강남의 주택가격이 높은 것은 다양한 이유가 있겠지만 크게 분석하면 쉼터(집), 일터(직장), 놀이터(문화·의료시설)라는 세 가지 유형이 복합되어 있다. 세 가지 터(Location)가 복합된 도시나 지역의 주택은 만족도와 선호도가 높다. 따라서 외부경기와 별 상관없이 수요 초과로 인해 주택가격은 꾸준히 상승세를 이어간다. 실제 우리나라에서 나타나는 현상이다.

따라서 역세권에만 집중하기보다는 일터 역할을 하는 기업과 놀이터 역할을 하는 문화·의료시설이 잘 갖춰진 주택단지 조성을 구상할 필요가 있다. 이는 일자리 창출과 동시에 사회적 비용을 줄이고 지역경쟁력을 높일 수 있는 방안이다. 말 그대로 일석이조의 기본주택 공급방안이 될 수 있다. 이를 통해 단순한 베드타운을 뛰어넘어 자족도시적 성격을 갖는 기본주택 단지를 조

사진자료: 경기주택도시공사(GH)는 공개한 기본주택 최상층에 스카이라운지, 게스트 하우스 등을 갖춘 '스카이 커뮤니티' 설치를 검토 중이라고 밝혔다.

성한다면 한층 더 기본주택론이 탄력을 받을 수 있을 것으로 기대된다. 경기도가 2019년도부터 산하 일터인 공공기관 이전을 3차에 걸쳐 분산 배치하고자 한 것은 합리적인 지역발전 전략으로 여겨지는데, 이와 연계한 방안도 효율적으로 보인다. 분산 배치된 공공기관 인근에 기본주택단지를 공급해 낙후지역 및 소외지역의 자족도시화를 이끌어낸다면 매우 매력적인 대안으로 자리잡을 수 있을 것이다.

다음으로 보완해야 할 점은 입주자 자격과 관련된 부분이다. 기본주택의 공급자격을 무주택자 모두에게 다 기회를 준다는 것은 정부가 예전부터 추진하고 있는 공공임대주택에 입주할 수 있는 주택청약종합저축가입 1순위자[8]와 무주택 저소득 서민들에게 상대적인 박탈감을 줄 수 있다. 따라서 입주자 자격 선정과정에서 기존 공공주택 공급방식과 충돌할 수 있는 여지를 사전에 차단할 묘책이 필요하다. 즉 균형과 조율이 필요한 것이다. 또한 적정한 임대료로 평생 안정적으로 살 수 있는 기본주택 정책이 연착륙하기 위해서는 지속적인 공급이 필수적이다. 이를 위해서 고밀도 개발을 적극 추진할 필요가 있는데, 용적율을 500% 정도로 높이려면 관련 법률을 개정하고 새로운 규정 신설이 요구된다. 기본주택 시행 시기와 입지 확보의 불확실성이 염려되는 대목이다.

이런 난제들은 이재명의 지론처럼 국민적 합의를 통해 전략적으로 접근할 필요가 있다. 80%가 넘는 이 땅의 무주택 청년들의 주거안정은 나라의 운명을 걸 만큼 중차대한 과제 중 기본이기 때문이다.

---

8 2020년 11말 기준 전국 주택종합청약저축 등 가입자는 2,710만 2,693명으로 집계됐다. 이중 1순위 자격을 갖춘 가입자는 1,494만 8,433명으로 전체의 55%이다. 지역별로는 인천·경기 지역이 887만 7,005명으로 가장 많고, 서울이 678만 5,844명으로 그 뒤를 이었다.

일자리 정책,
국가재정으로 발 벗고 나설 때다

- 4차 산업혁명시대의 기본일자리 정책 제언

• 전용복[*]

일자리 부족과 실업문제는 행정가 이재명 지사(이하 '이재명')에게 항상 큰 숙제였다. 단적으로 2018년 지방선거에서 이재명은 경기도지사에 출마하면서 '좋은 일자리'를 많이 만들겠다고 공약했다. 이재명에게 좋은 일자리란 무엇일까? 그가 제안한 일자리 공약에 따르면, 좋은 일자리란 '안정적'이고 '양질'의 일자리이다. 그는 비정규직 일자리의 문제(노동권과 노사화합의 문제도 이와 관련되어 있다)를 언급하여 최근 폭발적으로 증가하고 있는 불안정 노동의 문제를 지적한다. 고용이 불안정하면 노동자의 협상

---

[*] 경성대학교 국제무역통상학과 교수. 미국 유타주립대학(University of Utah)에서 경제학 박사학위를 받았다. 『나라가 빚을 져야 국민이 산다』(2020), 『일자리 보장 : 지속 가능 사회를 위한 제안』(역서, 2021) 등 다수의 저역서가 있다.

력이 약해지고, 노동권과 임금 등이 악화된다. 경기도가 2019년부터 추진한 '경력 형성형 일자리 창출지원사업' 또한 일자리의 연속성, 즉 고용 안정성을 위한 정책으로 이해할 수 있다.

이재명은 양질의 일자리를 '미래일자리'로 정의한다. 1990년대부터 시작한 정보통신기술(IT)의 발전은 일자리에 대해 양날의 검과 같았다. 한편으로 정보통신기술의 진보가 고임금-고기술(고숙련) 일자리를 대량 창출했다면, 또 다른 한편으로는 플랫폼 노동으로 대표되는 불안정 노동자를 대량 양산했다. 기술 진보라는 세계사적 흐름을 거스를 수 없다면, 전자는 적극적으로 수용하고 확산해야 하고 후자는 불안정 노동을 보호하는 정책으로 대응해야 한다. 즉 이 두 가지 정책을 동시에 취해야 한다. 이재명의 전략은 기술진보에 적응하는 고급 일자리(미래일자리)를 많이 만드는 일에 초점이 맞춰져 있다. 공약으로 제시한 '도전일자리'(실패해도 다시 일어설 수 있게 도와주는 정책)도 이와 관련이 있다.

그렇다면 안정적이면서 양질의 일자리를 어떻게 만들 수 있을까? 이에 대해 이재명은 산업-대학-연구소 등 미래일자리 관련 기관들이 상호 협력하는 플랫폼을 구축하고, 이를 고급인력 양성소로 활용하는 방안을 제안했다. 정부(경기도)와 공공기관이 이 플랫폼을 최대한 지원한다는 구상이다. 사회서비스를 제공하는 '공공일자리'(돌봄, 노인, 여성 등)를 제안하기도 하지만, 일자리와 관련한 공공기관의 역할은 민간의 일자리 창출을 돕는 일에 한정한다. 아울러 이재명은 2021년 6월 8일 모 언론사와의 인터뷰에서 정부는 기업의 "기술개발, 시장개척, 교육 등을 지원하겠지만… 일자리는 기업과 민간이 만든다."라고 언급한 바 있다.[1]

이 글은 정부가 일할 의지와 능력이 있는 국민 모두에게 일자리를 보장하는 '기본일자리'를 제언하고자 한다. 기본일자리는 기본소득의 철학과 배치하지 않는다. 두 정책은 상호 보완할 수 있다고 믿는다. 그렇다고 기본일자리 보장이 기업 활동 영역을 침범하자는 말은 아니다.

기본일자리, 가장 강력한 사회복지제도

왜 국가가 모두에게 일자리를 보장해야 할까? 기본일자리 보장은 매우 강력하고, 포괄적이며, 안정적인 대안적 사회복지제도이기 때문이다. 사회보험 중심의 전통적 복지제도는 이제 한계가 분명해졌다. 사회보험에는 주로 취업자가 가입하는데, 실업이 증가하고 고용도 불안정해졌기 때문이다. 사회보험 가입자는 소득 일부를 기금으로 적립하고 그 기금으로 실업, 질병, 노령, 산재

---

1 머니투데이, [the300][대선주자 릴레이 인터뷰]②-2. 이재명 "일자리, '기업'이 만든다… '가난'이 공정하면 뭐하나", 2021.06.10. https://news.mt.co.kr/mtview.php?no=2021061011291856503.

등 사회적 위험에 대응한다. 이러한 사회보험 중심의 복지제도가 잘 기능하고 계속 유지되려면 결정적으로 중요한 한 가지 조건이 충족되어야 한다. 가입자 수가 많아야 한다는 점이다. 가입자 수가 많아야 개인별 적은 보험료를 모아 큰 기금을 만들 수 있기 때문이다. 소수만 가입하는 사회보험으로는 사회적 역할을 제대로 담당할 수 없다. 가입자 수가 결정적으로 중요하기에 국가는 법률로 사회보험 의무가입을 강제하고 있다. 하지만 현실은 그 목표를 달성하지 못하고 있다. 소득이 없거나 제도적 허점으로 인해 사회보험 가입률이 기대치에 크게 미치지 못하기 때문이다. 2019년 기준 우리나라 공적연금(국민연금, 공무원연금, 사학연금, 군인연금) 가입률은 15~64세 인구 약 3,700만 명 중 65%, 실업보험 가입률은 37.3%에 지나지 않는다.

복지제도가 궁극적으로 추구하는 목표는 국민 모두의 안정적인 생활 기반을 보장하는 것이다. 그 실질적 의미는 '소득보장'이다. 안정적인 생활을 위해서는 소득이 안정되어야 하기 때문이다. 우리나라 개인과 가계에서 가장 중요한 소득원은 노동소득으로, 가계 소득의 평균 90% 이상을 차지한다. 따라서 일자리 보장은 가장 중요한 소득보장 방법이고 저소득층일수록 더 그러하다. 일자리와 취업이 이렇게 중요함에도 자본주의 경제에서는 완전고용보다는 대량 실업이 보편적이다. 더구나 자본주의 경제는 주기적으로 불황과 호황을 반복해 왔는데, 불황 국면에서 실업자

수가 특히 급증한다. 불황으로 인해 증가한 실업자가 새 일자리를 찾는 데에는 점점 더 오랜 시간이 걸리고 있다. 고질적인 대량실업은 현재의 복지제도를 위협한다. 실업이 사회보험료 수입을 줄이고 오히려 복지 지출은 증가시키기 때문이다. 이는 사회보험 기금 고갈이나 정부 재정적자로 나타나는데, 이에 대한 보편적 대응은 사회복지 축소였다. 따라서 일자리 보장은 현재의 복지제도를 유지하는 데에도 필수적이다.

우리나라에서도 실업은 고질적이고 광범위하게 존재해 왔다. 2021년 5월 기준, 공식 실업자 수는 114만 8천 명에 달했다. 사실 이 공식 실업자 수조차 현실을 제대로 반영하지 못한 것이다. 실업자에 대한 정의가 너무 엄격하여 비현실적이기 때문이다. 공식 실업자 수에 더해, 취업해 있지만 더 많은 시간 일하고 싶은 사람(시간 관련 추가 취업 가능자)이 112만 4천 명, 잠재경제활동인구 또한 185만 9천 명에 달한다. 이는 코로나19 팬데믹의 경제적 충격을 반영한 수치이긴 하지만, 그 이전에도 공식 실업자와 잠재적 실업자 수를 합하면 평균 약 340만 명에 달한다.

이들 모두가 당장 취업할 수 있는 것은 아니지만, 우리 사회가 잠재적으로 필요로 하는 일자리의 수를 가늠할 수 있게 한다. 우리나라 개인과 가계 수입의 대부분이 근로소득이란 점을 상기하면, 빈곤과 소득 불평등 등 복지제도가 담당해야 할 사회적 위험 요소의 대부분이 실업과 관련되어 있다. 하지만 현재의 복지제도는 실업을 직접 다루지 않는다. 역으로 보면, 실업은 사회보험 중심의 복지제도 전체를 위협한다. 실업은 사회보험 가입자 수의 감소를 의미하기 때문이다. 따라서 실업을 해소하려는 고용정책은 매우 정당한 복지정책으로 이해할 수도 있다.

우리나라 고용정책이 왜 실패를 거듭했나?

지금까지 우리나라의 고용정책은 한 번도 성공한 적이 없다. 정부의 소극적 대응도 문제지만, 실업의 원인을 이해하는 잘못된 관점이 더 근본적인 이유이다. 실업의 원인에 관한 지배적 담론(자유주의적 입장)은 크게 두 가지로 나눌 수 있을 것이다.

첫째는 실업을 취업역량 개발에 소홀한 실업자 개인의 방탕한 생활 태도에서 찾는 견해다. 이는 실업의 책임을 전적으로 개인에게 돌리는 태도이다. 두 번째 관점은 이보다 더 광범위하게 퍼진 관념인데, 노동시장이 비효율적으로 작동하여 실업이 존재한다는 주장이다. 구체적으로 법정 최저임금 설정, 해고의 제한 등 노동시장 규제와 '이중 노동시장' 구조가 비효율적 노동시장을 만든다고 분석한다. 이에 따르면, 임금이 충분히 하락하면 실업자 모두 고용될 수 있다. 또한 단결권이 보장된 내부 노동자들에게 과도한 임금이 지급되면서 기업의 추가 고용 여력이 감소하여, 결국 실업이 발생했다고 주장한다.

하지만 자유주의적 관점은 자본주의 경제의 구조적 결함을 무시한다. 자본주의 경제 내부에는 일자리 수가 부족할 수밖에 없는 구조적 모순이 존재한다. 자본주의에서는 모든 생산물이 판매되어야 하는 상품으로 생산된다. 생산된 모든 상품은 누군가가 구매해줘야 한다. 상품이 판매되지 않으면 기업은 이윤을 내지 못해 파산하거나 투자를 축소하여 실업이 발생한다.

하지만 자본주의 경제는 생산물이 모두 판매되기 어려운 구조적 제약하에서 작동한다. 소득이 불평등하게 분배될 수밖에 없기 때문이다. 자본가와 부자에게 분배된 소득 중 큰 부분은 소비되지 않고 저축된다. 노동자도 임금 일부를 저축하기도 한다. 분배된 소득 중 일부가 저축된다는 사실은 그만큼 생산된 상품이 판매되지 않음을 의미한다. 이러한 판매 위기가 강화되고 완제품 재고가 증가하면 기업은 투자와 고용을 줄인다. 이것이 실업의 원인이다. 즉 소득 불평등에 따른 저축이 실업의 구조적 원인이다.

그동안의 실업대책은 이와 같은 정확한 원인 진단에서 출발해야 했지만, 그렇지 않았다. 첫째, 실업의 원인을 개인의 태만에서 찾는 관점은 실업 해소 정책 자체를 거부하거나, 대개 개인의 취업역량(employability)을 강화하는 직업훈련에 초점을 맞추려 한다. 하지만 경제 전체적으로 일자리 총량이 제한되어 있는 한, 직업훈련에 참여하는 사람의 취업 가능성은 커질 수 있지만 누군가는 반드시 취업에서 탈락할 수밖에 없다. 매우 악랄한 '의자 뺏기' 게임이다. 직업훈련보다 경제 상황이 취업에 더 큰 영향을 미치는 것도 이 때문이다.

둘째, 실업을 노동시장의 문제로 보는 관점은 노동시장에 대한 임의적 개입을 제거하는 정책을 선호한다. 최저임금제도 폐지, 해고를 쉽게 하는 노동시장 유연화, 노동권 일부 제한, 일자리 나누기 등의 정책이 이 범주에 속한다. 하지만 고용과 실업이 시장의 문제 혹은 개별 기업과 노동자의 선택 문제로 보는 이런 관점은 심각한 단견이다. 우선, 시장에서 기업들이 개별적으로 결정하는 최적 고용량의 합이 경제 전체의 모든 노동자를 고용할 만큼 충분하리란 보장이 전혀 없다. 실제로 역사가 증명하듯 시장은 완전고용을 보장하지 못한다. 1980년대부터 전면화된 신자유주의 정책으로 인해 노동에 관한 규제는 유례없이 약화되었지만, 실업이 감소했다는 증거는 전혀 없다.

마지막으로 고용정책 결정자 중에는 실업이 경제 전체의 일자리 총량이 부족해서 발생한다는 점을 이해하는 관점이 있긴 하다. 이들은 일자리 총량의 부족이 유효수요 부족에 기인한다는 점도 지적한다. 이러한 맥락에서 이들은 실업 해소를 위해 총수요 확대 정책, 즉 정부 지출 확대를 제시한다. 하지만 이런 정책 처방 또한 실업을 해소하는 데 효과적이지 않았다. 고용을 기업에 의지했기 때문이다. 유효수요를 확대하기 위한 정부 지출은 주로 기업에 고용 인센티브를 제공하는 방식이었다. 조세감면, 고용 지원금 지급, 규제 완화 등이 대표적이다.

종합하면 기존 일자리 정책 대부분은 '일자리는 민간 기업이 만든다.'는 믿음에 기초한 것이었다. 즉, 기업과 시장을 지원하면 충분한 일자리가 만들어질 것이라는 기대감으로 정책을 추진했다는 얘기다. 이른바 '일자리 낙수효과'를 기대한 것이다. 그러나 시장과 기업에 의존하는 일자리 창조 정책은 실패할 수밖에 없다. 무엇보다 기업 목표가 이윤 극대화이지 일자리 창조나 고용이 아니기 때문이다.

자본주의 300년 역사가 증명하듯, 기업이 원하는 고용인원이 사회가 필요한 일자리 수와 일치하는 경우는 우연이 아니고는 거의 불가능에 가깝다. 설사 기업에 충분한 인센티브를 제공하면 완전고용에 도달할 수 있다 하더라도, 이를 위한 재정지출 규모는 상상할 수 없이 커야 할 것이다. 이런 면을 모두 고려하면, 모든 실업자를 정부가 직접 고용하는 편이 훨씬 재정을 절약할 수 있는 방안이 된다. 실업 해소를 위해서는 정부가 일할 능력과 의도가 있는 모든 실업자를 직접 고용하는 길 외에는 달리 방법이 없다.

이윤 목적의 일자리 對 사회적으로 유용한 일자리

4차 산업혁명시대의 담론은 기계가 인간의 노동을 대체한다는 관념을 고착시키고 있다. 일자리가 점점 사라진다는 의미다. 하지만 이는 편향된 시각이다. 우선 4차 산업혁명으로 기계가 인간의 노동을 대체하는 경우가 증가하더라도, 그런 기계를 개발하고 운영하기 위해서 새로운 일자리가 창조될 것이란 반론도 있다는 점을 지적할 필요가 있다. 기본일자리와 관련하여 더 중요한 점은 일자리 감소 담론이 말하는 일자리라는 것이 '이윤 목적의 일자리'만을 의미한다는 사실이다. 더 넓은 관점에서 사회적으로 유용한 노동, 즉 인간 사회를 유지하고 재생산하며 더 풍요롭게 하는 활동에 대한 욕구를 충족시키는 일자리가 감소한 것은 아니다. 오히려 그 반대란 사실에 주목할 필요가 있다. 인간의 생산력 수준이 발전함에 따라 사회적으로 유용한 노동의 종류와 수는 지속해서 증가해 왔다. 문화·예술 활동, 돌봄, 환경 보존 활동 등이 대표적이다. 그런 활동으로는 충분한 이윤을 창출할 수 없기에 자본이 방치했을 뿐이다. 그 결과 국민의 욕구 중 큰 부분이 충족되지 못하게 되었다.

자본주의 사회는 일자리를 찾는 (잠재적) 실업자가 대량으로 존재한다. 자본주의 사회에서 실업은 곧 생존의 위기를 의미한다는 점은 반복해서 강조할 필요가 있다. 다른 한편에는 사회적으로 유용한 노동이 제공할 생산물과 서비스를 간절히 원하는 사람이 공존하고 있다. 기본일자리는 정부가 생존 위기에 처한 실업자를 고용하여 사회가 필요로 하는 유용한 노동을 제공하도록 하는 제도이다. 이는 필요(일자리)와 또 다른 필요(사회서비스)를 연결하여 모두가 이익이 되는 일이다. 많은 시민이 이미 자발적으로 그런 활동을 수행하고 있다. 공동 육아 공동체와 같은 돌봄 공동체, 협동조합, 사회적 기업, 사회적 벤처 등의 사회적 경제활동, NGO 활동, 다양한 봉사활동 등이 그런 것이다. 이들을 활용하고 확대하여 정부가 임금을 지급하고, 사회에 필요한 노동과 서비스를 제공하도록 구성할 수 있다. 다시 말하지만, 이런 일자리들은 기존 시장 혹은 기업의 활동 영역을 침범하지 않는다. 오히려 시장과 기업이 방치한 부분을 개척하는 일이다. 이를 통해 실업이 해소되고 불평등이 완화하면 기업의 매출과 이익도 증가하여 기업에도 이익이다.

기본일자리 재원 확보는 지금도 가능하다

일할 의지와 능력이 있는 모든 사람을 고용하기 위해서는 얼마나 많은 예산이 필요할까? 결론부터 말하면, 기본일자리를 위한 재정은 부담스럽지 않을 것이다. 이를 간단히 추산해 보자. 공식 실업자 100만 명 전원이 전일제(하루 8시간) 기본일자리 프로그램에 참여한다고 가정하자(이는 코로나19 팬데믹 이전 평균 공식 실업자 수이다. 부정적인 경제적 충격이 오면 이는 더 증가할 수 있고, 경기 호황기에는 감소할 것이다).

시간 관련 추가 취업 가능자란 이미 일자리가 있지만, 더 일하고 싶은 사람을 의미한다. 따라서 이들 모두가 하루 8시간 일하는 전일제 기본일자리로 이동한다 할 수는 없다. 대신, 이들은 하루 평균 4시간만 기본일자리 프로그램에 참여한다고 가정하자. 잠재경제활동인구란 다양한 사유로 현재 당장은 취업할 수 없지만, 여건이 되는 대로 취업을 희망하는 사람들이다. 기본일자리가 시행될 경우 이들 중 절반이 즉시 취업한다고 가정하자. 그러면 하루 8시간 전일제 기준으로 기본일자리에 참여하는 인원은 공식 실업자 100만 명과 시간 관련 추가 취업자 및 잠재경제활동인구로부터 약 100만 명 등 약 200만 명으로 추정할 수 있다. 다음으로 이들에게 최저임금을 지급한다고 가정하자. 2021년 최저임금을 적용하면, 1인당 연간 약 2,200만 원을 기본일자리 임금으로 지급하게 된다. 따라서 기본일자리에 참여하는 200만 명에게 필요한 임금 총액은 연간 약 44조 원이 된다. 여기에 사용자(정부)분 사회보험료로 임금 총액의 10%를 포함하면 48.4조 원이다. 여기에 기본일자리의 원활한 진행을 위해 간접비로 임금 총액의 20%를 추가하면, 기본일자리를 위한 예산 총액은 58조 원으로 추산된다.

이 재원은 어떻게 마련할 수 있을까? 첫째, 기존의 일자리 관련 중앙정부 예산을 활용할 수 있다. 2021년 일자리 및 고용 관련 예산으로 기재부는 총 35.4조 원이라 발표했고, 고용노동부는 총 30.5조 원으로 산정했다. 기재부와 고용노동부 사이에 어떤 프로그램(정책)을 '일자리 및 고용' 예산으로 잡을지 합의가 부재한 탓에 이런 차이가 나타난다. 중요한 사실은 현재에도 이미 30~35조 원이 일자리 정책에 사용되고 있다는 점이다. 다만 이 재정의 대부분이 정부의 직접 고용보다는 고용 '촉진' 사업에 지출되고 있을 뿐이다. 기본일자리 정책을 시행하게 되면, 일할 의지와 능력이 있는 사람 누구나 취업할 것이므로 추가적인 일자리 예산은 불필요하다. 즉 지금 지출하고 있는 30~35조 원을 기본일자리 정책 재원으로 사용할 수 있다.

둘째, 2000년부터 최근까지 20여 년 동안 우리나라 중앙정부 재정수지는 GDP 대비 연평균 약 0.98%의 흑자를 기록했다. 정부가 재정흑자를 유지할 이유가 없으므로 향후 흑자재정을 포기하여 추가 재원을 마련할 수 있다. 2020년 GDP 1,933조 원을 기준으로 보면 약 19조 원을 의미한다. 또한 2000년대에 들어서면서 전국 지방정부의 재정수지(총수입-총지출) 또한 지속적으로 흑자를 기록해 왔다. 예컨대 우리나라 지방자치단체 재정수지는 2019년 67.5조, 2018년 68.9조 원, 2017년 63.2조 원의 흑자를 기록했다. 이 중 큰 부분을 기본일자리 예산으로 활용할 수 있다. 이렇게 기존 일자리 및 고용 정책 예산(30.5~35조)과 중앙정부 및 지방정부의 재정 흑자분만으로도 기본일자리를 위한 재정 58조 원을 조달하고도 남는다.

셋째, 기본일자리 프로그램에는 국민 누구나 참여할 수 있으므로 기존의 복지지출 중 많은 부분을 절약할 수 있을 것으로 예상할 수 있다. 예컨대 2021년 국민기초생활보장제도 관련 예산만 약 13.2조 원에 달하는데, 수급자 중 많은 사람이 기본일자리에 취업할 것으로 예상할 수 있다. 기초생활보장 수급자 중 많은 인원이 실업자인데, 이들 중 다수가 기본일자리에 취업하면 더 이상 기초생활보장 수급자가 아니게 된다.

넷째, 자발적 실업이 해소되고 약 200만 명이 추가로 취업하게 되면 이 효과에 힘입어 경제가 추가로 성장하여 세수가 증가할 것이란 점은 자명하다. 정부지출이 국내총생산(GDP)에 미치는 영향을 재정승수라 부른다. 재정승수의 정확한 크기에 관해서는 연구마다 상이한 추정치를 제시하고 있다. 최근 IMF 보고서는 전 세계 약 120개 연구를 종합하여 재정승수가 평균 1 이상이라고 보고했다. 이와 관련 더 중요한 점은 기본일자리 정책에 지출하는 재정 대부분은 한계소비성향이 큰 저소득층(실업자 가계)에 돌아간다는 사실이다. 이는 기본일자리 지출의 경제효과가 더 크고, 그 결과 세수 증가폭이 기존 연구 결과보다 더 클 것이란 의미이다. 또한 기본일자리 임금의 일부를 지역화폐로 지급하는 등 경제적 효과가 큰 방식을 고려할 경우, 그 효과도 더 커질 수 있다.

이상을 종합하면 기본일자리를 위한 재정 부담은 거의 없다고 할 수 있다. 더구나 기본일자리의 효과로 경제가 더 빠르게 성장하면서 자발적 실업자 수는 오히려 감소할 수 있다. 최소한 기본일자리 참여자 수의 증가보다 GDP가 더 빠르게 증가하면 경제 규모(다른 말로 세수 기반) 대비 기본일자리 재정의 비중은 오히려 감소할 가능성이 크다.

기본일자리 정책으로 무엇을 기대할 수 있을까?

기본일자리는 경제성장과 같은 양적 효과 이외에도, 다음과 같은 중요한 질적 효과를 낳을 수 있다. 첫째, 기본일자리는 기존 사회보장제도(사회보험)를 오히려 강화할 수 있다. 앞서 지적한 것처럼, 세계적으로 사회보장제도는 사회보험 중심으로 구성되어 있고 사회보험은 취업자 수에 의존한다. 따라서 실업과 불완전·불안정 고용의 확대는 사회보험과 사회보장제도의 근간을 위협한다. 기본일자리 참여자에게는 사회보험 또한 자동적으로 가입하게 하므로, 이는 '복지국가의 위기'를 극복하는 방법이기도 하다.

둘째, 기본일자리는 기존 취업자에게 유리한 노동 관행과 노동 조건을 만들어낼 것이다. 일자리 부족(실업)과 해고 위협은 노동자의 협상력을 약화하는 가장 강력한 기제이다. 이와는 반대로 정부가 보장하는 대안 일자리는 노동자에게 가장 든든한 '뒷

배'가 된다. 그 결과 민간 사용자는 함부로 부당 노동행위를 할 수가 없게 될 것이다. 또한 민간 부분은 정부가 제시하는 일자리 보장제 임금(시급 및 정기적 임금 총액 모두) 이상을 제시해야만 할 것이다. 그렇지 않다면 사용자는 원하는 인력을 구하지 못할 것이기 때문이다.

셋째, 기본일자리는 지역 사회가 원하는 사회서비스를 공공재로 제공한다. 일자리 보장프로그램은 지역 공동체의 '미충족 욕구'를 해소하는 일들로 구성되기 때문이다. 지역 공동체 구성원은 그러한 사회서비스 혜택을 받는 동시에 각자 할 수 있는 사회서비스를 공동체에 제공하기도 한다. 지역 공동체 전체의 이익을 위해 구성원이 자발적으로 참여하는 활동(기본일자리 프로그램)을 통해 개개인은 경제적 이익을 얻는 동시에 협력과 공존의 가치를 몸으로 체득할 수 있다. 이는 사회 전체의 민주주의 발전에 중요한 토대가 될 것이다. 예컨대 우리 사회에는 이미 경제적 궁핍에도 불구하고 시민 활동가로 살아가며 사회와 공동체를 위해 일한다는 자부심을 지향하는 가치 중심적 삶을 추구하는 사람들이 많이 있다. 돈 걱정 없이 사회에 봉사하는 사람들이 많아지면 많아질수록 그만큼 우리 사회는 질적으로 개선될 것이다. 이들은 사회 운동을 통해 다양한 분야의 지식과 역량을 습득해 왔으므로 기본일자리 보장프로그램을 운영하는 데 핵심 요원으로 활동할 것이다.

넷째, 거시 경제적 측면에서 기본일자리는 가장 강력한 자동 경제 안정화 장치로 기능할 수 있다. 자본주의 역사 전체로 보면, 경기변동은 자본주의 경제가 존재하는 한 피할 수 없는 숙명처럼 보인다. 주기적 경기변동은 실업의 증감으로 나타난다. 경기침체로 민간 부문에서 실업이 양산되면 기본일자리 프로그램이 그들을 흡수해 경력과 소득 단절로부터 보호한다. 기본일자리 프로그램은 소득 단절을 예방할 뿐만 아니라 실직하더라도 계속 일을 하면서 숙련을 유지하게 한다. 이는 경기가 회복할 때 민간부문으로 쉽게 이직할 수 있게 한다. 노동시장에 처음으로 진입하는 청년들에게도 경력과 숙련을 쌓을 기회를 제공한다.

기본일자리는 노동과 기업 모두를 위한 윈윈전략

다섯째, 기본일자리를 통해 '그린뉴딜' 등 산업 및 사회 전환을 도모할 수 있다. 산업 및 사회 전환은 대규모 투자와 자원 동원이 필요하다. 특히 노동 투입이 매우 중요하다. 기본일자리 프로그램 일부를 이에 활용할 수 있다. 우선 기후변화로 예상되는 자연재해 예방 활동 프로그램을 개발하고, 이를 기본일자리 프로그램의 하나로 시행할 수 있다. 더 나아가 기본일자리는 산업 및 사회 전환 과정에서 필연적으로 나타나는 노동 재배치 문제를 해소할 수 있다. 예컨대 신재생에너지로의 전환은 기존 화석연료 산업에 종사하던 노동자의 실직으로 이어질 수 있다. 이들을 (재교육 후) 신재생에너지 산업이나 기타 업종으로 재배치하기 위해서는 대규모 일자리 완충 장치가 필요하다. 화석연료 산업의 쇠퇴로 실직한 사람들은 일자리 보장제가 운영하는 다양한 프로그램에 참여하여 경력을 유지하거나 쌓을 수 있고, 이를 바탕으로 재취업할 수 있다. 기본일자리 프로그램 중 일부를 신재생에너지 관련 프로그램으로 운영한다면, 실직한 화석연료 종사자들이 여기에 참여함으로써 성장하는 신재생에너지 산업으로 재취업할 수도 있을 것이다. 이러한 방식으로 기본일자리는 사회와 산업의 전환 과정에서 실직한 사람들을 소득 단절 없이 재교육하고 새로운 일자리를 찾을 수 있도록 훈련하는 기능을 수행한다. 대규모 전환을 이루면서 그로부터 패자를 만들지 않기 위해서는 일자리 보장이 필요하다.

여섯째, 기본일자리를 통해 생산성 정체를 극복하고, 질적으로 우수한 경제체제를 구축할 수 있다. 최근 노동 절약적 기술 산업이 발달하면서 고용의 불안정성이 강화되고 있다. 고용이 불안정해지면서 불평등도 악화되었다. 불평등 확대는 결국 유효수요 부족 문제를 악화시키고 궁극적으로 경제성장과 생산성 정체로 이어진다. 경제성장과 생산성 정체는 이제 역으로 실업과 고용 불안정성을 강화하고 불평등을 더욱 악화시키는 악순환 메커니즘을 형성한다. 기본일자리는 이러한 악순환을 선순환으로 전환할 수 있다. 기본일자리를 통해 국민 전체의 소득이 증가하면 유효수요가 증가하고 또 기업의 이윤도 증가한다. 이는 다시 투자와 민간 고용을 확대하고 경제 전체의 생산성을 향상시킨다. 기본일자리는 노동과 기업 모두를 위한 윈윈전략이다.

도시외교가 가세한 한국형 인권외교의 미래상
- 미얀마 인권외교를 통해 본 새로운 외교정책
- 최경준(제주대 사회교육과 교수)

개성공단 재개는 평화체제로 가는 상징
- 한반도 평화경제시대와 글로벌 선도국가의 공정외교
- 박종철(경상국립대 일반사회교육학과 교수)

선택적 모병제, 청년들에게 공정과 정의를
- 실용 외교안보정책의 주요 현안과 방향
- 정한범(미래안보포럼 공동대표)

성장과 공정의 큰 걸음, 그 중심은 과학기술이다
- 4차 산업혁명시대의 과학기술정책
- 남승훈(한국표준과학연구원 책임연구원)

돈 없어도 제대로 치료받는 나라를 꿈꾼다
- 네 가지 이슈로 살펴본 보건의료 공정정책
- 최완석(한국국제대 물리치료학과 교수)

3부

외교안보·과학기술 보건의료 정책방향은?

도시외교가 가세한
한국형 인권외교의 미래상

– 미얀마 인권외교를 통해 본 새로운 외교정책

• 최경준*

　한국의 민주화 과정은 위대한 항쟁으로 점철됐다. 그 성과 또한 식민지 지배의 고통과 한국전쟁의 참화 속에서도 단기간에 이루어낸 경제성장의 기적을 뛰어넘을 만큼 눈부시다. 우리나라의 경우처럼 경제적 저발전의 덫에서 벗어남과 동시에 민주주의 정치발전을 성공적으로 이룬 나라는 그리 많지 않다. 산업화와 민주화를 동시에 견인해낸 우리나라는 국제적으로도 모범이 되고 있다. 이는 서구 국가들을 제외한 다른 국가들 사이에서는 좀처럼 그 사례를 찾기 힘들 정도다.

---

* 제주대 사회교육과 교수. 서울대 외교학과와 동 대학원을 졸업하고 미국 워싱턴대학교(University of Washington, Seattle)에서 정치학 박사학위를 받았다. 저서로는 『법 집행의 정치: 신생민주주의 국가의 법 집행과 공권력의 변화』 등이 있다.

21세기에 접어들어서도 수많은 국가들이 여전히 권위주의 통치하에 놓여 있다. 또 일부 신생민주주의 국가들은 민주화 과정을 거치고도 혹독한 시련에 큰 고통을 겪고 있다. 바로 권위주의 체제로의 역행 때문이다. 그에 비해 한국의 민주주의 기반은 매우 튼실하고 안정적인 편이다. 촛불항쟁 과정에서도 여실히 증명했듯이 한국은 민주주의의 보편적 가치 실현과 인권신장을 향한 높은 수준의 정치 발전을 거듭하는 중이다. 한국의 이 같은 면모는 민주화 과정에서 홍역을 겪고 있는 많은 나라들에게 의미 있는 메시지를 전하고 있다.

우리나라의 성과를 국제적으로 공유하고 전파하는 일은 매우 가치 있는 일이며 국익에도 도움이 된다. 이는 민주주의 확산과 인권 신장을 위해 한국도 적극적으로 나서야 한다는 대내외적인 요구와도 연결된다. 일찍이 우리는 제주4.3사건과 5.18민주화운동 등을 통해 국가권력에 의해 자행된 가공할 폭력을 경험한 바 있다. 그리고 그 비극을 딛고 일어나 억압적인 권위주의 통치와 맞서 싸웠다. 마침내는 전 국민 항쟁을 통해 민주주의의 소중한 가치를 이 땅에 심었다. 그랬기에 우리는 인권탄압으로 고통 받고 있는 다른 나라 민중들의 고통을 외면할 수 없다. 어려움에 처한 나라들에게 실질적인 지원과 함께 연대와 희망의 메시지를 전하는 일! 이런 역할을 높일수록 한국의 민주주의는 더욱 성숙해질 뿐 아니라 국제사회에서의 위상도 한층 높일 수 있다.

미-중 갈등, 가치와 국익 사이에서 고민하는 딜레마

우리나라는 국격의 상승과 함께 인권외교에 대한 필요성이 높아지고 있다. 하지만 여러 제약 요소가 가로놓여 있다. 미국과 중국 사이에서 벌어지고 있는 강대국 갈등이 가장 큰 장애물이다. 두 강대국의 노골적인 전략적 갈등과 경쟁은 동아시아 지역은 물론 전 세계적으로 전개되는 양상을 보이고 있다. 두 국가와 밀접한 관계를 맺고 있는 한국 입장에선 무척 곤혹스런 일이 아닐 수 없다. 당연히 우리의 인권외교에 많은 고민거리를 주는 지점이다. 미-중 갈등은 탈냉전 이후 국제질서를 주도해 왔던 미국과 경제성장을 통한 국력 증대를 바탕으로 강대국으로 부상한 중국의 대립 양상으로 드러나고 있다. 두 강대국은 군사, 경제, 기술 등 제반 영역에서 자국의 이익과 영향력을 높이기 위해 전방위적으로 경쟁하고 있다. 멀리는 고대 아테네와 스파르타, 가까이는 냉전기 미국과 소련의 패권경쟁에서 볼 수 있듯 기존 강대국과 부상하는 강대국 사이의 경쟁과 갈등이 국제정치에서 새로운 현상은 아니다. 민주주의와 권위주의라는 이질적인 정치체제를 지닌 두 강대국 사이의 갈등도 새로운 게 아니다.

그런데 최근 전개되고 있는 미-중 갈등은 매우 복잡하고 민감한 문제들을 내포하고 있어 국제사회에 새로운 고민을 안겨주고 있다. 그 고민은 민주주의와 인권에 대해 상이한 접근을 보이는 두 강대국 간의 경쟁이, 경제적 교류와 상호의존이 과거 그 어느 시기보다 심화되어 있는 국제환경 속에서 전개되고 있다는 점이다. 현재의 미-중 갈등은 한국과 같이 민주주의와 인권에 기반한 규범 외교를 국제적으로 추구하고자 하는 국가에게 큰 혼선을 줄 수 있다. 즉 민주주의 가치와 국익 사이에서 고민해야 하는 딜레마적 상황을 맞게 된다는 것이다. 특정 국가의 심각한 인권 탄압 상황에 대해 적극적인 목소리를 냈다고 가정해 보자. 그런데 이 목소리를 인권보다는 주권의 원리를 전면에 내세우는 강대국이 내정간섭으로 간주해 외교 마찰을 야기할 수도 있다. 이런 상황은 국가 이익에 부정적인 영향을 미칠 수 있다. 과거 냉전기 미-소 갈등은 명확한 경계선을 지닌 두 개의 블록으로 나뉘어 각자 고립된 세력권을 구축한 채 전개되었다. 하지만 경제적으로 세계화된 구조 속에서 진행되는 최근의 미-중 갈등과 이에 따른 국제관계는 각 나라의 가치와 이익이 상충할 수 있는 문제를 언제든지 야기시킬 수 있다. 게다가 특정 전장이 정해지지 않은 채 우리의 경제적 삶이 영위되는 일상과 우리 영토 내부를 포함한 세계 어느 곳에서든 치열하게 전개될 수 있다.

미얀마 사태에 대한 국제사회의 실효성 없는 대응

2021년 2월 1일 미얀마에서 발생한 군사 쿠데타는 한국 인권외교의 중요한 시험대가 되고 있다. 1962년과 1988년에 이어 3번째 발생한 이번 쿠데타는 미얀마의 오랜 민주화운동이 또다시 군부의 폭력 앞에 위기에 처했음을 단적으로 보여주는 사건이다.

전해지는 외신에 따르면 2021년 7월 현재 아웅산 수치(Aung San Suu Kyi) 국가고문을 비롯한 주요 민주진영 정치인들이 구금 상태에 놓여 있다고 한다. 또 군부에 의한 폭력은 5월 10일 기준 민간인 희생자 780명(18세 미만 43명), 체포된 사람 3,826명을 기록하고 있다. 사태가 장기화 조짐을 보이면서 쿠데타에 저항하는 미얀마 시민들에 대한 군부의 심각한 인권 유린이 자행되고 있는 중이다.

미얀마 사태에 대해 미국과 중국은 상이한 입장과 대응을 보여주고 있다. 미국은 이번 사태를 국민에 의해 선출된 합법적인 정부를 무력 수단으로 몰아낸 쿠데타로 규정했다. 이에 쿠데타를 주도한 민 아웅 흘라잉(Min Aung Hlaing) 최고사령관을 포함한 군부 주요 인사와 군부 관련 주요 기업들을 제재 대상으로 하는 행정명령을 발동했다. 미국 정부는 미얀마 쿠데타를 세계의 민주주의를 위협하는 폭거라 규정하며 미얀마 국민에게 자행된 폭력을 규탄하고 나섰다. 또한 미얀마 군정에 영향력을 지닌 중국이 미얀마 국민의 이익을 증진시키는 방향으로 그 역할을 담당하라고 촉구했다. 반면 중국은 쿠데타라는 표현을 사용하지 않으면서 국제사회가 내정 불간섭이란 기본적 원칙을 전제로 미얀마의 정치적 화해를 위한 환경을 조성해야 한다고 주장한다. 즉 미얀마에 대한 어떠한 제재와 압박을 가해서는 안 된다는 입장을 보이고 있다.

미국과 중국의 이러한 입장 차이로 인해 UN 안전보장이사회도 허둥대고 있다. 국제 평화유지를 위한 제 역할을 감당하지 못하고 있는 것이다. UN 안보리는 미얀마 상황의 급격한 악화에 대한 우려 표시와 평화로운 시위대를 겨냥한 폭력을 규탄하는 성명서를 발표했을 뿐 그 어떤 실질적 대책을 제시하지 못했다. 동남아시아지역협력기구인 ASEAN도 크게 다르지 않았다. 내정 불간섭 원칙을 깨고 회원국 특별정상회의를 전격 개최해 즉각적인 폭력 중단, 평화적 해결을 위한 대화, 인도적 지원 등 5개 항의 공동성명을 발표했을 뿐이다. 실효성도 거의 없었다. 미얀마 시민들의 요구사항이었던 모든 정치범의 석방문제가 제외되었고 미얀마 군부가 합의를 이행하도록 할 구체적인 방안을 제시하지는 못했기 때문이다. 국제사회가 실효성 있는 대책을 마련하지 못하는 사이 미얀마 군부에 의한 폭력 상황은 더욱 악화되고 있다. 그 결과 미얀마는 군부와 시민 그리고 소수민족 반군 사이의 내전 양상으로 치닫게 되었다.

미얀마 쿠데타 이후 한국 정부는 미얀마군의 무력행사로 다수의 희생자가 발생한 상황에 우려를 표명했다. 또 미얀마 군부에 대한 제재 차원에서 한국과 미얀마 사이의 국방 치안, 전략물자 수출, 개발협력 등 3개 분야에서의 대응 조치를 발표하였다. 이에 따라 미얀마와의 기존 군사 교류와 미얀마군 장교에 대한 교육 훈련 과정이 중단됐다. 게다가 치안 분야의 교류도 중단하겠다고 발표하고 최루탄 등 군용물자 수출도 중단시켰다. 하지만 우리 교민에 대한 미얀마군의 보복과 한국 기업의 피해를 고려하지 않을 수 없는 상황이다. 바로 이런 점이 추가적인 제재조치를 비롯한 보다 효과적인 대응을 제약하는 요소로 작용한다. 현재 한국은 미얀마에 100여 곳의 봉제 공장과 28곳의 금융기관을 포함한 약 250여 곳에 현지 기업이 진출해 있다.

경기도가 보여준 지방정부 차원의 국제 연대의 모범

미얀마 사태에 대해 국제사회가 공동대응의 한계를 드러내고 우리 정부가 인권과 국익 사이에서 고심하고 있을 때 진보적인 시민사회단체는 즉각적인 대응에 나섰다. 한국의 민주단체들은 80년 광주항쟁을 떠올리게 하는 미얀마 사태를 접하면서 미얀마 시민들에 대한 뜨거운 연대와 지지 의사를 밝히며 지원행동에 돌입했다. 이런 가운데 지방자치단체의 적극적인 대응이 눈길을 끌게 되었다. 바로 경기도 차원의 미얀마 시민 지원활동이 그것이다. 경기도는 전국 미얀마 출신 등록 외국인 2만 4,985명 가운데 약 45%인 1만 1,305명이 거주하는 곳이다. 또 이 중 96% 가량이 제조업 노동자로 일하고 있다. 경기도는 미얀마 시민들에 대한 지지와 지원활동에서 가장 두드러진 성과를 보여주고 있다. 미얀마 관련 사진전을 도청에서 열도록 했으며 재한 미얀마 학생회 공연 '미얀마의 봄' 개최를 지원했다. 또 실황 영상을 유튜브를 통해 공개하여 무고한 미얀마 시민들이 군부의 폭력에 의해 희생되고 있는 상황을 전 세계에 알렸다. 미얀마 사태 해결을 위한 국제적 공감대를 형성하려는 노력의 일환이었다. 경기지역 시민사회단체들 역시 미얀마 시민들의 저항에 대한 지지를 밝히고 미얀마 군부가 시민에게 권력을 이양하고 즉각 물러날 것을 촉구하는 성명을 발표하였다.

이재명 경기도지사(이하 '이재명')는 미얀마 사태가 1980년 5월의 광주라는 점을 강조하며 이에 대한 지원활동을 독려했다. 그는 한국이 미얀마의 민주화를 위해 적극적인 관심과 노력을 기울여야 한다는 의견을 여러 차례 공개적으로 밝혔다. 3월 2일 미얀마 민주주의 네트워크(미민넷) 공동대표와의 간담회에서 "국민이 만든 정부를 무력에 의해 전복하고 군사정권 지배체제를 만드는 것은 용인할 수 없는 인류 문명에 대한 도전이다."라고 밝히며 경기도 차원의 지원 방안을 논의하였다. 또한 미얀마 군부가 미민넷 공동대표들의 외교활동을 차단하기 위해 지명수배하는 일이 벌어졌을 때에도 단호하게 대처했다. 당시 미얀마 군부는 미민넷 대표들이 미얀마 상황을 국제사회가 오해할 수 있도록 왜곡해서 이야기함으로써 군부의 명예를 훼손했다면서 이들을 지명수배했던 것이다. 그러자 이재명은 "미얀마 민주주의 회복과 평화를 기원하기 위해 경기도가 마련한 간담회 대화 내용 중 어느 부분이 허위사실인지에 대해 미얀마 군사위원회의 해명을 요구한다."라는 서한을 주한 미얀마대사관에 공식 전달했다.

경기도와 이재명의 인권외교는 다른 나라 지방정부들과의 연대를 통한 공동노력의 형태로도 전개되고 있다. 경기도는 전 세계 도시와 지방정부들 사이의 협의를 위한 국제조직인 세계지방정부연합(UCLG: United Cities and Local Governments) 산하 사회통합·참여민주주의·인권위원회(CSIPDHR: Committee of Social Inclusion, Participatory Democracy and Human Rights)의 '미얀마 사태 공동성명서' 채택에 공식 참여하였다. CSIPDHR은 성명서를 통해 쿠데타 이후 지속적으로 자행된 인권 침해를 규탄하고 탄압과 체포, 살해에 직면한 미얀마 국민과 선출된 대표들에 대한 연대를 표명했다. 나아가 군부 정권에 체포된 민주 인사들의 석방과 모든 미얀마 시민의 기본권 존중을 요구하였다. 지방정부 차원의 국제적 연대가 국가들의 국제적 다자기구인 UN이나 ASEAN보다 더욱 강한 목소리로 민주적 가치와 인권 원칙의 존중을 요구할 수 있음을 보여준 모범사례였다.

이재명 도시외교가 보여준 새로운 외교정책의 가능성

미얀마 사태에 대응하기 위해 경기도가 수행한 노력들은 인권외교의 새로운 가능성을 제시했다는 점에서 무척 고무적인 일이다. 개별 국가 및 국제사회가 충분히 수행하지 못하는 인권외교를 지방자치단체 차원에서 연대와 협력을 통해 적극적으로 담당해 나갈 수 있음을 보여준 것이다. 오늘날 도시외교가 새로운 외교의 형태로 등장한 것은 국가 중심의 전통적 외교가 보여준 한계를 극복하기 위한 차원에서 찾을 수 있다. 즉 국제사회의 평화와 발전을 위해서 도시 또한 일정한 역할을 담당해야 한다는 것이다.

국가 차원의 외교에서는 국제사회의 규범과 가치 요구가 증대되는 추세다. 그런데 국가외교에서 국익은 여전히 가장 중요한 외교적 목표로 자리 잡고 있다. 국내 상황을 총체적으로 고려해야 하는 중앙정부는 현격한 국가적 불이익이 초래될 수 있는 외교정책에 대해 신중할 수밖에 없다. 이는 국가외교의 운신의 폭을 제약한다. 중앙정부에 의해 수행되는 외교는 국가 내부의 다양한 이익을 조율하고 외교 상대국과의 포괄적인 관계를 동시에 고려해야 한다. 그러하기에 명확한 외교적 입장보다는 '전략적 모호성'을 띠며 타국과의 갈등을 회피하는 경향을 보이기 쉽다. 도시외교 역시 해당 도시의 특수한 이익에 매몰될 수 있는 가능성이 얼마든지 있다. 하지만 도시외교는 인권, 환경, 빈곤타파와 개발협력 등 다양한 이슈 영역에서 국가뿐 아니라 도시와 단체, 다양한 비국가행위자들을 상대로 보다 자유로운 외교활동을 전개해 나갈 수 있는 장점이 있다.

외교활동을 위한 자원과 권한이 중앙정부보다 취약한 경기도가 미얀마 사태에서 적극적이고 명확한 인권외교를 추구할 수 있었던 것은 도시와 지방자치단체가 주권국가의 대표성과 책임성에서 비교적 자유로운 이점을 지니기 때문이다. 한국과 같이 민주주의 체제를 지니고 있으면서 강대국에 비해 물질적 외교 능력이 취약한 국가에서의 도시외교는 큰 장점을 발휘할 수 있다. 중앙정부가 타국과의 관계와 국익에 대한 고려로 인해 전략적 모호성을 띨 수밖에 없는 상황에서 지방정부가 중앙정부를 대신하여 외교적 노력을 기울이는 것은 종합적인 국익과 국제사회의 규범을 동시에 실현할 수 있는 수단을 제공한다. 국가외교로 추진하다가 생길 수 있는 국가 간 마찰과 갈등을 도시와 지방정부 차원에서 수행함으로써 피할 수도 있다는 것이다. 이때 지방자치와 내부적 다양성이 존중되는 민주주의 체제에서 나타나는 자연스럽고 긍정적인 현상임을 외교 대상국에게 설득하는 게 중요하다. 그럼으로써 우리가 지닌 민주주의 체제의 가치와 국익 그리고 국제적 규범을 동시에 실현시킬 수 있는 방안을 찾을 수 있다. 이재명의 도시외교에서 그 가능성과 방법을 엿볼 수 있을 것이다.

국가외교, 도시외교, 민간외교를 아우르는 다층외교

역설적이게도 이번 미얀마 사태는 한국의 인권외교의 새로운 가능성을 확인해준 계기가 되었다. 즉 중앙정부 차원의 국가외교와 함께 지방정부 차원의 도시외교 그리고 민간 영역에서의 공공외교를 아우르는 다층외교를 활용해야 할 필요성과 가능성을 제기했다. 한국형 인권외교를 구성할 국가외교, 도시외교, 민간외교는 위계적 서열관계를 형성하기보다는 서로 자율성을 누리며 분업과 협업 관계를 구축하는 것이 바람직하다. 즉 국가이익, 도시이익 그리고 국제적 가치를 조화롭고 균형 있게 추구해 나가야 한다. 도시외교의 활성화는 권위주의 시기에 정체되었던 지방자치를 더욱 강화하는 데 도움을 줄 수 있다. 또 국내적으로는 지방 발전과 민주주의 공고화에 기여할 수 있고 중앙정부 외교와의 상호 보완적 역할을 통해 국익과 국제사회의 공동발전에 이바지할 수 있다. 이를 위해 지방자치 단체에 외교업무 권한 이양, 재정, 정보, 전문인력 지원 등이 이루어질 필요가 있다. 무엇보다도 국가가 외교적으로 지향하는 가치와 이익에 대한 내부적 합의를 도출해야 한다. 지방자치 단체가 지방 차원의 편협한 이익이나 정파적 이해관계를 위해 도시외교를 수단으로 사용한다면 국제사회의 보편적 규범 추구에도 실패할 뿐 아니라 국익의 보호와 실현도 모두 위협받을 수 있다. 중앙정부와 지방정부가 공감하고 공유할 수 있는 가치와 이익에 대한 합의를 변화하는 시대 상황과 국제 환경에 맞게 지속적으로 이루어가는 게 중요하다. 그러기 위해서는 보다 포용적이고 개방적인 제도적 장치와 조직 간 네트워크가 마련될 필요가 있다.

우리가 추진해 온 공공외교 역시 협소한 국가이익 실현에만 머물지 않고 인권과 민주주의 등 국제사회 발전에 기여하는 목표를 함께 추구해야 한다. 한국 정부의 공공외교는 국가 이미지 및 위상 제고를 목적으로 국가가 직접 또는 지방자치단체 및 민간부

문과 협력하면서 진행되어 왔다. 그 분야는 문화, 지식, 각종 정책 등 다양하다. 여기서 간과해서는 안 되는 점은 우리의 공공외교가 반드시 배타적 국익 실현만을 목적으로 할 필요는 없다는 것이다. 지난 대선에서 더불어민주당은 "인류의 보편적 가치를 실현하고 우리나라에 대한 신뢰를 높이기 위해 공공외교를 전략적으로 강화하겠다."라고 공약한 바 있다. 이처럼 민주주의와 평화를 선도하는 책임 있는 국가로서의 역할 강화를 공공외교의 목표로 추구해 나가는 것 역시 매우 중요한 국가전략일 것이다.

지정학적 운명을 극복하는 인권외교의 방향

국제사회는 제2차 세계대전 중의 홀로코스트와 각종 전쟁범죄, 집단학살, 반인륜적 범죄를 경험했다. 이를 계기로 세계 각국은 주권국가의 경계를 초월한 인류 구성원의 최우선 가치인 인권문제 해결을 위해 공동의 노력을 기울여 왔다. 국제사회가 가장 우려하는 인권탄압 상황은 내전 등으로 국가가 자국민의 인권을 보호할 수 있는 능력이 없거나 한 국가가 자국민에게 가공할 폭력을 행사하는 경우다. 이럴 때 국제사회 구성원들은 주권국가에 대한 내정 불간섭이라는 이름하에 이를 외면해서는 안 된다. 하지만 현실은 그렇지 않다. 미얀마 사태를 비롯한 여러 인권문제에 대해 국제적 대응이 한계를 드러내고 있다. 이는 인권과 민주주의 규범에 대한 보편적 합의가 아직 국제사회 속에 부재함을 보여준다. 또한 국제적인 공동 노력을 통해 인권문제를 해결하고자 하는 의도와 능력이 각국의 내부사정과 국익 계산에 의해 제약되고 있는 현실을 여실히 드러낸다. 더욱이 신냉전 구조를 만들며 서로 전략 경쟁을 벌이고 있는 미국과 중국은 인권과 민주주의에 대한 상이한 입장을 보이고 있다. 국가폭력에 의한 희생 속에서 민주화를 이룬 한국은 국제적인 인권문제에 참여해야 할 규범과 세계화된 경제 환경 속에서 갈등하는 두 강대국 사이에서 보호해야 할 국익 사이에서 신중한 외교전략을 수립해야 할 것이다.

경기도를 이끌며 지방 차원의 인권외교를 수행해 온 이재명 역시 국가 지도자가 되었을 때 종합적인 국가이익과 복합적인 국제관계 속에서 어떻게 인권외교를 추진할 것인가를 고민해야 할 시점이다. 미국과 중국을 비롯한 강대국은 규범과 물질적 이익이 조화를 이룰 가능성이 크다. 설령 규범외교 추구로 인해 물질적 손해가 발생하더라도 패권 장악을 통한 장기적 이익을 위해 단기적 손해를 감수할 수 있는 능력을 갖추고 있다. 반면 중견국과 약소국들은 규범과 이익이 내적으로 충돌할 가능성이 크며 규범을 외교적으로 추구함으로 인해 초래될 수 있는 물질적 손해를 단기적으로 감당하기 어렵다. 이재명은 "지정학적 운명과 분단에 굴하지 않겠으며, 미국과 중국을 잘 활용하면 운신의 폭이 커지지만 양쪽의 압력에 굴복하면 우리의 운명은 강대국에 맡겨지게 될 것이다."라고 표명한 바 있다. 미국과 중국 사이 지정학적 갈등선 위에 놓인 한국이 미-중 갈등구조 속에서 단순한 종속변수로 존재할지 인권외교를 포함한 독자적인 외교정책을 적극적으로 추구할 수 있을지는 한국 손에 달려 있다 할 것이다. 한국이 지향하는 외교적 규범이 무엇인지, 우리 국익의 우선순위가 무엇인지 그리고 우리가 선택한 외교정책이 초래할 잠재적 손실을 어떤 방식으로 국내적으로 수용할 것인지에 대한 내부적 합의에 따라 그 운명이 정해질 것이다.

우리는 인권문제를 국제사회에 대한 기여와 책임이라는 규범 차원과 국제정치에서의 전략적 수단 차원에서 동시에 접근할 필요가 있다. 이재명이 도시외교를 통해 보여준 바와 같이 한국의 외교정책이 몇몇 정책결정자들의 선호와 판단이 아닌 수많은 도시와 지방자치 단체 그리고 시민사회를 비롯한 다양한 자율적 주체들의 요구가 반영되어 있음을 직시할 필요가 있다. 따라서 민주주의 국가로서 우리 정부가 국내적 요구를 반영한 외교정책을 선택할 수밖에 없다는 불가피성을 전략적으로 활용해야 한다. 민주주의 규범과 인권을 국제적으로 실현하기 위한 인권외교의 가장 좋은 수단은 이러한 규범과 가치를 국내적으로 실천할 때 온전히 확보될 수 있기 때문이다.

개성공단 재개는
평화체제로 가는 상징

– 한반도 평화경제시대와 글로벌 선도국가의 공정외교

• 박종철[*]

한반도가 격랑을 맞고 있습니다. 진영 간 대결이 격화되고 있고 우리의 선택지는 좁아지고 있습니다. 원래 해양과 대륙세력이 충돌하는 한반도의 운명은 양극단이었던 것 같습니다. 힘을 키우고 투철한 의지로 국익 중심의 자주적 외교 활동을 한 결과로는 융성이었고, 양끝단에 이끌려서 중심을 잡지 못할 때는 패망이었던 것 같습니다. 우리가 닥치고 있는 지금의 이 어려움 속에서도 우리는 기회를 얼마든지 만들어 낼 수 있다고 믿습니다.
– 이재명, 민주평화광장 한반도평화본부 6.15기념식(백범김구기념관), 2021.06.15.

---

[*] 경상국립대 일반사회교육학과 교수. 전북대 정치외교학과 정치학사, 일본 동북대학 법학연구과 정치학석사, 중국사회과학원 세계경제정치연구소 정치학박사를 취득했다. 경기도 평화정책자문위원회 자문위원, 북경대 한반도연구센터 객좌연구원, 민주평화통일자문회의 상임위원 등으로 활동하고 있다.

한국전쟁 이후 한반도는 평화이익세력과 분단이익세력 사이의 대결의 장이 되었다. 1991년 남북기본합의서를 포함해 여러 차례 정상들 간의 공동선언이 있었다. 그러나 그 약속은 실천되지 못했다. 핵심 주변국의 부당한 간섭과 압박, 남북 긴장 지속, 국내 정치세력 사이의 갈등 등 복잡하고 다양한 변수들이 한반도 평화를 방해했기 때문이다. 그나마 상대적으로 남북화해와 평화 분위기가 높았던 때는 한국 민주당과 미국 민주당이 동시에 집권해 정책조율을 하던 시기였다. 이런 측면에서 내년 대선에서 민주당이 정권 재창출하게 될 경우, 바이든 정부와의 정책 협력을 바탕으로 한 한반도 평화경제시대의 큰 걸음이 기대된다. 또 분기점이 될 시기는 새 정부 초기가 될 것이다. 5년 단임제의 특성상 임기 초반이 지지율이 높아 최적의 시기가 될 수 있기 때문이다. 이 과정에서의 관건은 국가 최고책임자의 결단과 추진력이다. 견고한 한미동맹과 핵심 주변국들과의 다자 협력을 바탕으로 한 한반도 평화협정 체결, 그 절호의 기회를 포착하는 국가 최고책임자의 능력이 필요한 때이다. 또 이를 뒷받침할 지혜와 결기도 중요하다.

경기도 특수성을 고려해 평화부지사 제도 신설

이재명 경기도지사(이하 '이재명')는 성남시장 시절부터 경기도지사 시절까지 일관되게 경제와 평화가 공존하는 선순환구조, 즉 남북 모두에게 힘이 되는 경제평화공동체로의 시대적 전환을 강조해 왔다. 2017년 대통령 선거 이후, 이재명은 북경대 초청을 받아 강연을 한 적이 있다. 2016년 사드 배치 결정 이후 한중관계가 최악의 상황을 맞고 있을 때였다. 한중 사이의 주요 회의가 대부분 중단되고 중국의 다양한 보복조치가 실시되는 상황이었다. 같은 해 북한의 제6차 핵실험과 대륙간탄도미사일(ICBM)이 발사되자 이에 대응한 한미 연합군사훈련이 실시되고 고강도 대북 제재가 유엔 안보리에서 결의되었다. 한미 군사훈련에 미국의 항공모함 3척이 동시에 출동하고 수백 대의 전투기, 핵전략폭격기와 전략잠수함, 다양한 감시자산이 동원되었다. 그러자 중국과 러시아도 한반도 주변에서 군사훈련에 돌입했다. 말 그대로 한반도가 일촉즉발의 상황으로 치닫게 되었다.

이런 살벌한 시기, 성남시가 2017년 12월 '한반도 평화와 남북중 경제협력 과제'를 주제로 한중국제학술회의를 개최했다. 당시 한중 국제회의를 제안하기도 어렵고 남북 대화를 제안하기도 어려운 시기에 지방정부 차원에서 금기에 도전한 것이었다. 필자도 주제 하나를 맡아 발표했다. 이재명은 기조강연에서 "개성공단과 금강산관광을 재개하는 남북 경제협력을 통하여 남북이 경제공동체를 이루고 남북 간 상호위협 감소와 단계적 비핵화를 통하여 안보대화를 확대해 나가자."라고 제안했다. 또 "유럽연합의 탄생과 독일의 화해와 공동체 형성과정을 역사적 사례로 들어 독일-오스트리아와 같은 평화공동체를 이루어나가야 한다."라며 남북한 평화와 화해의 중요성을 강조하였다. 이재명은 한중 대화는 물론 남북화해 자체를 거론하는 게 어려웠던 시기임에도 경제와 평화의 선순환구조로 만들어 상호 안보를 보장하자는 대담한 제안을 했다.

이재명의 외교안보정책은 김대중 대통령의 햇볕정책과 노무현 대통령의 대북포용정책 그리고 문재인 대통령의 한반도 평화 프로세스에 기반을 두고 있다고 볼 수 있다. 이는 동서독 통합의 원동력이었던 화해와 협력을 기반으로 한 점진적인 접근에서 그 구체적인 실천방안을 찾고 있는 것이다. 국제정치이론으로 분석하면, 기능주의적 통합이론을 한반도에 적용한 접근법이 엿보인다. 이재명은 '국익 중심의 실용외교'라는 사고를 바탕으로 경기도 차원의 외교안보 분야 사업을 추진해나갔다. 실제 지방정부에서 외교안보 분야의 사업을 추진할 사안이 거의 없지만, 다른 지방자치단체와 달리 경기도와 강원도가 남북 접경지역이기 때문에 외교와 한반도 평화 관련 사안이 꽤 많은 편이다. 경기도에는 평택에 주한미군 사령부 '캠프 험프리즈'가 있다. 또 최대 전략기지인 오산 미군비행장이 위치해 있고 몇몇 미군부대도 주둔해 있다. 또한 경기도 인구가 1,400만 명 정도인데 여기에는 많은 외국인 기업인, 노동자, 다문화가정이 포함돼 있다. 산업생산력 면에서도 웬만한 동남아시아의 중견국과 필적하는 수준이다. 또한 비무장지대(DMZ)와 하천 및 해안이 북측과 연결되어 있다. 이로써 개성공단 재개과 관광지구 재개, 도로 철도 연결, 유엔사령부 문제 등 다양한 외교 사안과 경기도가 만나게 된다. 이재명은 이 같은 경기도정의 특수성을 고려해 평화부지사 제도를 신설하고 평화정책자문위원회를 설치했다. 경기도 차원의 다양한 외교안보 쟁점을 집중적으로 다루고 현안들을 처리하기 위해서다. 이를 통해 경기도는 몇 가지 괄목할 만한 성과를 거두기도 했다. 남북관계가 경색되었을 때 중앙정부 차원에서 다루기 힘든 외교 현안을 묵묵히 수행한 것이다. 돼지 열병과 결핵 키트, 코로나 검진 키트, 쌀 공동재배 등에 대한 인도주의적 차원의 교류를 물밑에서 추진한 게 대표적이다.

빈곤국의 편승외교와 중견국의 '안미경중'을 넘어서

해방 이후 세계 최빈국 대한민국은 미국에 기댄 편승외교를 해왔다. 2000년대를 사는 한국인들에게 미국 일변도의 사대외교라는 비판을 받기도 한다. 하지만 당시 미소 냉전 상황에서 빈곤한 대한민국이 취할 수 있는 효율적인 외교안보 및 국방전략이라는 긍정적 평가를 할 수도 있다. 1970년대 말 동서냉전의 해체과정에서 미국과 중국이 상호협조노선을 걸었다. 그러자 일본, 타이완, 싱가포르 등 동아시아 대부분 국가는 물론 서유럽 국가들에서조차도 안미경중(安美經中)이라는 실용적인 균형외교를 선택하게 된다. 즉 안보는 미국과의 동맹을 통해 유지하고, 경제는 중국과 협력체제를 통해 국익을 챙기겠다는 전략이다. 중견국 대한민국도 이 외교노선을 따랐다. 우리나라도 전두환, 노태우 대통령 시기에는 북방정책을 펼쳤다. 소련, 중국, 동유럽 등과 국교를 수립하고 이들 국가에 투자를 해서 경제적 이익을 얻었다. 이렇게 대략 1979년부터 약 30년 가까이 미중 관계가 협조적인 분위기였고, 이에 많은 국가들이 자유무역질서를 통한 이익을 향유했다.

그러다가 2008년 미국의 금융위기 이후 미중 협조노선에 균열이 가기 시작했다. 베이징올림픽 이후 중국 국력이 급상승하고 상대적으로 미국 국력이 쇠락해지자 바야흐로 미중 전략경쟁 시대에 돌입하게 된 것이다. 그 결과 많은 중간지대 국가들이 미중 전략경쟁 속에서 더 이상 안미경중 노선을 선택할 수 없게 되었다. 미중 어느 일방의 선택을 강요받는 상황이 된 것이다. 이로써 냉엄한 논리가 작동하는 각자도생의 시대가 열리게 되었다. 미 대통령 트럼프의 집권 기간은 전형적으로 강대국이 동맹국들에게 경제적, 군사적 부담을 강요했던 시기였다. 한미관계에서도 여실히 드러났다. 미국 우선주의를 전면에 내세운 트럼프는 미군 주둔비를 종전보다 몇 배 이상 늘리라며 한국을 압박했다. 미국 내에서도 자성의 목소리가 나올 정도로 트럼프의 요구는 비상식적인 수준이었다. 미국의 압력은 한국뿐 아니라 동맹국인 독일과 일본까지 이어졌다. 오랫동안 미국으로부터 상당한 금액의 군수물자 구입을 하고 있던 각국 국민들은 분노했다. 이러한 위계적인 질서에 기초한 낡은 동맹체제에 대해 주요국가들에서 불만이 터져나온 것이다.

대한민국은 정치체제, 무역과 경제, 군사, 문화 등을 종합적으로 평가하면 세계 10위권 안에 드는 강국이기도 하다. 더불어 코로나19 팬데믹 이후 대한민국은 방역과 자유주의 체제를 동시에 유지하는 전 세계에서 몇 안 되는 모범사례가 되었다. 방탄소년단과 같은 한류라는 소프트파워가 세계인을 매료시키고 있다. 또한 민주주의, 자유, 인권의 가치와 규범 측면에서도 글로벌 사회로부터 상당히 긍정적인 평가를 받고 있다. 반면 세계적인 통상국가이면서도 동시에 강대국에 둘러싸인 분단국이라는 지정학적인 제약이 있다. 만약 핵심 주변국이나 남북 갈등이 발생하면 통상로가 막히는 치명적인 약점이 있다. 그런 의미에서 우리나라는 강대국과 중견국 사이에 위치하는 '글로벌 선도국가'라는 특수한 위상을 갖게 되었다. 특히 코로나19 팬데믹을 거치면서 중견국을 넘어서는 '글로벌 선도국가'의 이미지를 지구촌에 강하게 심어주었다.

살펴본 것처럼 우리나라는 빈곤국의 편승외교와 중견국의 균형외교를 통해 급격히 국력을 키웠고 코로나19 팬데믹 시기를 거치며 글로벌 선도국가로서의 위상을 확보했다. 하지만 미중 전략경쟁시대에 돌입하면서 우리나라 성장을 도왔던 미중 협조노선의 시기가 막을 내리고 있다. 더욱이 남북화해, 전시작전권, 한일관계 등 외교안보상 풀기 어려운 숙제가 여전하다. 거기에 새로운 부담도 안게 되었다. 빈곤국가 시기엔 원조와 좋은 조건의 무역으로 성장했지만, 이제는 글로벌 사회가 우리나라에 그 책임을 다하라고 압박하고 있기 때문이다.

편승외교와 균형외교를 넘어서 국익 중심 실용외교

미중 전략경쟁이라는 미로 속에서 한반도 평화를 어떻게 이뤄야 할 것인가? 그 방향은 명확하다. 현 정부의 한반도 평화프로세스라는 외교안보 정책을 계승하면서도 다양한 문제점들을 보완해, 글로벌 선도국가로서 동아시아 질서를 주도하고 '한반도 평화경제시대'를 열어야 한다.

> 지금 이 자리는 백범 김구 선생을 기념하는 공간입니다. 역사에 가정은 없다고 하지만 백범 김구 선생이 정말 살해당하지 않았더라면, 시해당하지 않았더라면 대한민국의 운명은 지금 어땠을까 그런 생각을 해봅니다. 역사의 한순간에 어떤 한 사람의 행동이 역사의 흐름을 통째로 바꾸기도 하는 그것이 바로 지금 우리가 맞이하고 있는 현실일 수도 있습니다.
> - 이재명, 민주평화광장 한반도평화본부 6.15기념식(백범김구기념관), 2021.06.15.

첫째는 남북관계에서 북한-북핵 문제를 분리하는 정책과 그 실행이 필요하다. 이재명은 독일의 동서 화해와 협력 전략, 김대중-클린턴 시기의 '페리프로세스'와 같은 발상을 심층적으로 연구했다. 그는 평화와 경제의 선순환구조를 역사적으로 분석하면서 결단의 시대를 준비하고 있다. 그는 한반도 역사에서 북한의 핵개발과 이를 보복하기 위한 한미 연합군사훈련 및 국제사회의 경제제재가 악순환 구조의 주범이라는 인식을 갖고 있다. 이 남북대결의 악순환 구조 해체에 대해 많은 전문가들은 새 정부 임기 초반의 대통령 권한으로 그 해법을 찾아야 한다고 진단한다. 이재명은 남북교류의 재개와 화해 분위기 조성을 위한 최우선 과제로 '개성공단, 금강산 관광, 남북 도로-철도' 세 가지 현안 해결을 꼽았다. 그는 남북화해 공간의 폐쇄가 '불의한 권력의 행사'에 의해 강행된 것인 만큼 남북화해라는 국민적 요구에 기초해 협력체계를 복원해야 한다고 주장한다. 특히 개성공단은 사실상 평화체제로 가는 상징이며 경기도민의 염원이라는 점을 강조한다. 더불어 동서독 교류 사례를 인용하며 공업지구, 인적교류, 교통물류 등 비정치적 교류를 활발히 전개하여 이를 정치적 평화로 확산시키는 게 중요하다고 역설한다. 실제 김대중 대통령 이후 남북 사이에 지속적으로 합의한 사안이고, 2018년 9월 19일 문재인-김정은 평양 합의에서도 재확인한 사안이기도 하다.

따라서 이재명이 집권한다면 임기 초기부터 개성공단 및 금강산 관광 재개, 도로-철도 연결에 대한 결단력을 보일 것으로 기대된다. 문재인 정부 시절에는 유엔 제재위원회의 제재 예외 품목조차 남북 교역이 실행되지 못했다. 문재인 정부는 트럼프의 입장을 수용하면 남북협상에 상당한 도움을 받을 것으로 기대했지만, 하노이 정상회담의 결과는 정반대였다. 현재 바이든 정부는 북핵문제에 대해 오바마 정부 시기의 이란 핵합의(JCPOA, 포괄적 공동행동계획)에 기반하여 행동 대 행동을 통한 신뢰 회복이 중요하다고 설명하며 북한과 다양한 물밑 접촉을 시도하고 있다. 내년 대선에서 민주당이 승리한다면 현재 남북-북미 사이에 진행되는 다양한 협상이 내년도부터 가시적인 성과를 보일 것으로 예상된다. 또한 2018년 4.27 판문점과 9.19 평양에서 남북이 합의한 내용이 국민들이 체감하는 수준으로 실천될 것으로 전망된다.

미중 전략경쟁시대, 동아시아를 주도하는 글로벌 선도국가

강력한 국력과 우리의 간절한 소망 그리고 의지를 바탕으로 언제나 국익을 중심으로 자주적인 입장을 견지하면서 외교에서, 협상에서 언제나 우리 스스로를 지켜내는 것이 후손들에게 대한민국의 미래를 제대로 물려주는 길이다, 라는 생각이 듭니다. 한미동맹은 고도화하되 중국과의 관계는 우리가 지금까지 지켜왔던 것처럼 전략적 협력 동반자의 관계를 좀 더 발전시켜서 이 진영 간의 갈등이 우리에게 긍정적 에너지로 전환될 수 있도록 만들어야 할 것이고, 여기에 함께 해주시는 여러 석학 어르신들과 함께하시는 동지 여러분들께서 힘을 모으기만 한다면 우리의 운명도 스스로 충분히 더 나은 방향으로 개척해 나갈 수 있다고 확신합니다.
- 이재명, 민주평화광장 한반도평화본부 6.15기념식(백범김구기념관), 2021.06.15.

둘째, 미중 전략경쟁시대를 지혜롭게 대처하는 전략과 그 실천방안이다. 미중 전략경쟁시대의 많은 지구촌 국가들은 각자도생의 외교노선을 선택하고 있다. 그 결과 각국의 무한경쟁으로 대립이 격화되고 있다. 이재명은 이 시기와 관련, 한중 사이의 사드 위기를 봉합하고 한미 동맹을 견고히 한 문재인 정부의 외교안보 성적에 대해 긍정적 평가를 내린다. 지난 10여 년 동안 미중 전략경쟁 초기 국면에서 안미경중의 균형외교를 하던 많은 국가들이 혼선을 거듭하며 우왕좌왕 했었다. 박근혜 정부는 초기부터 친중 노선을 견지했다. 2015년 9월 박근혜 전 대통령은 제2차 세계대전 전승절 70주년 기념식에 김일성이 앉았던 천안문 성루의 상석에 앉아서 중국 열병식을 참관했다. 그리고 2016년 6월 29일에는 베이징에서 황교안 총리가 "한국은 안보에 대한 중국의 정당한 우려를 중시해야 하며, 사드를 한국에 배치하려는 미국의 시도에 대해 신중하고 적절하게 대응해야 한다."라고 시진핑 주석에게 설명했었다. 역사상 최상의 한중관계였다. 그런데 불과 며칠 뒤 7월 13일 한미 국방부 고위급 회담에서 사드 배치가 전격 결정되는 일이 벌어졌다. 갑자기 친중 균형외교에서 친미 동맹외교로 급선회한 것이다. 박근혜 정부의 '오락가락' 외교는 한미-한중 갈등 해결이라는 숙제를 문재인 정부에게 넘겨주었다.

그런데 각자도생의 시대에 박근혜 정부만 우와좌왕한 것이 아니다. 인도-태평양 지역의 미국 핵심 파트너들의 안보대화(QUAD)에 참여하는 일본, 인보, 호주의 지도자들도 우왕좌왕하는 모습을 연출했다. 물론 그 시기 필리핀, 싱가폴, 말레이시아 등은 미중에 노골적으로 부당한 간섭을 하지 말라고 발언하기도 하였다. 이러한 한중 사드 위기와 한미동맹에 대해 이재명은 문재인 정부가 무난하게 봉합했다고 평가하지만, 향후 미중 전략경쟁이 더욱 심화될 경우 우리나라 역시 어려운 선택을 해야 할 것으로 보고 있다.

걱정되는 시나리오는 미중 양국이 앞다투어 우리나라에게 서로 상반되는 강압적 요구를 하는 것이다. 이러한 도전적인 외교 사안은 상당 기간 준비된 지도자와 외교안보그룹만이 해결할 수 있는 문제로 여겨진다. 미중 전략경쟁에 대해 바이든 대통령은 공개적으로 중국과 사안별로 협력·경쟁·대립할 것이라고 설명하고 있다. 이에 따라 기후변화와 같은 환경 분야, 코로나 백신 생명안전 분야 등 '협력사안'에 대해서는 중간지대에 있는 각국 정부의 선택이 트럼프 정부 때보다는 쉬울 것으로 관측된다. 반면 남중국해와 항행의 자유 문제, 반도체, 인공지능(AI), 6G와 같은 첨단기술, 우주개발과 심해저 탐사 등 '갈등사안'에 대해서는 각국 정부 지도자가 국운을 건 결단을 할 수밖에 없을 것이다.

공정외교, 억강부약의 대동세상을 만드는 외교전략

지구촌의 빈익빈 부익부가 더욱 심화되면서 '공정' 가치가 전 세계적으로 부각되고 있다. 이에 과거 국제무역에서 주로 연구되었던 공정무역(Fair Trade) 개념이 글로벌 정치에서도 등장하고 있다. 비교우위를 통한 국제무역이 선진국에 절대적으로 유리하지만 개발도상국 입장에서 보면 불공정 무역이 된다. 이런 자유주의적 국제경제를 비판하며 1970년대 라틴아메리카에서 종속이론을 발전시켰다. 자유주의자들은 이렇게 말했다. "부자국가가 가난한 국가에 코카콜라나 나이키 신발 공장을 세우면, 원료판매가 활발해지고 고용이 활성화되어 빈곤 국가에도 이익이 된다"라고. 또 부유한 국가에도 저렴한 콜라를 제공할 수 있어 결국 상호 공동의 이익(Plus-Sum)이 된다는 점을 강조했다. 하지만 종속이론가들은 "부유한 국가의 자본은 증식되었지만, 약탈대상인 빈곤 국가는 더욱 가난하게 된다."라고 반박한다. 빈곤 국가의 노동자들은 콜라를 마시거나 나이키 신발을 살 수 있는 구매력을 갖지 못하고, 또 부유한 국가의 노동자들 역시 고용환경이 더욱 더 악화되는 문제점을 지적한 것이다.

불공정 외교에 대한 반성으로 빈곤 국가의 생산자에게 공정한 가격을 지불하고 공정하게 무역·여행·노동을 하자는 운동이 전개되었다. 부유한 국가의 소비자와 빈곤 국가의 생산자가 상호 공존하고, 생산자의 경제적 자립과 지속가능한 성장을 목적으로 한 운동이다. 공정한 지구촌을 만들려는 이 운동은 생산·무역·소비·여행·노동 등 다양한 분야에서의 활발한 연대 움직임으로 이어졌다.

이재명의 '억강부약(抑强扶弱)의 대동세상을 만들자.'는 주장은 이러한 공정외교와 상통한다. 지구촌의 공공재라 할 수 있는 안전보장, 코로나 백신과 치료제, 환경, 자유와 인권, 민주주의, 무역 등에서 공정을 기준으로 공유할 필요성이 있는 것이다. 우리나라와 같은 통상국가는 전 지구적인 자유 교류와 통행이 보장되고 상호 다양성이 존중되는 글로벌 질서가 확립되어야 번영을 유지할 수 있다. 글로벌 사회에서의 빈곤의 악순환 구조는 우리나라의 경제와도 직결되는 사안이다. 그렇기에 빈곤 국가를 적극적으로 돕는 것은 우리나라에게 도움이 될 뿐 아니라, 원조와 무역을 통해 성장한 글로벌 선도국가의 책임이기도 하다.

더불어 글로벌 선도국가로서 미중 전략경쟁의 틈바구니에서 고민하는 중견국과 폭넓은 연대도 중요한 외교실천이 된다. 이러한 선도국가의 공정외교와 중간지대 국가들과의 연대는 각자도생의 처절한 전략경쟁 구도를 완화하는 데 상당한 역할을 할 것이다. 동아시아 질서를 주도하는 선도국가로서 국익 중심의 실용외교를 실천하는 게 이재명 외교안보정책의 중요한 과제라 할 수 있다. 이를 위해 한미동맹의 원칙하에 유럽, 동남아, 중국, 러시아, 이란 등에도 배타적이지 않은 자유롭고 열린(Free and Open) 태도를 견지하는 정책 실현이 기대된다. 앞서 강조한 대로 새 정부 임기 초반에 개성공단과 금강산관광지구의 재개, 북중러를 거쳐 유럽으로의 도로-철도연결 등의 과제를 조속히 실천하는 미래상을 그려본다. 이를 통해 우리나라의 경제를 부흥하고 남북과 핵심 주변국들과의 경제 협력을 강화하며, 또 그 힘을 바탕으로 평화협정을 체결하는 '한반도 평화경제시대'의 힘찬 개막을 기대해 본다.

선택적 모병제,
청년들에게 공정과 정의를
– 실용 외교안보정책의 주요현안과 방향

• 정한범[*]

　이재명 경기도지사(이하 '이재명')는 이슈를 선점하는 정치인이다. 동시에 현재 광역단체장 중에서 가장 일을 잘한다는 평을 받고 있는 행정가이기도 하다. 그는 몇 년 전부터 우리 사회에 기본소득이라는 화두를 던졌다. 처음엔 미미했지만 그는 단기필마로 분투했다. 지치지도 않고 앞으로 나아갔다. 그의 통찰과 추진력이 시민들 사이에서 서서히 호응을 받으며 거대담론으로 확산될 무렵, 대한민국은 코로나19 팬데믹 소용돌이에 휩싸였다. 이 청천벽력의 국가재난에 가장 발 빠르게 대응한 이가 바로 이재명이었

---

[*] 미래안보포럼 공동대표. 고려대와 미국 켄터키대학에서 공부했다. 민주평화통일자문회의 상임위원, 한국정치학회 총무이사, 한국국제정치학회 연구이사, 한국정당학회 부회장, 한국세계지역학회 총무이사 등을 역임했다. KBS, MBC, 연합뉴스TV, YTN 등에서 뉴스 해설을 진행했다.

다. 그는 머뭇거리지 않았다. 위기에 놓은 서민들 삶을 향해 경기도 차원의 재난지원금 지급을 선제적으로 결행했다. 그는 재난지원금이 국민이라면 모두가 보호받아야 할 경제기본권이라 주장했다. 또 노동의 총체적 위기를 가져오는 제4차 산업혁명시대의 경제정책 근간이 되어야 한다고 주창했다.

그의 주장에 대해 야권과 주요언론들은 '포퓰리즘'이라는 원색적 비난을 퍼부었다. 하지만 그는 끝내 물러서는 모습을 보이지 않았다. 이런 면모 때문에 많은 사람들은 그를 떠올릴 때마다 과단한 결단력과 실행력을 머릿속에 그리게 된다. 이 대목에서 경제 분야 못지않게 중요한 외교안보정책에서는 그가 어떤 준비를 하고 해왔는지 궁금해진다. 사실 기본소득 논쟁 등의 사회 현안에 대응하는 그의 모습이 워낙 강렬했던 탓에 외교안보 분야 활동은 잘 알려지지 않은 편이다. 하지만 그는 성남시장 시절부터 이 분야에 대한 깊은 관심을 갖고 관련 정책들을 치밀하게 준비해온 인물이다. 특히 국경 인접지역의 광역단체장, 즉 경기도지사가 된 이후의 행보는 한반도 평화경제공동체 방안에 대한 매우 구체적인 정책내용으로 가시화되고 있다.

이재명 외교안보정책을 설명하는 특징적인 요소는 '실용'이라는 키워드다. 즉 평화의 가치에 실용이라는 경제적 관점을 얹혀서 남북 평화경제공동체 추진방향을 세우겠다는 것이다. 그는 DJ

정권의 햇볕정책 이후 진보정권이 추진해온 평화정책이 추상적 관념에 머물지 않고 보다 국민을 위하고 국익을 도모하는 방향으로 발전해야 한다고 주장한다. 이는 모든 정책의 기준이 국민이 되어야 한다는 그의 철학에 바탕한 외교안보관이라 할 수 있다.

한반도 구상의 요체는 평화경제공동체

> 평화는 곧 경제입니다. 남과 북이 협력하며 함께 일구는 통일경제는 우리 도민들과 청년들에게 새로운 일자리, 새로운 기회를 안겨줄 것입니다. (중략) 평화와 협력의 시대로 나아갈 것인가 분단과 대결의 시대에 머물러 있을 것인가를 결정할 때입니다.
>
> — 이재명 페이스북, 2018.06.12.

위 말에서 알 수 있듯이 이재명의 한반도 구상의 핵심은 평화경제공동체다. 남북관계 관련 발언에서 가장 많이 등장하는 그의 키워드는 평화, 평화공동체, 경제공동체다. 이를 종합하면 경제를 매개로 남과 북이 어우러지면서 평화로운 공동체를 구성하자는 개념이 도출된다. 여기에는 여러 함의가 녹아 있다.

먼저 한반도에서 살아가는 남과 북의 모든 대중에게 가장 중요한 것은 누구나 하늘이 내린 기본권을 누리면서 인간답게 살아갈 수 있는 권리를 얘기한다. 평화의 가치인 것이다. "평화가 목숨이자 경제입니다... 긴장고조와 전쟁으로 인한 모든 피해는 한반도의 몫입니다(페이스북, 2017.08.14.).”라고 언급한 것에서 알 수 있듯 모든 국민의 일상적인 삶에서의 기본적인 평화를 중시한다는 내용이다. 둘째는 평화가 우리 민족에게 가져다 줄 현실적인 이득을 중시하고 있다. 언제부터인가 '통일 무용론'이 팽배해지면서 통일에 대한 냉소적이고 비관적인 분위기가 만연해 있다. '우리의 소원은 통일'을 목놓아 부르는 것은 꼰대들의 옛 기억쯤으로 치부되고 있다. 통일이 우리와 무슨 상관이 있으며 왜 통일비용을 부담해야 하느냐는 등의 빈정거림도 들린다. 그런 얘기들이 틀린 게 아니지만 냉정하게 판단해야 할 요소도 있다. 남북이 힘을 합쳐 경제공동체를 만든다면 그 실익이 매우 클 것이고, 그 이익 대부분이 청년층에게 돌아갈 것이라는 점이다.

현재 우리 사회는 고령화 및 성장동력 둔화로 인해 경제적 어려움에 직면하고 있고 또 부의 집중화가 심화되면서 일자리가 감소하고 있다. 이런 상황을 감안하다면, 남북 경제의 통합은 새로운 기회가 될 수 있다. 남한의 풍부한 자본 및 첨단기술력과 북한의 풍부한 노동력이 어우러지면 엄청난 시너지 효과를 낼 수 있다. 그 기회는 당연히 청년층의 몫이다. 비용은 들겠지만 기회에 비할 바가 아닌 것이다. 이처럼 이재명의 남북관계에 대한 접근방법은 실리를 중심으로 미래 사회를 대비하자는 관점이다. 평화를 경제적 관점에서 재해석하는 이재명표 평화경제공동체 방안인 것이다.

다자안보공동체 확보가 시급한 이유

이재명은 2017년에 동북아 평화공동체 방안을 피력한 바 있다. 그는 냉전체제의 산물인 동북아 갈등구조 해체가 시급하다고 역설하면서 각국의 정치외교적 협력과 안보적 공통이익 담보 없이는 경제협력 또한 위험에 빠질 수 있다고 경고했다. 그러면서 다자간 안보협의체를 통한 안보공동체 구성의 중요성을 강조했다. 그는 동북아 각국의 자국 중심주의적인 행위들이 각국 이익에 도움이 되지 못한 채 모두의 손실로 귀결될 거라고 판단했다. 자국의 이익을 중시하는 현실주의의 관점에서는 국제사회에서 모든 나라들이 국익을 위해 경쟁할 수밖에 없다. 그럴 경우, 모든 국가들이 정글의 법칙처럼 힘으로써 경쟁에 뛰어들고 그 우열에 따라 국운이 결정되게 된다. 그런데 이런 대립들이 무한경쟁으로 이어진다면 결국 모든 나라들에게 해를 입히게 된다. 마치 죄수의 딜레마 게임처럼.

이재명의 동북아 안보공동체 제안은 이 같은 딜레마를 극복하기 위한 방안으로 제기된 것이다. 현재 동북아 국가들 사이의 경쟁은 매우 전략적 차원에서 이루어지고 있다. 1990년대 이후 종식되었던 것으로 여겨졌던 냉전적 대결이 동아시아에서 되살아나고 있다는 비관적 관측마저 제시되고 있는 실정이다. 비록 동아시아 국가들 사이의 경제적 상호의존성이 높아서 당장의 물리적 충돌 가능성이 높지는 않다고 하더라도 이 지역에서의 정치적 불안은 경제적 협력의 틀마저 위협하고 있는 상황이다. 사실, 동북아에서는 2차 세계대전 이후로 양자 동맹에 기반한 진영 간 대립과 불신이 일상화되었기 때문에 다자간 안보협력의 틀을 만드는 것 자체가 쉽지 않은 일이다. 그런 이유로 한반도를 둘러싼 정세는 오랫동안 전략적 무한경쟁과 대립구도로 이어져 왔던 것이다.

대한민국의 미래와 국익을 위해서는 이 같은 국제환경과 조건을 극복하는 게 일차적인 관건이다. 다자간 안보공동체를 만드느는 길만이 유일한 출구인 셈이다. 현재 우리나라는 미국과 중국 사이에서 끊임없는 선택을 강요받고 있다. 미국과 중국이 서로를 믿지 못하기 때문에, 소위 우리를 자신들의 편에 줄 세우려는 것이다. 그러하기에 다자간 안보공동체가 만들어지고 그 안에서 미국, 중국, 일본, 러시아 등과 우리가 함께 한다면 안보에 대한 상호 간의 우려는 상당히 해소될 수 있을 것이다. 우리는 이미 과거 유럽안보협력기구 (Organization for Security and Co-operation in Europe)를 통해서 이러한 사례를 학습한 바 있다. 동북아 안보공동체가 설립된다면 남과 북이 공동으로 참여하여 상호 간 안보 현안을 협의할 수 있다. 또 이를 통해 남북이 서로 쉽게 풀 수 없는 신뢰 문제를 주변국들의 '보장'의 형태로 일정 부분 해결할 수 있다. 평화경제공동체 실현의 외부적 조건을 강화하는 측면이기도 하다.

남북협력의 최우선 과제는 개성공단 재개

당면한 최우선 과제는 개성공단 재개 선언이다. 9.19 평양공동선언의 합의사항인 개성공단 재개 선언과 남북협의 제안을 적극 검토해야 할 때다. 북측의 신속하고 조건없는 호응도 필요하다. '선선언 후협의'로 대북제재의 틀(비핵화 프레임)을 넘어 남북이 개성공단 재개를 위한 협력에 나선다면, 이를 계기로 끊어졌던 대화 채널도 복원될 것이다.   - 이재명 페이스북, 2020.11.09.

현 시기 이재명의 남북관계에 대한 시각을 단적으로 보여주는 말이다. 사실 개성공단의 폐쇄는 누구도 예상하지 못할 만큼 충격적인 일이었다. 개성공단의 설립과 지원은 '개성공업지구 지원에 관한 법률'에 의해 이뤄졌다. 그런데 개성공단의 폐쇄는 박근혜 정부의 일방적인 폐쇄 명령에 따라 집행되었다. 이 조치로 인해 남과 북의 경제협력 상징이자 긴장완화의 초석이었던 개성공단이 허무하게 문을 닫고 말았다. 입주기업들의 경제적 피해가 천문학적인 수준에 달했다. 남북 사이의 화해, 협력 분위기는 냉랭하게 식어 버렸다. 이것은 당시 북한의 핵실험과 이어진 장거리 미사일 발사에 대한 박근혜 정부의 반발 조치였다. 일시적으로 우리의 단호한 의지를 표시하는 데에는 효과적이었는지는 몰라도 분단 이후 수십 년 만에 쌓아놓은 협력의 상징을 하루아침에 없앤 것은 자학적 선택이었다.

이재명은 한반도의 냉전 구조 해체의 최우선 과제로 개성공단 재개에 대한 남북의 의지 천명을 꼽았다. 지금 당장 개성공단을 재개하는 게 중요하기는 하지만, 우선 양측이 개성공단 재개의 의지만이라도 확인하는 것이 개성공단 폐쇄의 고착화를 막는 현실적 방안이라 보는 것이다. 9.19 평양공동선언의 합의사항인 개성공단 재개 선언을 통해서 우리의 의지를 세계에 확인시킴으로써 이를 위한 추가적인 동력을 확보하자는 것이다. 그래야 국제사회도 대북제재의 틀을 넘어서 한반도의 특수성을 인정하고 우리의 노력에 호응할 수 있다고 본 것이다. 소위 이 같은 '선선언 후합의' 방식과 관련, 이재명은 북한의 적극적이고 조건 없는 호응을 촉구하고 있다.

주한미군 문제는 국민의 안녕을 기준으로 살펴야

한미동맹에 대한 이재명의 입장은 명확하다. 주한미군은 한국 안보에 도움이 되고 주한미군 철수를 요구할 생각이 없다는 것이다. 그는 주한미군이 국익에 부합한다며 실리적 관점에서 접근하고 있다. 즉 주한미군 문제를 정치체제에 대한 이념적 입장이나 명분 차원에서 접근하지 않고 생존과 국민의 안녕에 도움이 되는지를 그 기준으로 삼는다는 것이다. 아울러 주한미군의 역할과 지위에 대한 입장도 명확하다. 주한미군은 한국을 보호하기 위해서 한미 간에 체결된 조약에 근거해서 주둔하는 것이지 정전체제 유지와는 관계가 없다는 것이다. 일각에서는 한반도에서 평화체제가 구축되면 주한미군이 철수하게 될 것이라는 근거 없는 주장을 제기한다. 심지어는 평화체제의 입구로 거론되고 있는 종전선언만으로도 주한미군이 철수하게 될 것이라는 억측까지 나돌고 있다.

이에 대해 이재명은 전혀 인과관계가 성립하지 않는다는 입장이다(2017.03.02.). 주한미군 주둔은 한미방위조약에 근거하고 있는 것이고 평화협정과 관련된 문제는 미국과 북한·중국 간에 체결된 정전협정에 근거한 것이기에 이들 사이에는 직접적인 관련이 없다는 것이다. 또 미군의 한국 주둔을 계속 이어가기 위해 정전체제를 유지해야 한다는 주장에 대해서도 분명하게 반박한다. 마치 주한미군이 목적이고 정전체제가 수단이 되어 버린 궤변이라고 지적한다. 주한미군의 존재 이유가 한반도의 안보와 평화에 있음이 분명함에도 주한미군 유지를 위해 정전협정을 유지해야 한다고 하는 주장은 무지함의 극치라 할 수 있다.

종북몰이는 엄단해야 할 중대한 범죄행위

한국의 정치문화에서의 색깔론은 고질병이다. 과거 선거에서 이기기 위한 수단으로 터무니 없는 색깔론을 유포하는 일은 다반사였다. 온갖 흑색선전 역시 난무했었다. 과거에 비하면 많이 좋아졌다고는 하지만, 여전히 한국의 보수진영은 선거철만 되면 이러한 색깔론의 유혹에서 벗어나지 못한다. 그런데 선거 때에는 상대의 사상을 의심하는 온갖 공세를 펼치다가 선거가 끝나면 언제 그랬냐는 듯이 조용해지곤 했다. 색깔론 공세는 청산해야 할 부끄럽고 낡은 구태정치의 유산이 되고 있다. 그런데 색깔론과 일정 정도 대척점에 있는 것이 우리나라의 반미의식이다.

이에 대해 이재명은 "한국의 진보진영에서 반미 입장을 취하는 곳은 극히 일부 일부다."라고 지적하면서 "미국을 반대하고 도대체 어디 가서 살겠다는 것인지 모르겠다(페이스북, 2016.02.23.)."라고 말한다. 그는 한국의 국제적 입지나 안보상황에서는 미국의 도움이 절실하다고 판단한다. 물론 이런 입장을 명시적으로 밝히고 있다. 그는 또 종북몰이에 대한 입장도 분명히 하고 있는데, 그 어조는 매우 강경하다. 그는 "종북 행위는 치료받아야 할 병이지만 종북몰이는 엄단해야 할 범죄행위다."라고 지적하면서 "(지금도 여전히) 자유민주주의를 주장해도 평등을 이야기하면 빨갱이로 몰아세우기 시작한다(페이스북, 2016.12.02.)."라고 비판한다.

그의 주장을 따라가면, 일부 종북세력들이 의미 없는 이념에 집착해서 정작 중요한 국가와 국민의 이익을 등한시하고 있다는 점에서 이를 병리적 현상이라고 진단한다. 그러하기에 이 생각은 분명히 사회적 통합 노력을 통해서 치유되고 교정되어야 할 대상이라는 것이다. 하지만 무고한 사람들을 향해서 종북이라는 이념의 굴레를 뒤집어씌우는 종북몰이에 대해서는 중대한 범죄행위라는 것이다. 종북몰이는 매우 비열하고도 반인권적인 행위이자 인간의 정체성을 말살하는 가혹한 테러인 것이다.

　누구도 다른 사람의 사상과 신념에 대해서 단정하고 모함할 권리는 없다. 이를 어기고 그런 행위를 하는 것은 인권유린이며 심각한 범죄이다. 이러한 행위 근절 없이 한국 사회의 정의와 공정선거는 기대하기 어렵다. 자유민주주의의 기초적 구성요소인 평등을 언급만 해도 빨갱이로 모는 행위는 맹독을 지닌 이데올로기일 뿐이다. 21세기 최첨단 산업사회를 선도하는 대한민국의 지위에도 전혀 어울리지 않은 구태다. 더욱이 대한민국은 G7 회의에 단골로 초청되는 국격을 지닌 나라인 만큼, 전근대적이고 야만적인 정치테러는 영원히 추방되어야 할 것이다.

선택적 모병제, 청년들에게 공정과 정의를

　최근 병역제도를 바꿔야 한다는 의견이 제기되고 있고 이에 대한 논의도 활발하다. 일부 정치인들은 벌써 징병제의 폐지와 모병제로의 전면적인 전환을 언급하기 시작했다. 이러한 논의가 아니더라도 인구가 지속적으로 감소하고 있는 현실에서 우리나라의 병역제도에 대한 근본적인 변화와 이에 대한 모색이 불가피해지고 있다. 이 변화에 대해 이재명은 오래전부터 대안을 준비해 왔다. 2017년 2월에 밝힌 '선택적 모병제'에 대한 입장에서 여실히 드러난다. 그의 제언은 매우 정교하고 합리적 근거가 상세하게 제시되었다는 점에서 크게 주목을 받았다. 최근에 제시되고 있는 여러 모병제 안들의 대부분이 몇 년 전의 이재명 방안과 비교해 허술하기 짝이 없다는 평이 있을 정도다.

이재명의 모병제 방안은 다른 여러 정책에서와 마찬가지로 공정과 정의의 가치 실현에 그 중심을 두고 있다. 특히 가장 큰 고통을 겪고 있는 한국 청년층에 대한 깊은 이해에 초점을 맞추고 있다. 우리의 젊은이들이 아까운 청춘을 타의에 의해서 차출당하고 제대로 대우도 받지 못하는 현실에 천착한 방안이라 할 수 있다. 한국의 안보 현실을 감안할 때 20대 젊은이들의 청춘을 온전히 돌려줄 수는 없지만, 최대한 고통을 줄일 수 있는 현실적 대안으로 나온 것이 그의 선택적 모병제 안이다. 우리나라 병력 현황을 살펴보면, 인구절벽을 고려한 '국방개혁 2.0'에 따라 현재 병력수 63만 명이 50만 명으로 줄어들 예정이다. 장교와 부사관 등을 제외한 징집병은 30만 명 수준이다. 그런데 선택적 모병제로 전환해 약 5만 명의 전문부사관을 모집하면 징집병의 수를 15만 명까지 줄일 수 있다. 이렇게 되면 징집자원에 여유가 생겨 20대 청년들의 징집복무 기간을 12개월까지 단축시킬 수 있을 것으로 전망된다. 비록 분단체제의 안보환경 속에서 징집제도를 전면적으로 폐지할 수는 없더라도 선택적 모병제 도입을 통해 20대 청년들의 무거운 짐을 조금이나마 들어줄 수 있을 것으로 기대된다.

이재명의 선택적 모병제는 일부 자발적 모병 자원들에게는 양질의 일자리를 제공하고 또 한편으로는 대부분의 차출된 청춘들의 부담을 획기적으로 줄여주는 윈-윈의 전략이라고 할 수 있다. 이제 우리 젊은이들에게 애국심에만 기초한 무조건적인 희생을 강요할 수는 없다. 그들은 기성세대가 살아온 시절과는 다른 가치관과 세계관을 가지고 있다. 그리고 사실 우리의 젊은 세대들이 편하고 행복하게 살라고 우리 기성세대들이 그 어려운 시절을 감내하고 살아온 것 아닌가? 우리 젊은 세대들의 행복한 모습을 지켜보는 것이 기성세대들의 행복일 것이다. 기성세대가 살아온 방식을 젊은 세대도 감내하라고 강요하는 것은 시대착오적인 발상일 뿐이다.

성장과 공정의 큰 걸음, 그 중심은 과학기술이다

– 4차 산업혁명시대의 과학기술정책

• 남승훈*

사회 불평등의 역사는 유구하다. 지금까지 알려진 거의 모든 불평등의 형태는 기원전 2500년 무렵부터 나타났다고 한다. 미국의 저명한 고고학자이자 『불평등의 창조』 저자인 켄트 플레너리와 조이스 마커스의 말이다. 농경화, 산업화, 지위와 부의 세습 등에 의해 체계를 갖춘 사회 불평등은 근현대사를 거치며 더욱 광범위하게 나타났다. 불평등의 문제는 특정 국가에서 벌어지는 현상이 아니다. 신자유주의로 대표되는 현대 자본주의 체계가 공고해지면서 전 세계적으로 더욱 악화되었다. 지난해부터 지구촌 전체를 휩쓸고 있는 코로나19 팬데믹은 불평등 문제를 악화시키

---

* 한국표준과학연구원 책임연구원. 현재 한국경제과학기술협력협의회 회장이며 (사)출연(연)과학기술인협의회 총연합회 회장을 역임했다

는 요인으로 작용하고 있다. 우리나라 역시 예외는 아니다. 경제 전반에 적신호가 켜지면서 자영업자를 포함한 저소득층에 커다란 고통을 안겨 주고 있다. 대개 국가적 위기에서 기인하는 사회적 고통은 저소득층을 포함한 사회적 약자들에게 가중되기 마련이다. 즉 가장 취약한 계층이 먼저 공격을 받게 되는 것이다.

사실상 국가비상사태를 맞은 정부는 지난해부터 재난지원금 지급을 포함한 각종 대책을 강구하면서 코로나로 인해 극심한 피해를 입은 계층에 대한 지원사업을 벌이고 있다. 이와 관련, 많은 전문가들이 고통 분담과 불평등 해소를 위한 국가정책 전반에 대한 담론을 꺼내고 있다. 또한 4차 산업혁명시대를 준비하는 국가정책의 방향에 대해서도 여러 방안이 제시되고 있다.

'가난 구제는 나라도 못한다.'는 말이 있다. 이는 빈곤층에 대한 지원은 한계가 있기에 '물고기를 잡는 방법'을 찾는, 즉 문제해결의 열쇠를 찾아야 한다는 의미와 연결된다. 그렇다면 그 열쇠는 무엇일까?

불평등·불공정 문제의 근본적 해결방향은 무엇일까?

이 문제에 대한 이재명 지사(이하 '이재명')의 최근 발언은 중요한 시사점을 던진다. 그는 우리 사회의 가장 큰 과제는 성장의 회복이라고 규정한다. 그러면서 자원 활용 효율을 높이고 그 성장의 수혜를 함께 나누는 포용성장을 제안했다. 그는 그 과정에서 불평등.불공정 문제에 대한 근본적 해결방향을 찾을 수 있다고 강조한다.

2021년 6월 4일 경기도와 대구광역시가 디지털 산업의 균형 발전과 D·N·A(데이터·네트워크·인공지능)기술 기반 마련을 위한 '디지털 혁신 ICT(정보통신기술)융합신산업 육성을 위한 업무협약'을 체결했다. 이 자리에서 이재명은 "모든 사회문제의 뿌리는 저성장이고 문제를 해결하기 위해서는 포용성장이 지속적으로 진행될 수 있도록 해야 한다."라고 밝혔다. 그러면서 "지속적 포용성장을 위해서는 첫째, 양극화라고 표현되는 불평등·격차·불공정을 극복해야 하고 둘째, 4차 산업혁명시대에 새로운 기회를 만들어 좀 더 공정한 전환으로 모두가 성장의 수혜를 나누는 것이 필요하다."라고 역설했다. 이 협약에 따라 양 지방정부는 열린혁신 디지털 오픈랩 구축 및 운영 협력, 디지털 혁신 생태계 조성, 디지털 혁신 융합신산업 육성과 기업의 글로벌 성장 지원, 스마트시티 조성 사례 벤치마킹 등에 대해 교류하면서 상호 협력을 약속했다. 이에 따라 경기도는 7월 판교 스타트업캠퍼스에 약 $1,455m^2$ 규모의 '디지털 오픈랩'을 열 예정이다. 거기서 대구광역시와 함께 중·소·새싹기업에 ICT(정보통신기술) 신기술(5G·AI)과 디지털 융합 관련 사업을 육성할 계획이다.

대구광역시는 이 협약을 통해 대구 경제의 성장 발판을 마련하겠다는 기대감과 의지를 드러내고 있다. 사실 대구는 광주와 함께 광역도시 중 1인당 GRDP 최하위 등 경제발전이 가장 정체된 지역이다. 경기도는 2019년 10월에 광주광역시와 'AI 업무협약'을 체결한 바 있어 결과적으로 지역 불균형발전의 극단에 서 있는 두 광역시와 손을 잡게 된 셈이다. 이번 대구광역시와의 업무체결이 언론 등을 통해 크게 주목받게 된 것은 정치적 이해관계를 떠나 국토균형발전을 함께 도모하려는 실용적 접근 때문이다. 과거 한국의 고도성장 시대에 빛을 발했던 수도권 중심의 자원 집중투자는 그 성과에도 불구하고 많은 후유증을 낳고 있다. 지역 간의 심각한 불평등 발전을 초래한 주범이 되었을 뿐 아니라 국제적인 저성장 시대에 국가 전체 발전을 저해하는 요소로 작용하고 있다.

기술독립을 넘어 기술강국으로, 힘을 모으면 가능

현 광역단체장 중에서 적극적으로 국가 현안에 대한 입장을 피력하는 이를 꼽자면 단연 이재명을 들 수 있다. 그는 특히 지사 취임 이후 도민들과 직접 소통하는 방식을 통해 경기도정을 알리고 제반 사업을 추진하는 모습을 독특한 행보를 보여주고 있다. 그중에서 이재명이 가장 중점에 두고 추진하는 사업 중 하나는 과학기술 분야에 대한 적극적인 지원이다. 이는 4차 산업혁명시대의 신과학기술을 바탕으로 성장 기반을 확보하는 전략적 방안이 궁극적으로 사회불평등과 지역불균형을 해소할 수 있다는 그의 지론과 맞닿아 있다고 볼 수 있다.

    2019년 12월, 경기도는 '소재·부품·장비 자립화 연구개발 업무협약식'을 가졌다. 이 협약식은 차세대융합기술원을 비롯한 9개 대학과 연구기관, 협회, 기업 등 20개 기관이 참여한 가운데 도청상황실에서 열렸다. 주요 목적은 일본의 수출규제에 맞서 경기도가 추진하고 있는 '반도체디스플레이 소재·부품·장비 산업 자립화 연구개발사업'의 적극 지원이다. 이재명은 기술독립을 위해 관련 사업의 지원 대책을 신속하게 준비했고 협약식에서 국산 소재·부품·장비가 외면 받는 현실을 지적하며 협력·공존·공생을 강조했다. 협약식이 끝난 후 이재명은 자신의 페이스북을 통해 "도내 소재·부품·장비 육성을 위한 투자 유치, 기술 협약들의 성과를 이뤘으나 본격적인 기술독립은 지금부터다."라면서 "소재·부품·장비 분야의 기술 자립도를 높이기 위해서 모두가 상생 협력하는 것이 필요하다."라는 글을 올렸다. 그 글의 제목은 '기술독립을 넘어 기술강국으로.. 힘을 모으면 가능합니다.'였다. 절실함이 짙게 배어 있음을 엿볼 수 있다.

    이재명의 지적처럼 기술집약적 벤처기업 및 중소기업의 기술력을 저평가하는 한국의 풍토는 소재·부품·장비의 국산화를 더디게 하는 요인이다. 이에 비해 일본은 원천기술을 가진 중소

기업을 과학기술 인프라의 중심으로 인식하고 장기적인 안목의 연구, 중소기업의 기술력 인정, 지역 거점 연구 등 기초과학 기반 원천기술 확보에 주력하고 있다. 이런 상황을 감안하면 경기도의 최근 도전은 시사하는 바가 적지 않다. 경기도는 차세대융합기술원 내에 연구사업단을 설치하고 2022년 12월까지 매년 100억 원씩 총 300억 원의 예산을 투입하기로 했다. 글로벌기업 연계 부품국산화, 기업 경쟁력 강화 연구개발 사업비, 시스템반도체 소재·소자 국산화 등 다양한 분야의 소재부품 연구개발 사업을 지원하기 위함이다. 벌써부터 일부 기업들의 성공사례를 일궈내면서 기대감을 높이고 있어 그 결과가 주목된다. 이러한 경기도의 정책들은 대기업 주도 성장이 아닌 중소·중견 기업과의 균형적 발전을 이끌겠다는 의지의 반영이다. 또한 수요와 공급자 간 상호신뢰를 바탕으로 한 연구협력모델을 제시하겠다는 의도도 녹아 있다.

과학기술 수준이 그 나라의 발전 정도를 결정하는 시대

살펴본 것처럼 지역균형 발전을 핵심 과제로 삼고 있는 이재명의 정책 중심에는 과학기술 강화가 자리 잡고 있다. 이러한 모습은 과학기술 현장 연구원과의 간담회와 안산 수소 시범도시 착공식 연설에서 잘 드러난다. 2021년 5월 14일, 경기도청 상황실에서 열린 과학기술 현장 연구원과의 간담회에서 이재명은 "과학기술의 수준이 그 나라의 발전 정도를 결정하는 시대가 됐지만 사실 과학기술은 지금뿐만 아니라 과거에도 매우 중요했다."라며 과학의 중요성을 역설했다. 이날 간담회에 참석한 연구자들은 정부 연구과제 수행 애로사항과 개선방안, 연구윤리 이슈, 코로나19 이후 기술경쟁력 확보를 위한 연구환경 조성 방안 등 다양한 의견을 제시했다. 이에 이재명은 국가경쟁력을 좌우하는 과학기술 역량을 강조하며 현장 연구원들의 연대와 소통을 당부하였다.

또한 5월 11일에 열린 안산 수소 시범도시 착공식에 참석한 이재명은 "전 세계가 탈탄소, 기후 위기 등 시대적 상황에 직면했다."라며 "우리가 수소도시 등을 통해 수소 에너지 대전환을 앞서 한다면 위기를 기회로 만들어 세계를 선도하는 상황을 만들 수 있다."라고 밝혔다. 같은 맥락으로 경기도에서는 2019년 국토교통부 공모에서 안산시를 전국 최초 수소시범도시로 유치하여 도와 안산시가 안산도시개발(주) 부지내 LNG를 활용한 수소 생산시설을 설치해 도시 교통(수소버스, 충전소), 주거(열·전기 공급), 산단(연료전지·수소지게차) 에너지원으로 적극 활용하기로 하였다.

지금은 대전환의 4차 산업혁명시대, 과학기술이 관건

이재명의 의견처럼 과학기술의 중요성은 결코 간과해선 안 될 것이다. 과학기술 경쟁력을 바탕으로 4차 산업혁명시대를 선도하여 국가경제를 더 한층 성장시키는 것은 우리 모두의 과제다. 이 같은 성장이 우리 사회의 불평등 해소의 바탕에 된다는 것 역시 유념할 필요가 있다. 하지만 우리나라의 과학기술 정책은 치밀하게 재조정해야 할 부분이 많다. 그만큼 현실을 제대로 반영한 최적화된 정책수립이 제대로 되지 않는다는 것이다. 정책을 수립하고 수행하는 정치인 및 관료들이 각종 경제·산업·기술 정책을 숱하게 논하지만 최적의 합리적인 방안을 도출하는 경우가 많지 않다. 해당 분야에 대한 디테일한 정책적 접근과 관련 분야에 대한 이해가 부족해 보이는 경우가 많다. 더군다나 주요정책을 결정하는 인물 중에서 전문적 식견을 가진 이들이 턱없이 부족한 것은 매우 심각한 일이다. 예컨대 미래성장동력으로서 새로운 과학기술들을 나열만 할 뿐 총체적인 정책방향을 체계적으로 제시하지는 못하는 것이다. 각 사업들을 어디서부터 시작하고 어떻게 발전시켜 나가야 할지, 또 왜 그것이 중요한지를 고심한 흔적을 찾아보기 힘든 경우가 많다. 정치권 모두가 한목소리로 반도체가 국가 기간산업이라고 말하면서도 국회나 당에 반도체 전문가를 불러들이지 않는 것과 일맥상통한다고나 할까. 이 부분은 이재명의 정책에서도 같은 맥락으로 지적할 수 있다.

최근 경기도가 의욕적으로 추진하고 있는 디지털 기술, 소·부·장, 수소 에너지 등의 과학기술 사업들이 제대로 성과를 내기 위해서는 근본적 발전을 이끌어내는 정책 개발의 디테일이 필요하다고 여겨진다. 이재명의 아이디어인 탄소세, 로봇세, 데이터세 추진 역시 신중하고도 합리적인 타당성 검토를 충분히 해야 할 것으로 보인다. 오히려 기술혁신을 저해할 가능성까지 포함하여.

과학기술 정책에 대한 네 가지 제언

이에 몇 가지 정책 제언을 하는 바이다. 첫째, 지역의 자립적 성장기반 마련을 위한 중앙정부-지방정부-지역혁신 클러스터를 잇는 강력하고도 효율적인 연계망을 구축해야 한다. 그럼으로써 지역주도의 연구개발 수행여건이 온전히 확보되게 해야 한다. 이는 실질적 지역균형발전을 도모하는 기초 사업이라 할 수 있다. 이를 위해 우선적으로 중앙-지방정부 간 수평적 협력을 도모하는 효율적인 종합조정체제를 구축해야 할 것이다. 또한 지역주도 연구개발 기획을 담당할 전담기관 설치 등을 통해 지역의 혁신역량을 강화해야 한다. 지방대학 및 지역특화산업 활성화를 통하여 우수한 인재가 지역산업발전에 공헌하고 산업체에서 생성된 이익이 지역교육에 투입되는, 선순환 시스템 정착이 바로 이 정책의 최우선 과제이다.

둘째, 한국의 확실한 기술자립을 위해 정부의 산업기술 R&D 사업을 중소기업 지원 위주로 개편하고, 중소·중견 기업의 연구역량 강화를 지원하는 정책을 활성화해야 한다. 일정 비율의 중소기업 지원예산 확보, 기업유형맞춤형 중소기업 R&D 지원시스템 구축, 부품소재 중소기업의 글로벌 전문기업화 지원, 기술개발 자금지원을 융자방식에서 투자방식으로의 획기적인 개선, 중소기업 중심의 고용창출형 R&D 지원 확대 등의 정책적 지원이 필요하다.

셋째, 다양한 과학기술 융합을 기반으로 재편되는 미래 신산업경제의 리더가 되기 위해서 선제적 국가과학기술 정책을 적극 추진해야 한다. 미래 산업과 기술혁신 대비, 융합형 창의인재 양성과 국가미래전략 기능을 수행할 전담부처의 쇄신도 중요하다. 그리하여 과학기술정책의 기획 기능을 강화하여 정책적 강력 대응을 이끌어냄으로써 국제 경쟁력을 높일 필요가 있다.

마지막으로 최근 국가적 위기로 인하여 무력해진 대한민국의 사회·경제·문화 성장을 위해 현장의 목소리가 충분히 담긴 과기정책 수렴을 주도적으로 시행해야 할 것이다. 전문적이고 합리적인 정책 수립에 대한 국민 요구가 강해짐에 따라 현장과 행정 관료의 지속적이고 효과적인 소통이 중요해지고 있다. 또한 과학기술인의 정치 참여 확대도 절대적으로 필요하다. 코로나 팬데믹으로 촉발된 사회 불평등 이슈는 정치권 내의 복지 확대 어젠다를 이슈화시켰다.

하지만 대한민국을 미래를 결정짓는 또 하나의 과제인 경제성장 담론에 대한 논의는 한참 부족해 보인다. 경제성장과 공정

분배를 실현하는 데 있어 그 중심에 과학기술이 있음에도 이에 대한 이해와 정책적 접근이 미흡한 현실을 그대로 반영하고 있는 셈이다.

한국은 유난히 기초과학기술 연구에 인색하다. 과학기술자를 존중하지 않는 연구문화도 아쉽다. 단기적 연구, 양적 평가, 비전문가에 의한 평가 시스템으로 인해 혁신적 아이디어와 연구결과물에 내재된 잠재성이 무시당하기 일쑤다. 과학을 대하는 이런 태도가 소재·부품의 국산화까지 저해하고 있다. 우리의 과학기술이 자국에서부터 존중될 때 비로소 한국이 성장과 공정을 모두 이루는 경제 패권 국가의 첫걸음을 힘차게 뗄 수 있음을 명심해야 할 것이다.

돈 없어도
제대로 치료 받는 나라를 꿈꾼다

– 네 가지 이슈로 살펴본 보건의료 공정정책

• 최완석[*]

2019년 12월 대한민국의학한림원의 보고서 〈한국형 보건의료체계 구축을 위한 로드맵〉은 우리나라 보건의료의 주요과제를 잘 제시해주고 있다. 동시에 우리나라 보건의료 체계의 취약점을 예리하게 간파해 보여주고 있다. 보고서의 제시 사항은 매우 광범위한 현안을 포괄하고 있다. 주요 사항은 이렇다. 자살과 결핵, 부족한 보건인력과 과다한 보건의료시설, 외래의료의 과다이용과 긴 재원일수(Length of Stay; 정신과, 신경외과, 정형외과), 일차의료(Primary Care)와 정신진료(psychiatric)의 낮은 질, 환자

---

[*] 한국국제대 물리치료학과 교수. 용인대 물리치료학과를 졸업하고 동 대학원 박사학위를 취득했다. 한국국제대 기획처장, 국제학술지 International Academy OF Physical Therapy Research 편집위원장, 민주평화통일자문회의 자문위원 등을 역임했다.

안전에 대한 데이터 부족, 높은 의료비 가계부담율 및 재난적 의료비 경험 가구율 등이다.

이러한 중요한 의료 현안은 재원 마련, 지도자의 철학과 리더십, 정치권의 결정, 시민의식, 사회적 합의 등이 어우러져 개선되어 나간다. 특히 보건의료 문제는 국민들의 생명과 건강이 걸린 만큼 국가 차원에서 장기적 계획하에 풀어야 할 사안이다. 따라서 대부분의 국가들이 최고지도자의 지휘하에 관련 정책을 시행하고 있다. 필자는 위의 주요 현안들 중 최근 이재명 지사(이하 '이재명')가 언론, SNS 등을 통해 언급한 내용의 일부에 대해 의견을 내고자 한다. 이재명의 보건의료 정책에 어떤 철학이 배어 있는지를 탐색하면서, 그의 공평·공정 의료정책관이 잘 드러난 몇 가지 이슈를 살펴보았다. 공평·공정의료정책이라 함은 장래 세대도 안심하고 납득할 수 있으며 가족의 유무·직업·소득·연령에 따라 건강 수준의 차이가 생기지 않도록 하는 정책을 의미한다. 그가 언급한 여러 이슈 중 공공의료, 수술실 CCTV, 닥터헬기, 간호간병국가책임제 등에 대해 공평·공정정책의 관점에서 다루어보겠다.

공공의료의 확대, 돈 없어도 제대로 치료받는 나라

마이클 무어의 다큐멘터리 〈식코〉는 공공의료의 의미를 실감나게 느낄 수 있는 작품이다. 2008년 아카데미 장편 다큐멘터리상 후보에 오른 작품으로서 지금은 유튜브에서 검색하면 무료로 볼 수 있다. 이 다큐 영화는 미국의 민영 의료보험 체계를 신랄하게 비판한 사회성 짙은 작품이다. 이 작품에는 의료보험에 가입하지 못한 5천만 명에 가까운 미국인들의 고통스런 삶의 모습을 다루고 있다. 또 대다수 노동자들이 의료 사각지대에 놓여 있는 미국의 참담한 현실과 민영 의료보험 회사의 비리를 고발하고 있다. 또 이 영화가 전하는 또 다른 메시지는 민간의료의 한계성과 공공의료의 절실성이다. 이 영화에서 소개되는 공공의료의 예시가 한국의 의료서비스와 동일하지 않으나 민간의료와 공공의료의 장단점을 이해하는 데 도움을 줄 것으로 본다.

개도국이나 가난한 나라가 아닌 부강한 나라의 지도자들까지 나서서 공공의료에 애를 쓰는 이유는 무엇일까? 영화 〈식코〉에서도 보듯 나라가 부강해도 사각지대가 반드시 존재하기 마련인데, 이 사각지대를 누가 찾아내고 이곳에 누가 빛을 비출 것인가? 그렇다. 정부가 우선적으로 나서야 한다. 그리고 지속적으로 의료 사각지대를 찾아내 온기를 불어넣는 가장 강력한 방법은 관련 법안을 마련하고 공공의료기관을 확충하여 운영하는 것이다. 그럼, 공공의료기관의 설립은 쉽게 되는 일인가? 절대 그렇지 않다. 의료원과 같은 공공의료기관을 설립하기 위해서는 많은 사회적 합의 과정이 필요하고 정치적 문제의 벽을 넘어야 한다. 현재의 성남시의료원의 설립과정을 예로 들어 보자. 이재명이 2002

년 '성남시립병원설립추진위원회' 공동대표를 맡으면서 성남 시민들과 함께 시작한 운동은 2020년 7월 성남의료원 개원식을 가지며 결실을 맺게 되었는데, 무려 18년이란 세월이 걸렸다. 의료정책에 대한 이재명의 정치 인생이 성남의료원에 고스란히 녹아 있다고 할 만하다.

이렇게 어렵게 설립한 공공의료원은 이제 탄탄대로가 보장된 것일까? 이 또한 그렇지 않다. 진주의료원의 폐원 과정을 예로 들어보자. 2013년 4월 홍준표 전 경남지사가 "강성 노조 이익 극대화를 꾀하고 있는 병원은 도민을 위한 병원이 아닙니다."라고 언급했다. 그로부터 한 달 뒤 수백억 원의 누적적자와 강성노조와의 갈등을 이유로 결국 병원은 폐쇄되었다. 1910년 개원하여 103년의 역사를 가진 진주의료원이 문을 닫게 된 것이다. 경남의 재정 적자를 메우는 데 기여했다 하지만 행정당국이 노조와 시민사회와 큰 갈등을 일으키며 지역사회에 큰 상처를 남긴 사건이었다. 이후 2015년 메르스 사태 때 진주의료원 폐원으로 인해 생긴 공공의료의 공백을 메우지 못했다는 비판을 받게 되었다. 또한 사회적 약자의 생명과 건강이 걸린 공공의료 정책을 후퇴시켰다는 지탄을 받았다.

그렇다면 우리 사회에 반드시 필요한 공공의료 확대와 지속적인 유지에 필요한 과제를 살펴보자. 무엇보다 적자운영에서 벗어나야 한다. 메르스나 코로나19 팬데믹과 같은 큰 의료적 이슈가 있을 때는 병상을 제공하고 공공의료의 역할을 톡톡히 한다며 주목을 받지만 평소에는 제 역할을 하지 못한다. 마치 돈 먹는 하마처럼 중앙정부와 해당 지자체의 많은 예산을 잠식하는 것이다. 이러한 적자운영은 지역사회에서 비판의 대상이 되거나 정치지도자의 먹잇감이 되어 병원을 존폐 위기에 빠뜨리게 한다. 문제는 적자가 나도 정부에서 메워주기 때문에 사립병원처럼 인텐시브한 의료전달체계를 운용하지 않는다는 것이다. 이러다 보니 의료서비스의 질이 떨어지게 되고 형편이 어려운 환자가 아닌 의료비를 기꺼이 지불하려 하는 고객으로부터 외면을 받는 것이다. 시도의료원, 국립대학병원, 공공어린이병원 등의 공공의료기관의 변신이 절실함을 확인할 수 있는 대목이다. 시민들로부터 인정받고 정치적으로 휘둘리지 않기 위해서는 경쟁력 있는 의료기관으로의 변신을 위한 과감한 선택과 노력이 요구된다.

"저는 공장에서 이미 이렇게 됐습니다. 손등은 미싱(재봉틀)이 반복해서 찍는데도 모르고 (구멍이 났고), 프레스에 눌려서 (한쪽 팔은) 바보가 됐습니다."라고 이재명이 말한 적이 있다. 공공의료정책의 확대와 실현은 의료 사각지대에 놓여 있는 이들의 눈물을 닦아주는 일이다. "돈 없어도 제대로 치료받는 나라를 만들겠다.", "돈이 있으나 없으나 함께 건강한 사회를 만들어가겠다."라는 이재명의 일성(一聲)은 소년공 시절 산업재해를 당했으면서도 제대로 치료 한 번 못 받았던 자신의 처절한 경험을 떠올리게 한다. 힘겨운 노동자들의 삶을 보듬어 주는 게 국가의 의무이며, 이것이 바로 공정국가로 나아가려는 비전이 되어야 할 것이다. 하지만 공공의료의 근본 취지를 이어가면서도 국민들로부터 사랑받는 공공의료기관이 되기 위해서는 제도를 정비하려는 지도자의 단호한 의지와 이를 실천하려는 구성원들의 강한 의지가 반드시 함께해야 할 것이다.

수술실 CCTV 설치 논란, 특권의식이 걸림돌

이 주제에 들어가기에 앞서 코로나 시국에 환자를 살리기 위해서 매일같이 혼신의 힘을 다하는 의사선생님들께 감사의 마음과 미안한 마음을 고개 숙여 전하는 바이다. 한편 환자의 생명과 인권을 보호하는 '수술실 CCTV 설치' 법안이 정치권과 결탁한 일부 정치의사들에 의해 몇 년째 국회 문턱을 넘지 못하고 있음을 매우 안타깝게 생각하며, 피해자들의 눈물이 멈추지 않고 있는 현실에서 법안 통과에 힘을 보태고자 글을 올린다. 그럼, 본론으로 들어가 보자.

> ... 내가 어떠한 집에 들어가더라도 나는 병자의 이익을 위해 그들에게 갈 것이며 어떠한 해악이나 부패스러운 행위를 멀리할 것이며..., 내가 이 맹세의 길을 벗어나거나 어긴다면, 그 반대가 나의 몫이 될 것이다. ...

의사면허를 취득하고 나면 공개적으로 낭독하는 히포크라테스 선서(Hippocratic Oath)의 일부다. '의사의 길을 걷다 보면 재물과 같은 여러 유혹이 있을 것인데, 이 유혹을 이기지 못하면 사회로부터의 지탄을 면치 못할 것이다.' 라는 내용으로 해석된다. 이 선서가 예언하는 게 맞다면, 지금의 CCTV 설치를 반대하는 의사는 선서를 지키지 않아 국민들로부터 뭇매를 맞고 있는 것이다. 또한 최근 뜨거운 쟁점으로 부각된 CCTV 설치법안에 대해 노골적으로 거부하고 있는 행동 역시 의료윤리에 반하는 집단이기주의로 비쳐진다. 그들은 많은 시민들의 지적에도 아랑곳하지 않고 묘한 논리를 내세워 외면하는가 하면 제1법안소위원장을 맡고 있는 국민의힘을 통해 CCTV 설치법안을 간접적으로 저지하고 있다. 의사들의 노블리스 오블리주는 원래부터 없었던 것처럼 아예 자취를 감춘 지 이미 오래다.

최근 이재명과 이준석 국민의힘 신임 당대표가 CCTV 설치 문제에 대해 SNS상에서 논쟁을 벌인 적이 있다. 논쟁이랄 것도 없이 CCTV 설치를 모범적으로 실천하고 있는 이재명은 찬성이고 이 대표는 반대(신중하자) 의사를 표명했다. 오랜 자정의 시간이 있었음에도 불구하고 의사협회나 의료학회에서 스스로 해결하지 못하고 정치적 보수진영의 등 뒤에 숨어서 자신의 기득권을 지키는 데 몰두하고 있는 상황이다. 국민권익위원회 여론조사(2021.05.31~06.13)에서 98%의 국민이 찬성하는 내용을 소수의 기득권층이 눈 하나 깜빡하지 않고 방해하는 상황이다. 이에 국민들이 "수술 받는 환자의 인권을 반드시 보호해달라."라는 주장을 연일 외치고 있다.

　이 문제의 본질은 무엇일까? 기득권층이 특권을 내려놓지 않으려는 데에서 찾을 수 있다. '대리수술을 하다가 환자가 죽거나 크게 잘못되더라도 실형을 살지 않고 약소한 벌금으로 메우면 좋겠고, 수술실에서 환자를 방치하거나 수술과 관련 없는 성추행을 해도 면허취소나 정지가 되지 않았으면 좋겠다.'라는 것. 이것은 기득권층의 숨겨진 특권의식이다. '우린 아픈 너희들을 치료하는 사람이고 생명을 구해주는 사람이거든. 근데 감히 우리에게 이런 멍에를 씌우면 되겠냐.'라는 말에 섬뜩해진다.

　수술실 CCTV 설치를 반대하는 쪽에서는 소극적 수술, 수술 시 손떨림, 수술 후 과잉 소송발생 우려 등의 이유를 내세운다. 반면 찬성하는 쪽에서는 대리 및 유령 수술 방지, 음주 수술 방지, 환자 인권보호 등의 논리를 앞세운다. 얼마 전 한강 의대생 실종사건을 계기로 전국에서 CCTV 설치 요구가 거세졌다. 왜 그럴까? 한 마디로 국민들은 CCTV를 통해 보호받고 싶은 것이다. 또한 우리는 한강 산책로에서든 수술실 안에서든 환자이기 전에 한 사람의 인격체이자 신체를 보호받을 권리를 가진 고귀한 사람이다. 의사들도 아프면 환자가 되고 수술도 받게 되면 마찬가지로 환자의 입장에서 그 권리를 주장하게 될 것이다. 그런데 왜 그들에게는 역지사지(易地思之)의 마음이 전혀 없고 스스로 개선하겠다는 의지도 없는 것일까?

어찌 보면 이 문제도 검찰개혁의 문제처럼 외부에서 해결해 주지 못하면 스스로는 해결하지 못하는 문제일 수도 있다. 그럼 어떻게 도와줄 수 있을까? 무엇보다도 환자안전 3법(수술실 CCTV 설치 및 운영, 의료인 면허 취소와 재교부 등 의료인 면허관리 강화, 면허 취소 또는 자격정지 의료인 이력 공개)을 반드시 통과시켜야 한다. 차선책으로 수술실 CCTV 설치 시 상급종합병원이나 전문병원 지정 등의 병원 관련 평가에 가산점을 크게 부여하는 방안을 추천한다. 또한 코로나 잔여백신 검색 기능처럼 수술실 CCTV 설치운영 현황을 일반인들이 쉽게 알 수 있도록 공개하는 방안도 보탠다. 수술실에 CCTV를 설치하지 않은 병원이 국민들로부터 철저하게 외면받게 하고 반대로 제반 장비를 갖춘 병원은 국민들로부터 신뢰받게 하는 것! 국민과 정부가 함께 나서야 할 때다.

이재명의 단호한 결정으로 시작된 경기도의 수술실 CCTV 설치는 진보적인 의사들의 호응을 받으며 지속적으로 증가하는 추세다. 또한 다른 시도지역으로 확대될 것으로 보인다. 하지만 지도자가 바뀌면 이 정책은 도루묵이 될 수 있다. 때문에 수술실 CCTV 설치 정착을 위해서는 반드시 법안을 국회에서 통과시켜야 한다. 의료계 기득권층이 특권의식을 내려놓을 때 국민은 비로소 인권을 찾을 수 있다. 어제는 공평과 공정함을 말하고 오늘은 불공평하고 불공정하게 행동한다면 국민은 반드시 회초리를 들 것이다.

필자는 대학에서 학생들을 가르치는 사람이다. 본의 아니게 코로나로 인해 비밀에 감춰져 있던 강의실 모습이 실시간으로 송출되고 학생들은 언제든지 공개된 웹하드에 들어가서 녹화된 강의를 볼 수 있게 되었다. 하루 이틀은 행여나 말실수를 할까 봐 조심조심하면서 진땀을 뺐는데 며칠 지난 후부터는 적응이 되었다. 한편으로는 실시간으로 공개되는 터라 긴장감에 강의 준비도 더 하게 되었다. 이 경험으로 이런 생각을 해본다. 수술실에 CCTV를 설치하게 되면 처음에는 떨리고 긴장될지 모르나 의사는 수술에 좀 더 신경을 쓰게 되고 나중에 환자에게 핀잔을 듣지 않기 위해 수술 전 연습을 여러 번 하지 않을까? 그래서 환자도 의사도 만족하는 수술이 될 것이고, 결국 병원도 의사도 환자에게 신뢰받고 존경받게 되지 않을까. 이 주제를 마무리하면서 수술실 CCTV 설치에 앞장서며 환자의 인권을 최우선으로 생각하는 의사선생님들께 진심으로 감사와 존경의 마음을 전한다. 그리고 수술실 CCTV 설치를 반대하시는 의사선생님들은 초년 의사 때 낭독했던 히포크라테스 선언문을 한 번 더 되새겨 보기를 권한다.

닥터헬기, 블루칼라 노동자들의 죽음을 막아내라

질병관리청 보고에 따르면 2018년에 발생한 중증외상환자가 32,237명이고 이 중 5,931명(18.4%)이 가족의 품으로 돌아가지 못했다. 하루 평균 88.3명의 중증외상환자가 발생하고 매일 17명이 중증외상으로 사망한다는 얘기다. 대부분 3D 업종에 종사하는 50대 남성이며 운수사고(46.7%), 추락 미끄러짐(40.3%) 등으로 병원에 실려 온다고 한다. 중증외상의 경우 골든타임이 1시간에 불과해 심혈관질환(2시간), 뇌혈관질환(3시간)에 비해 생명을 살릴 수 있는 시간이 매우 짧다. 이런 이유로 의료진은 중증외상환자에게 최대한 빨리 접근하려고 노력한다. 그럼 현재 가장 가성비 좋은 방법은 무엇일까? 단연 헬기다. 그중에서도 응급수술 장비를 갖춘 닥터헬기다.

2011년 아덴만의 영웅 석해균 선장(복부 3곳과 양쪽 다리, 왼쪽 팔 등 6곳에 총상)이나 2017년 귀순 북한 병사(탄두 5발 제거, 7곳의 장기 훼손, 골절 등)의 생환을 기억할 것이다. 우리는 이들이 기적처럼 살아났다 하고 이국종 교수(전 아주대 중증외상센터장)가 기적을 일궈냈다고 말한다. 그럼 기적의 일등공신은 무엇인가? 이 교수는 겸손하게도 단연 닥터헬기(응급실헬기)라고 말한다. 아무리 의술이 좋아도 제시간에 도착해서 환자를 치료하지 못하면 아무런 소용이 없다고 한다. 민간헬기나 소방헬기는 한계가 있고 하늘을 나는 닥터헬기가 생명을 살리는 데 제일 중요하다고 말한다.

이런 이유에서인지 이국종 교수는 경기도의 닥터헬기 마련을 위해 무려 22년(1998~2019) 가까이 투쟁의 세월을 보냈다. 성남의료원의 설립을 추진하며 18년의 세월을 보낸 이재명의 행정적 도움도 매우 컸다. 그럼 두 사람은 왜 닥터헬기 도입을 위해 최선을 다했을까? 이유는 분명하다. 이미 잘 알려진 것처럼 두 사람은 공통적으로 불우한 어린 시절을 보냈다. 이재명은 소년공 시절 중증외상에 준하는 손가락, 팔꿈치 손상을 당했고. 이국종 교수는 어린 시절 병원비가 없어서 이 병원 저 병원을 떠돌아 다닌 적이 있었다. 형편이 어려운 어린 시절을 보냈던 두 사람은 서로 마음이 통했을 것으로 보인다. 그리하여 '제때 치료를 못 받아서 죽는 사람이 있어서는 안 되겠다.'는 서로의 목표를 위해 경기도의 닥터헬기가 탄생되지 않았을까?

이재명의 전폭적인 행정적 지원과 이국종 교수의 각고의 노력으로 아주대학교병원에 안착시킨 경기도의 닥터헬기는 지속적으로 운항될 수 있을까? 그렇지 않다. 애석하게도 운용 적자를 이유로 KAI와의 계약이 2021년 말에 종료된다고 한다. 그래서 현재 아주대병원과 경기도는 다음 사업자 선정을 위해서 고군분투하고 있다. 냉정하게 따져보면 이 모든 것의 중심에는 분명 돈이 있다. 돈이 안 되면 사라져야 하는 자본주의 질서하에 우리가 살고 있는 것이다. '사람이 먼저다.', '생명이 먼저다.'라는 화려한 광고 이면에 블루칼라의 숨소리에 차가운 시선을 보내는 '돈의 미소'가 번들거리고 있다. 아직 갈 길이 먼 우리 의료계의 민낯이다. 그나마 다행인 것은 2011년 가천길대학교의 길병원을 시작으로 2021년 경상대학교병원(예정)까지 현재 9개 정도의 병원이 닥터헬기를 운용하고 있다. 점차 확대될 것이라는 전망이 나온다. 덕분에 중증외상환자의 이송 건수도 비례해서 증가하고 있으며 더 많은 생명을 살려내고 있다. 경제협력개발기구(OECD)의 보고서에 따르면 우리나라의 경제가 코로나 시국에도 불구하고 세계 10위권에 진입했다. 이 같은 나라의 경제적 위상에 걸맞는 의료서비스, 특히 약자의 생명을 소중히 생각하고 공정 가치를 비상히 높이는 내일을 기대해 본다.

'OOO님, 여기는 대한민국입니다.' 중증외상환자가 죽음의 문턱을 오가다 눈을 떠 이 문구를 봤을 때, 우리나라를 진정으로 자랑스럽게 여긴다고 한다.

더욱 확대되어야 하고 개선이 시급한 간호·간병통합서비스

간호·간병통합서비스는 2013년에 시범사업으로 시작되었다가 2015년 여름 메르스 사태 이후 환자의 안전을 최우선으로 하자는 취지에서 본격적으로 거론되었다. 그러다가 같은 해 12월 29일에 의료법 제4조의2(간호·간병통합서비스 제공 등)가 신설되면서 시행되었다. 간호·간병통합서비스는 간호·간병국가책임제의 일환이라 할 수 있다. 구체적으로는 간병인이나 보호자 없이 간호사를 포함한 간호조무사, 보조인력 등으로 구성된 팀이 환자를 돌보는 서비스를 일컫는다. 넓고 쾌적한 병동을 운영할 수 있는 장점 외에 간호에 대한 의료인들의 책임이 강화돼 질적으로 향상된 의료서비스를 받을 수 있는 이점이 있다. 특히 가족 간병으로 생기는 불편함과 간병인 고용에 따른 경제적 부담을 줄일 수 있다. 더욱이 지난 1~2년에 걸친 코로나 19로 인해 정상적인 면회가 불가능했던 환자와 가족들에게도 매우 유용한 서비스로 인식되고 있다.

이렇게 시작된 간호·간병통합서비스는 '보호자 없는 병동'으로 불리면서 여러 병원에서 잇따라 시행되었다. 하지만 최근 해당 병원들은 업무량 증가, 인건비 증가, 시설개선 등으로 인해 비용 부담이 우려할 수준에 이르렀다고 호소하고 있다. 2020년 8월 기준 병원급 공공보건의료기관의 병상 기준 참여율은 26.8% 정도인데 간호·간병통합서비스에 참여하고 있는 기관들마저 개선의 목소리를 높이고 있는 상황이다. 현재의 법 조항은 5~6년 전 메르스 사태를 기준으로 마련된 법안이고 게다가 코로나 사태를 겪으며 보완할 점과 개선할 점이 보다 명확해졌기에 이에 대한 대책 강구가 시급해 보인다.

법률의 개정과정에서는 주요 당사자인 의사, 간호사, 간호조무사 등의 이해다툼이 당연히 있기 마련인데, 이를 해결하기 위한 국가기관의 합리적인 중재와 조정이 매우 중요하다. 인력확충을 예로 들면 간호·간병통합서비스에 참여하는 간호사와 간호조무사들은 업무과중 등을 이유로 인력확충을 요구할 것이고 기관장들은 비용 절감을 위해 그 요구에 반대할 것이다. 이같은 다툼은 의료서비스의 하락으로 이어지고 그 피해는 고스란히 환자에게 돌아간다. 그렇기 때문에 이익집단들 간의 다툼이 있을 때에는 보건복지부 등의 정부기관이 빠르게 개입해 중재를 해야 한다.

이 과정에서 병원, 환자, 참여 근로자(간호사, 간호조무사, 보조인력 등)가 모두 만족해하는 적절한 예산이 얼마인가를 찾는 것이 관건이다. 즉 '보통', '만족', '매우 만족' 중에서 보통의 목표를 정했다면 이를 달성하기 위한 적절한 예산(인건비, 시설투자 등)을 찾아내는 것이다. 이를 위해서는 멀티센터에서 여러 변수로 실험할 수 있도록 연구비 지원이 지속되어야 한다. 그리고 이 연구결과를 바탕으로 국민건강보험공단 및 건강보험심사평가원과 같은 유관단체를 비롯하여 관련 이익단체, 학자, 환자, 보호자 등이 참여하는 토론회를 통해 합리적인 공론을 만들어갈 필요가 있다. 또한 이익집단의 지나친 개입으로 생기는 문제점을 적절히 차단하고 서비스 관련 세부사항에 대해 치밀하게 협의하는 과정도 매우 중요하다.

'고래싸움에 새우등 터진다.'는 속담이 있다. 환자와 보호자의 눈물을 닦아주기 위해 시작된 간호·간병통합서비스가 자칫 이익단체들의 이해다툼으로 환자와 보호자의 눈물을 흘리게 하지 않을까 염려되는 바, 주기적으로 정비하여 아름다운 서비스로 남기를 기대한다.

세월이 흘러 흘러 공평과 공정이 시대의 화두가 되었다. 의료도 마찬가지다. 용기 있는 자만이 국민의 마음속에 공평과 공정을 녹여낼 수 있을 것이고 그 사람이 진정으로 존경받는 지도자가 될 것이다.